俄罗斯

强军兴国之道

曹永胜・著

Российский путь к наращиванию военной
мощи и процветанию государства

时事出版社
北京

图书在版编目（CIP）数据

俄罗斯强军兴国之道 / 曹永胜著．—北京：时事出版社，2020. 9

ISBN 978-7-5195-0367-3

Ⅰ. ①俄… Ⅱ. ①曹… Ⅲ. ①国防建设—研究—俄罗斯 ②军队建设—研究—俄罗斯 Ⅳ. ①E512. 1

中国版本图书馆 CIP 数据核字（2020）第 100152 号

出版发行：时事出版社
地　　址：北京市海淀区万寿寺甲 2 号
邮　　编：100081
发行热线：（010）88547590　88547591
读者服务部：（010）88547595
传　　真：（010）88547592
电子邮箱：shishichubanshe@ sina. com
网　　址：www. shishishe. com
印　　刷：北京朝阳印刷厂有限责任公司

开本：787 × 1092　1/16　印张：14　字数：188 千字
2020 年 9 月第 1 版　2020 年 9 月第 1 次印刷
定价：85. 00 元
（如有印装质量问题，请与本社发行部联系调换）

写在前面

提起俄罗斯，人们常常联想到苏联。今天的俄罗斯与曾经的那个超级大国已有了很大不同，无论是实力还是国际影响力都有明显不及。但它毕竟是苏联军事遗产的主要继承者，尤其是那庞大的核力量，使其在今后较长时间内仍将是在军事上可以与美国抗衡的主要力量。毫无疑问，俄罗斯是当今世界主要大国之一，并以其明显的大国特征在国际事务中发挥着极其重要的作用。在苏联解体后俄罗斯一度面临窘境，俄罗斯军队的表现甚至受到耻笑。但21世纪以来，特别是2008年以来一场历史性的彻底改革，又给这支冷战时代的军队带来了新面貌。俄罗斯在格鲁吉亚、乌克兰以及叙利亚实施的军事行动，对欧亚大陆乃至世界的政治格局和安全环境都有重大影响。“北极熊”正试图重回世界舞台中心。

弗拉基米尔·普京是伴随着新世纪的到来登上俄罗斯政治舞台中心的，迄今已逾20年，在各个领域都有他的身影。这位渴望重获昔日苏联影响力的现任领导人，几乎从上台第一天起就是西方的靶子。“俄罗斯之声”评论称，西方媒体对俄罗斯的偏见非常明显，虽然具体原因很多，但简而言之，普京几乎凭一己之力把俄罗斯拉出了他就任总统前的无政府主义“地狱”状态，这一事实几乎所有人都认同，这也是西方拿普京当靶子的首要原因。因为苏联解体后，冷战的胜利者要“摘桃子”了。按照美国战略家兹比格涅夫·布热津斯基提出的方案，对俄罗斯是要准备分而治之的。但普京领导俄罗斯挫败了这些图谋，继续保护并推进俄罗斯的国家和民族利益，这显然不是某些西方大国所乐见的。

俄罗斯是一个危机感很强烈的国家。俄罗斯的对外视野一直存在着复杂的争论。相对十几年前较劲的“大西洋派”或“欧亚派”，现在的俄罗斯更多地回归“现实主义”，其核心关注点始终是俄罗斯自身的国家安全。普京将俄罗斯定位于“不属于当代世界最高经济和社会发展水平的国家”，承认俄罗斯与先进国家的差距越拉越大，面临沦为“二三流国家的危险”①。他下决心带领俄罗斯走出这一困境。在2000年参选总统时，普京提出了那句著名的竞选口号：“给我20年，还你一个强大的俄罗斯。”普京上任后的第一部总统《国情咨文》，就以《俄罗斯国家：强国之路》为题，指出“俄罗斯唯一的选择是做大国”。如今20年在即，尽管俄罗斯依然存在诸多困难，但毫无疑问，它已走出了几乎沦为二三流国家的危机状态，步入大国复兴之路。

在俄罗斯人的战略思维中，“强大的俄罗斯”必须以“强大的军队”做支撑。换句话说，其兴国之道首先在于强军。俄罗斯目前的强国地位，依托的主要是军事实力，而非经济实力。普京说过：“如果军队没有前途，国家就没有前途。”俄罗斯的军事实力是全世界有目共睹的，基本可以与美国相抗衡。战略核力量就是俄罗斯与美国保持战略平衡的基石和世界大国地位的基本保证。所以尽管面临经济下行、常规力量发展不平衡等诸多问题，它始终毫不动摇地优先保证强大的核遏制能力，在维护和更新核力量、突破美国反导围堵等方面不遗余力。21世纪以来，俄罗斯军费支出连续多年出现巨幅增长，军事改革力度不断加大，常规力量的建设发展也日新月异。特别是2008

---

① 普京：《千年之交的俄罗斯》，［俄］《独立报》1999年12月30日。

年9月发起的“新面貌”改革，促使其军队面貌发生了近乎颠覆性的变化，实现了从应对大规模战争的补充动员型向应对局部战争的快速反应型转变，从“庞大威武”向“精悍高效”转变，打造出一支高度现代化、能够实现全域作战的快速反应型常备军。改革成果在克里米亚以及叙利亚的实战中得到了检验，同时也验证了俄罗斯的强国地位。

俄罗斯还是一个有着强烈自豪感的国家。受主流的东正教影响，“俄罗斯是东正教的中心，是上帝的选民，有救世主义的使命，有独特的禀赋”①——此类观点长期流行在俄罗斯精英人群中。在历史上，俄罗斯曾以“第三罗马”自居，宣称自己多次拯救了欧洲。帝国思想、“救世使命”意识等对俄罗斯民族的精神价值观有着重要影响。这是俄罗斯强烈民族自豪感的根源，使其拥有相比其他国家更强的普世情结，也使其在承受苦难和挫折时表现出更强的韧性，在逆境中焕发出巨大的活力。在种种主客观因素的作用下，参与全球治理并力争发挥不可替代的作用已成为俄罗斯重返世界舞台的不二选择。

然而多年来，除核武器和外交两个单项堪称一流外，俄罗斯在其他方面似乎依然乏善可陈，对世界的影响力有限。它在军事上是“巨人”，经济上却是“跛足”。人口“流量”不足也是其难以再成为超级大国的主要原因。它虽不甘受制于人，却也无力称雄于世。在当前遭受西方围堵的大环境下，它也只能将“强军”作为“兴国”的主要前提和基本路径。在恢复元气之前，更多是采取防守态势，尽量减少树敌，改善环境，防止新的孤立。它要守住的基本底线是：绝不让原苏联一些共和国成为反俄阵地，坚决顶住西方集团以迂回方式对俄的包围，同时尽可能在

① 李兴：《文化民族主义：论俄罗斯与欧洲的关系》，《北京大学学报（哲学社会科学版）》2000年第2期。

中东、北极等方向争取更多的回旋空间。鉴于实力尚处弱势，利用宽广深远的地理跨度，俄罗斯在世界各种力量中心之间——特别是与美国——灵活周旋，努力建立对其有利的力量平衡。在成为一流世界强国之前，俄罗斯的基本原则和策略是守而不是攻，至多是守中有攻；是争气而不是争夺，至多是局部性争夺；有时难免要“逞强”，但也说不上“称雄”。

尽管如此，长期蛰伏从来不是俄罗斯人的性格。普京领导下的俄罗斯正在励精图治，柔中有刚，对外力争主动，争取对其更有利的份额。普京曾自称是“拥有强有力铁翅的鸽子”，正奋力飞舞在国际舞台。但其本质属性还是鹰，逆境时的蛰伏忍耐，只为积蓄力量向对手发出致命一击。一方面，它以务实和实用主义为核心原则，用较少的参与资源换取较大的影响和实际利益；另一方面，它也在紧盯着翻身的机会，尝试着突破西方的围堵，重回世界一流大国之列。

目　录
CONTENTS

第一章　大国的底蕴和潜力

第二章　国家安全之虞

第三章　战略遏制

第四章 重塑军队面貌

第五章 战火淬砺

第六章 守卫与拓展战略空间

第七章 战略文化

第一章　大国的底蕴和潜力

俄罗斯作为重要大国的地位奠定于沙皇俄国时期，并在苏联时期发展到超级大国的鼎盛时期。今天虽已不再是超级大国，却也基本传承了苏联的衣钵，继承了其76%的国土、52%的人口、近80%的经济潜力，是唯一拥有足以毁灭美国的弹道导弹和核弹头的国家。俄罗斯的优势当然不仅在于武器。无比辽阔的地域空间、极为丰富的自然资源、培养出大批杰出科学家和技术人员的优质教育水平等都是其长处。这是让俄罗斯人倍感自豪和自信的重要源泉。俄罗斯作为世界大国和强国的潜力依然十分明显。

一、辽阔的地域空间

美国著名学者汉斯·J. 摩根索指出："领土广阔是巨大力量的永久源泉。"[①] 俄罗斯位于亚欧大陆的北部，横跨亚洲和欧洲，东临太平洋，北临北冰洋，西部与欧洲的芬兰、挪威、爱沙尼亚、拉脱维亚、立陶宛、波兰、乌克兰和白俄罗斯等国接壤，南部广大区域与亚洲的阿塞拜疆、格鲁吉亚、哈萨克斯坦、中国、蒙古和朝鲜等国接壤。俄罗斯是世界上国土面积最大的国家，拥有85个联邦主体，实有总面积达到了惊人的1709万平方千米，[②] 相当于中国与澳

---

① 汉斯·J. 摩根索：《国家间政治》，北京：中国人民公安大学出版社，1990年版，第153页。

② 此两个数字含已实际并入其版图的克里米亚共和国和塞瓦斯托波尔直辖市——作者注。

大利亚国土面积之和，相当于国土面积排名后145个国家之和。从大洲的角度来看，俄罗斯的国土面积相当于南美洲的面积，比南极洲、欧洲和大洋洲的面积都要大。俄罗斯的陆地邻国有14个，[①] 是世界上邻国数量最多的国家之一。作为一个典型的巨大均衡板块型国家，俄罗斯所拥有的战略优势表现在诸多领域和层面。

（一）战略周旋空间大

领土面积的大小，不仅意味着国家战略可以借助的资源的多寡，而且决定着其所依托的空间的大小。战略空间越大，国家在国际上承受压力的能力也就越大。俄罗斯是世界第一疆域大国，拥有极其广阔的国土幅员，其战略周旋空间无疑也比一般国家大了很多。俄罗斯著名思想家尼古拉·别尔嘉耶夫认为，俄罗斯无边的空间“也保护了俄罗斯人，给他们以安全”，“辽阔、深邃、巨大的俄罗斯大地，总能解救俄罗斯人，帮他们摆脱困境”。[②] 传统说法是，当俄罗斯遭受强敌攻击时，它可以利用其幅员广、纵深长的优势，以空间换取时间，以牺牲土地、资源为代价换取国家逐步稳住阵脚，为转被动为主动或进行外交运作赢得时间。在19世纪和20世纪两次卫国战争中，强大对手离征服它似乎都只有一步之遥，俄（苏）却都能逐步摆脱困境、取得战争的最终胜利，除有其军民坚韧不拔的精神等因素外，幅员广阔是俄罗斯得以生存下来并最终通过军事、外交手段达到战胜敌人目的的一个重要因素。

（二）让入侵者消耗巨大

广阔的战场空间，可以明显“稀释”敌方的兵力，消耗其战争资源，为己方组织防御反击提供充分的转圜空间。摩根索说：“只要征服俄国的目标制订有误并倾向于毫无限度，那么，对俄国领土

---

① 俄方已公开承认南奥塞梯和阿布哈兹为独立国家，因而自称有16个邻国——作者注。

② 别尔嘉耶夫：《俄罗斯的命运》，昆明：云南人民出版社，1999年版，第56页。

的征服就会成为征服者的包袱而不是资产。不是征服者在吞并领土并从中获取力量，而是领土在吞噬着征服者，削弱他的力量。”① 俄罗斯以其庞大的国土面积占据天时地利，很少被其他国家完全征服过。而且苏俄战争历史证明，俄罗斯似乎总是欧洲帝国的噩梦之地。因为对于欧洲各国来讲，它过于庞大，即使欧洲各国联合也未必能够征服整个俄罗斯。

1812 年，拿破仑亲率法兰西帝国 60 万大军入侵俄罗斯，法国正规军数量是俄军的 2 倍以上，并且装备更加精良，曾一度占领了莫斯科和大片土地，但这些优势和成就也没有获得颠覆性的政治效果，因为莫斯科当时并不是首都，千里之外的首都圣彼得堡仍在正常运转，俄罗斯仍有大片国土没有受到战火摧残，特别是首都周边的工农业仍然可以维持中央的运转，由库图佐夫率领的俄国主力部队仍在，俄国支援部队仍在源源不断地组建并赶赴战场。而法军因为战线拉得过长，所以作战力量捉襟见肘，后备兵力不足，后勤变成了问题，只能走到哪儿抢到哪儿。但俄国人拒绝大决战。法国人前进，俄国人撤退。法国人继续前进，俄国人再次后退。俄国总是有大片的土地可供撤退。俄军还采取了坚壁清野的策略，所有能吃、能用的均已带走或焚烧销毁，以防止落入法国人手中。普林斯顿大学历史学教授大卫·A. 贝尔说：“当然，焦土战术在剥夺法国军队生计方面是极其重要的。”拿破仑军队每天都在消耗，几乎没有得到任何补给，出现大量非战斗减员——绝大多数死于恶劣的生存条件和疲惫，而不是步枪子弹。1941 年，希特勒领导的法西斯德国在入侵苏联时，其遭遇也与拿破仑军队类似——虽在初期占领了大片领土，但仍无法击败苏联，反而深陷于广阔的战场空间不能自拔，其集中起来的优势逐渐被稀释、消耗成劣势，最终遭到彻底失败。即使在科技较为发达的今天，地理屏障也发挥着重大作用。

---

① 汉斯·J. 摩根索：《国家间政治》，北京：中国人民公安大学出版社，1990 年版，第 154 页。

（三）重心转换机会多

领土大小对军事和外交战略的弹性、手段、重心可产生十分直接的影响。由于地域广阔，俄罗斯可以根据形势的变化，借助地缘上的优势，在东、西、南三个方向巧妙周旋，变主要方向为次要方向或变次要方向为主要方向，以谋取利益。当俄罗斯在西线受到挤压时，可以在东方或南方谋取利益；当俄罗斯在东方遭到攻击时，可以在南方、西方谋求利益；当俄罗斯在南线遭到阻击时，可以在东方、西方谋求利益。1696 年俄国夺取亚速夫要塞后，彼得一世曾认为俄国应进一步夺取刻赤海峡，打通进入黑海之路。但他发现该方向形势并不十分有利。当时土耳其军事力量仍然较强，而反土同盟因欧洲列强忙于“西班牙王位继承战争”而趋于瓦解。相比之下，波罗的海方向的形势对俄国相对有利。于是，彼得一世适时调整战略重点，将原来的巩固和扩大反土联盟、为夺取黑海出海口服务的方针转为扩大反瑞典同盟、为解决波罗的海出海口服务，最终在此方向收获了巨大的战略效益。

二、大自然的厚赠

从生存和发展的前景看，“地大”意味着“物博”，意味着巨大的发展潜力。广袤的地理空间，使俄罗斯成为世界上最富有的国家，也是俄罗斯成为地区乃至世界大国的重要前提。俄科学院社会政治研究所 2004 年出版的《俄罗斯：复兴之路》报告称，俄罗斯是世界上唯一的自然资源几乎能够完全自给的国家。其现已探明的资源储量约占世界资源总量的 21%，高居世界首位。

（一）资源宝库

从现代经济增长的影响因素看，丰富的石油和天然气资源具有特殊重要的意义。俄罗斯境内拥有丰富的石油资源，石油探明可采储量为290亿吨，其中证实经济可采储量为140亿吨，石油储量仅位列沙特阿拉伯之后居世界第二位，并在2010年超过前者成为世界石油产量第一大国，占世界石油总产量的12.9%。俄罗斯已探明的天然气储量为47.8万亿立方米，居世界第一位，占世界探明储量的1/3以上。

俄罗斯是世界第五大煤炭生产国，煤炭储量约为1750亿吨，约占世界的30%。已探明的储量为2020亿吨（占世界探明储量的12%），仅次于美国（4450亿吨）和中国（2720亿吨）。这些资源大多集中在西伯利亚和乌拉尔地区。

其他几种分别是：铁蕴藏量居世界第一位，铝蕴藏量居世界第二位，黄金储藏量稳居世界第二至第三位（占世界黄金储量的9%—10%），[①] 铀蕴藏量居世界第七位。

俄罗斯森林覆盖面积8.67亿公顷，森林资源储量超过了整个北美的森林资源，占国土面积的50.7%，居世界第一位。木材储量706亿立方米，占世界总蓄积量的近25%。平均年采伐量1.2亿立方米，占木材总储量的0.17%。木材工业每年价值约200亿美元，对俄罗斯经济有重要贡献。针叶、硬阔叶和软阔叶是主要树种，占森林覆盖面积总量的90%。在树龄上以成熟林和过熟林为主，占木材储量的57.5%。

俄罗斯淡水总量居世界第一位，水力资源4270立方千米/年，居世界第二位。俄罗斯联邦境内的河流多达10万多条，其中超过1000千米以上的有58条。拥有500多条通航河流，总长度为30万千米，实际通航里程为8万千米。贝加尔湖作为世界上最大的淡水湖，其蓄水量占到地球表面淡水总容量的20%，可供全球人口饮用半个世纪，被称为“世界之井”。有人开玩笑说，到“后石油”时代，俄罗斯人靠卖水也能自救。

---

① https：//zen. yandex. ru/media/dpromonline/rossiiskie – zolotye – zapasy – mify – i – realnost – 5dbbfadb1febd400b1890f37.

俄罗斯的渔业居世界第四位。俄罗斯西、北、东三面分别被大西洋、北冰洋和太平洋或其陆缘海及海湾所包围：大西洋所属陆缘海及海湾（由北向南）：芬兰湾、波罗的海、亚速海、黑海；北冰洋所属陆缘海（自西向东）：巴伦支海、白海、喀拉海、拉普捷夫海、东西伯利亚海、楚科奇海；太平洋所属陆缘海（由北向南）：白令海、鄂霍次克海、日本海。绵延 37653 千米的海岸线，意味着俄罗斯拥有极为丰富的海洋资源。

（二）农业潜力

俄罗斯农业用地 2.1 亿公顷，其中耕地 1.25 亿公顷，人均耕地为 0.85 公顷；而全世界耕地面积不过 14.57 亿公顷，人均只有 0.32 公顷。值得注意的是，俄罗斯的土地非常肥沃，正如俄罗斯土壤学奠基人多库恰耶夫指出的，黑土地带是俄罗斯的主要财富，是世界上最肥沃的土壤。传统上的俄罗斯是个农业国，小麦出口就属于传统优势项目。2017—2018 农业年，俄罗斯粮食出口量达 5200 万吨，仅次于美国位居世界第二。与美国不同的是，在俄罗斯出口的粮食中，小麦占比较高——约为 4020 万吨，接近 80%。21 世纪初以来，俄罗斯在世界小麦市场的份额翻了两番，近年来已经占领了世界一半以上的小麦市场。凭借丰产和诱人的价格，俄罗斯成为世界上最大的谷物出口国。普京总统在 2018 年 10 月指出，俄罗斯农业领域近年来呈现出不寻常的增长速度，“5 年内农业产品产量增长了 20%”“农业变成了高科技生产行业，成为俄罗斯经济增长的火车头”。2017 年粮食产量创下 1.35 亿吨的记录。①

2019 年 2 月 22 日，普京总统在向联邦议会发表的《国情咨文》中自豪地宣称：“我们的一个天然优势（我想，每个人都会赞同这一观点）就是极为丰富的自然资源，它们应该被用来增加环保产品的生产。我委托政府创建一个受保护的、环保的、属于‘绿色’产

---

① 《财经 ABC》，2018 年 11 月 10 日电。

品的国家品牌，这个品牌必须确保在其生产过程中只使用对人类健康来说非常安全的技术，并在国内外市场上赢得高品质保证的地位。这样，在国外市场，一切就都能畅行无阻。同时也请你们相信，国外已经没剩下什么干净的东西了。”

总之，尽管在苏联解体后俄罗斯地缘政治状况明显恶化，但就领土、人口和自然资源而言，它不仅领先于任何一个欧洲国家，而且在世界范围内也是屈指可数的。仅凭其“块头”和蕴含的巨大潜力，任何国家都不能小觑，几乎无尽的各种战略资源使其无惧外部的封锁挤压。过往的国际制裁史证明，对待俄罗斯这样的资源丰富、产业门类齐全的国家，最严厉的制裁也不足以在短期内产生使局势发生根本变化的影响。这就是俄罗斯无惧西方压力的底气所在。

三、超级大国的遗产

20 世纪的苏联，是世界舞台上一个耀眼的超级大国。作为世界上第一个社会主义国家，在短短的20 年时间内就使其国民生产总值跃居欧洲第一、世界第二。在第二次世界大战中，苏联人民面对着似乎要将整个世界吞没的法西斯军队，精诚团结、坚忍不拔，最终赢得反法西斯战争的胜利，向世人展示了一种全新的社会制度的生命力。战后，苏联长期保持着强大的军事力量，领导着社会主义阵营，组织起强大的华约集团，与美国作为两个超级大国在全球范围内抗衡，在地位和影响力上并驾齐驱，在人类历史上创造了无数骄人的成就。俄罗斯人对这段历史有着强烈的自豪感和优越感。

（一）大国余威犹存

人们常用“瘦死的骆驼比马大”来形容苏联解体后的俄罗斯。尽管国力衰落，但靠着作为超级大国多年的历史积累，俄罗斯仍然拥有世界大国的物质条件和某些外在特征。或者可以说，作为超级军事大国的余威犹存。依然庞大的核武库，陆海空“三位一体”的核打击力量，是它傲视世界的底牌。作为目前世界上唯一有能力摧毁美国的国家，它让当今世界霸主美国心存忌惮但又不得不尊重。

针对独联体国家，俄罗斯更有其优越性和传统影响力。对希望独联体“散伙”的原苏联成员，俄罗斯有能力运用“经济杠杆”在独联体内建立“新规则”，利用独联体国家对俄罗斯的各种依赖和依存关系，加强俄罗斯在独联体的地位和影响。《生意人报》评论说：“那些愿意保留在俄罗斯影响力轨道之内的将得到大笔财政奖励，具体说就是石油、天然气和武器。而那些现在向西方看齐的原苏联加盟共和国则将准备面对不怎么样的结局———没有天然气，没有石油，也没有武器。”这几样都是俄罗斯的优势和强项。独联体各国都有软肋：乌克兰虽然资源丰富，但石油和电力极度匮乏；吉尔吉斯斯坦没了俄罗斯的帮助，连春耕都无法进行……俄罗斯对独联体国家的新政策也许会收到良好的效果。《莫斯科时报》援引克里姆林宫高层的话说，俄罗斯将停止对它的前苏联邻国提供经济援助，“这给那些想搞散独联体的国家传递了清晰信号，它们必须为亲西方立场付出代价”。[①]

尤其值得注意的是，“大国情结”一直是俄罗斯社会心理和国民性格的一个重要特征。在长期的历史发展过程中铸就的民族大国意识，当年曾为沙俄的侵略与苏联的对外扩张提供理论依据；现在也是在世界发挥特殊作用的思想基础。这使得俄罗斯领导集团致力于恢复大国地位的追求和努力拥有广泛的群众基础，其影响也波及周边国家。俄罗斯与独联体国家之间千丝万缕的联系及其在周边地区的传统影响，足以使其成为一方盟主。

（二）强大的科研能力

俄罗斯人口稀少，但人口质量依然相当高。苏联对科技和教育

---

① 常喆等：《俄不想让独联体散伙》，《环球时报》2005年8月29日。

的高度重视，给俄罗斯的科技领域打下了坚实的基础。作为苏联重要组成部分的俄罗斯继承了相当巨大的科研力量，主要集中在基础理论、军事工业和一些重化工业领域。据统计，目前俄罗斯有85.8万科研人员。其中，63.6万在国家科研机构工作，科学院有11万人。莫斯科有50%、圣彼得堡有75%的企业从事军工生产；俄罗斯全国工业生产有80%与军工有联系。苏霍伊航空军工综合体、金刚石—安泰公司、彩虹机械制造设计局、乌拉尔车辆厂等武器与军事技术装备产业是世界知名的俄罗斯军工产品品牌。巨大的科研力量成为俄罗斯经济发展的强大推动力。

俄罗斯在科技方面的优势突出表现在高科技的航天和太空领域。自1957年苏联发射人类第一颗人造地球卫星迄今，俄罗斯一直在该领域位居世界前列，拥有一整套从事军民两用航天－火箭技术研究、开发和批量生产的科研生产体系，是世界上能够全面掌握空间站制造、发射和回收技术的国家。

在核能领域，俄罗斯在核材料开采和加工方面积累了多年的经验，其浓缩铀离心分离技术居世界领先水平。

在水下深潜器和水上船舶领域，俄罗斯在深潜器的全面隐身（包括雷达隐身、红外隐身、辐射隐身、声隐身和非声场隐身）技术方面和水下发射的总体技术方面居世界领先水平。

在新材料领域，俄罗斯在研制开发高强度、高韧性、耐高温、抗腐蚀等新材料，以及陶瓷制品、焊接材料方面居世界领先地位。

在激光技术及其他先进制造技术领域，俄罗斯的总体水平位于世界前列，在电子—离子—等离子加工各种复合材料（双金属体及金属陶瓷材料等）方面也居世界先进水平。

在信息和电子技术领域，俄罗斯在神经信息技术、影像辨别和分析系统，以及数学模拟和计算实验法等方面具有很强的优势。

在生命保障系统方面，俄罗斯对极端恶劣条件下保障人类生命的问题研究成果显著，最具代表性的就是用于太空载人飞行的生活保障系统。俄罗斯对诱发疾病基因的精确定位也很有研究，在不少方面居世界领先地位。

在生态保护和自然资源合理利用方面，俄罗斯正在开发的基因工程和自然环境（宇宙空间、大气、水域等）监测技术及非生物资源变化预测和评估技术等，也都很有国际竞争力。

第二章　国家安全之虞

安全环境是一个国家生存和发展必须面对的内外环境。俄罗斯的周边地缘环境虽然不及美国，却也比中国好很多。由于几个世纪都很注重对周边安全缓冲区的经营，尽管陆上邻国数量众多，但周边除中国外，其他邻国实力都与之相差甚远。从俄罗斯设置的几个战略方向看，西部，即欧洲方向一直是重点关注，同时也是潜在威胁最大的方向；西南，包括高加索和中亚方向，存在分离主义和恐怖主义的现实威胁；东南，即远东一带，也是重要方向，面对的主要对手是美日韩同盟，还有长达 4300 千米的中俄边界，复杂难解的朝鲜半岛问题。复杂的周边安全形势与俄罗斯国内形势交织，造成诸多的麻烦和问题，并常常被美国等西方国家所利用。

一、冷战的“失败者”

苏联解体造成了自莫斯科公国对外扩张以来俄罗斯历史上最大的逆向地缘政治变动，地缘战略空间大幅缩小，在世界地缘政治版图中的地位明显下降。自 16 世纪以来，欧亚大陆最大的地缘政治变化，莫过于俄罗斯的崛起与扩张；苏联的解体，使俄国 300 多年扩张所获得的地缘政治成果几乎化为乌有，在欧洲几乎完全退回到了 17 世纪的版图。在地缘战略空间大幅回缩的同时，出海通道也受到钳制。波罗的海三国的独立，使俄罗斯在波罗的海只剩下了圣彼得堡、维堡（部分为芬兰使用）和加里宁格勒三个港口。在黑海，俄罗斯只剩下诺沃罗西斯克和图阿普谢两个港口。

苏联解体后，产生了一系列新的问题：民族矛盾、宗教纷争、领土归属等等。或许从民族自决的角度来看，苏联解体是可以理解的。但在经济上却是灾难性的，与战后几十年来世界经济朝区域一体化发展的趋势背道而驰。经过70多年苦心经营建立起来的完整经济体系支离破碎了，统一的海关、统一的货币、统一的官方语言和时间表不存在了，苏联的各加盟共和国无一例外地蒙受了巨大的经济损失。俄罗斯的地域经济空间大为缩小，相应导致劳动力资源减少，并失去了许多工业和农业原料的来源，丧失了通向海洋的重要港口和管道设备等。在经济自由化和经济转轨中，久已形成的国民经济联系突然中断，给经济造成了巨大的破坏性后果。短短几年，俄罗斯国民生产总值下降了一半以上，工业生产下降了70%～80%；军事力量大大削弱；科技潜力严重下降，人才大量外流；人均生活水平下降了66%～80%，20%～30%的居民处于贫困线边缘；政治形势持续动荡。①

冷战以一种非对称的方式终结，并且未能以国际条约的签署予以确认。欧洲冷战终结的物质过程以柏林墙的倒塌作为起点，却因北约的存续而迄今未能全部完成，而作为一个心理过程则是从未停止过，其鲜明的表现就是冷战思维依旧活跃。西方公共话语中承认“冷战无输家”，但在内心层面上始终自视为“胜利者”，而将俄罗斯看作“失败者”。② 北约和欧盟双双东扩，使得俄罗斯传统的势力范围不断被挤压，俄罗斯虽极力反对却无力阻止这一进程。俄罗斯的国际影响力已急速衰减。相对而言，其军事仍然强大而鲜有对手，经济状况却复苏艰难。俄罗斯虽不甘心受制于人，但也无力称雄于世。美国凭借其冷战后唯一超级大国地位，在世界上一味逞强，竭力显示自己对世界重大事务的主宰作用。戈尔巴乔夫设想的“欧洲共同家园”、叶利钦倡议的俄美共治的合作型“新两极世界”

① 冯玉军：《俄罗斯地缘政治战略取向》，《现代国际关系》1999年第10期。

② 杨成：《“黑天鹅效应”与乌克兰危机演化的可能情境》，《世界知识》2015年第5期。

全都沦为一纸空文。俄罗斯不肯示弱，要表明它在涉及自己利益和声誉的重大问题上拥有发言权。而美国往往不把俄罗斯放在眼里。布热津斯基称俄罗斯“已从一个超级大国变成一个第三世界的仍具有重大核潜力的地区大国”。[①] 更有甚者，讥讽俄罗斯是一个“国内总产值跟比利时不相上下的破产国”，一个“维修得很差的核武器库房”。俄罗斯科学院美国加拿大研究所所长罗戈夫慨叹道：曾有一段时间，俄罗斯对于美国的每一个举动做出的愤怒反应都会在西方响起警铃，而现在俄罗斯的愤怒只是被看作是一种姿态，美国已将它“放在了次要地位”[②]。

俄罗斯因美国不再将其视为“大国群体的一个成熟的成员”而深感震惊。俄罗斯学者亚·季诺维耶夫悲观地指出，从历史意义上说，俄罗斯被置于死地了，今天的俄罗斯是历史性的半僵死状态。俄罗斯永远不会成为像德国、英国、法国或美国这种类型的国家。这有多方面的原因，而第一位和主要的原因是：西方不允许俄罗斯站在和它们这些国家同一水平的位置上。俄罗斯将处于二三流国家的地位，即“西方文明的后院”的地位。俄罗斯已失去了独立发展历史的可能性，“只有共产主义使它具有这种可能条件，独一无二的可能条件！现在这种条件已经丧失了——并且可能永远丧失了。可能在人类历史上这种可能性再也不会出现”。[③]

俄罗斯人的挫败感和耻辱感日积月累。当乌克兰危机爆发之际，这一负面情绪上升到历史最高点。俄罗斯人显然认为自己无路可退，别无选择。他们在乌克兰危机中的行为彰显的是俄罗斯式的底线思维，即俄罗斯有足够实力应付任何外部力量在欧亚地区对其利益的强烈挑战，但其本身不是麻烦制造者而是负责任的力量。如果

---

① 布热津斯基：《你们本来可以成为富裕和幸福的国家》，［俄］《共青团真理报》1998年1月6日。

② 俞邃：《论俄美关系之多变》，《国际问题研究》2007年第1期。

③ 钟亚平：《俄罗斯部分人士对苏联解体的反思》，《马克思主义研究》1997年第2期。

西方尊重俄罗斯利益，则可推动局势缓和；如果继续对俄罗斯逼压，俄罗斯会针锋相对，以牙还牙。

二、国内现实问题

现实中的俄罗斯确实面临着发展中的一些困境。对此，做过俄罗斯总理和总统的德米特里·梅德韦杰夫持有辩证的看法：倘若将主要精力全部用于通过种种理由来解释当前所面临的困境，例如，边境线漫长、气候恶劣、东西相距甚远、地广人稀等，那么风险只会不断增长。全球经验表明，这些并非最终的结论。以加拿大和澳大利亚为例，人口稀少、众多土地荒无人烟，却跻身高度发达国家之列；日本与之相反，人口众多，没有富余土地，自然资源匮乏，但也很发达。因此，客观条件、自然资源都是双刃剑：土地太多不好，因为难以开发；土地太少也不好，会无处居住及耕作；资源紧缺不行，因为对进口的依赖极深；资源太多也不行，其他经济领域便难以得到发展；人口少是坏事，因为劳动力短缺；人口多也是坏事，因为养活他们的压力太大……①现实中，俄罗斯至少面临三大难题：一是经济问题；二是人口困境；三是社会矛盾与分离主义。

（一）经济问题

俄罗斯的经济问题，很多方面是苏联时期就形成的，可以说是美苏争霸留下的后遗症。苏联时期的计划经济体制对于俄罗斯的影响极为深刻，导致目前俄罗斯的工业结构仍以重工业为主，几乎很少有轻工业部门。近些年俄罗斯的产业结构也在做一些调整，努力降低重工业的比重、增加轻工业的比重，但是由于经济结构单一，转向十分困难。

---

① 德·梅德韦杰夫：《新现实：俄罗斯与全球挑战》，《俄罗斯报》2015年9月24日。

为了尽快摆脱危机，俄罗斯首任总统叶利钦曾采纳以盖达尔为代表的“青年改革派”的主张，并任命其为政府总理，在全俄推行以西方货币主义理论为基础的“休克疗法”，实施激进经济改革。结果“休克疗法”险些置俄罗斯经济于死地，使俄罗斯经济经历了几乎跨越整个20世纪90年代的震荡和起伏。

今天的俄罗斯，实际上仍然面临着以前遗留或者说是长期以来未能解决、今后一个时期仍会困扰的经济问题：经济增长质量不高，经济增长模式仍以粗放和资源依赖为基本特征，资源依赖型经济发展模式短期内仍难以改变；经济缺乏竞争力，落后的传统产业依然占据主导地位；劳动生产率低下；生产技术落后，设备陈旧，更新率低；经济增长与经济发展之间的矛盾突出等。

（二）人口困境

几十年来，从苏联到俄罗斯联邦，都在受困于人口的负增长。在一个国土面积极为庞大、境内自然资源极其丰富的国度，仅仅维持着1.42亿左右的人口规模，尤其是人口资源从1993年以来还呈逐渐缩减的趋势，形成一个严重的反向性矛盾。人口是社会经济活动的主体，人口数量的不断减少以及与此有关的变化，已经演变为俄罗斯的人口危机，给俄罗斯的发展和前途带来不利影响。普京曾警告，如果以目前趋势继续下去，俄罗斯将面临生存威胁。

俄罗斯的人口问题主要表现在以下方面：（1）从自然增长率看，高死亡率导致人口负增长。（2）从人口构成看，男女性别比例极低。（3）从人口分布看，呈“西多东少”的特征。（4）从民族构成看，主体民族所占份额日趋减少。（5）从移民动向看，人口区域结构的失衡在加剧。

总之，现代俄罗斯的人口不仅面临人口数量急遽萎缩的危机，而且在人口结构上也存在问题。持续的低生育率和人口老龄化的加速，使老年人口系数上升，劳动力后备资源不足。资料显示，依据俄罗斯目前经济发展水平，国家至少还需要500万左右的劳动力。

如果不采取补救措施，俄罗斯人口到2050年可能减少到1.13亿，甚至可能降至1亿。这种转变造成的经济影响将极为剧烈。俄罗斯本来拥有令人羡慕的广阔疆域，拥有大部分适合人类居住的地区亟待开发或有效开发，但缺少足够的劳动力，严重影响俄罗斯资源开发与利用以及社会经济发展和人民生活水平的提高。俄罗斯社会各界都在思考解决办法。鼓励生育、支持育龄人口早婚、早育、多育，是自沙俄时期直至今日历届政府在人口政策上的共同特点和基本方针。采取诸如改善医疗、对家庭减免税收、对生两个（含）以上孩子给予财政补助以及劝阻人们向外移民等措施，也可降低死亡率，促进生育率提高，阻止甚至逆转俄罗斯人口下降的趋势。在措施得力的情况下，俄罗斯人口可能会温和增长，到2040年有望增至1.55亿。

（三）社会矛盾与分离主义

贫富分化加剧，收入差距继续拉大，是俄罗斯面临的现实问题。有资料显示，目前俄罗斯10%最富有家庭的平均收入要比10%最贫困家庭的平均收入高出15倍，而欧洲发达国家和日本为6倍。财富积累方面的差距就更为悬殊。俄罗斯平均退休金也低于国家规定的最低贫困线，仅占正式工资的25%，大大低于国际劳工组织规定的占40%～60%的标准。

在俄罗斯南部，高加索地区和中亚地带存在民族－种族和宗教冲突问题，还经常受到中东地区极端和恐怖主义势力的影响。尤其是北高加索地区，由于历史和民族、宗教等复杂原因，反恐形势一度非常严峻，也是恐怖事件高发地区。车臣分离主义势力受到西方支持和鼓励。普京坚称，在整个20世纪90年代以及进入21世纪以来，西方都在帮助和教唆车臣人破坏俄罗斯联邦的稳定。2009年俄罗斯总统梅德韦杰夫的《国情咨文》曾用近一半的篇幅来谈北高加索形势。“伊斯兰国”某些头目针对俄罗斯的威胁令人担忧。从叙利亚和伊拉克结束“圣战”回国的一些俄罗斯公民，可能会在俄罗斯内部成立地下组织。2016 年，俄罗斯国家近卫军在北高加索地区开展了 1000 多次特别作战行动，共消灭包括 9 名非法武装头目在内的 82 名恐怖分子，铲除了 100 余处非法武装分子营地。俄军积极加入叙利亚反恐军事行动和推进和平进程，也是为了防止这些危险势力返流到俄罗斯国内。

三、周边的麻烦

尽管俄罗斯在几个世纪里都非常重视经营周边安全，但今天其周边安全环境围绕历史矛盾、领土纠纷和民族宗教冲突等处于不稳定的状态。

（一）苏联解体伴生的纠纷

苏联解体留下的一个典型的后遗症，就是原加盟共和国独立后存在大量边界纠纷。俄罗斯的陆上疆界共有 1.4 万千米，其中 60% 与原加盟共和国接壤，而在这些边界中，合法划定的还不到 20%。由于统一的联盟国家分裂，俄罗斯与周边出现的一系列独立国家之间的历史矛盾、领土争议、民族纠纷和宗教冲突，势必会影响到俄罗斯的安全环境，这就意味着“俄 70% 的疆界处于无保障状态”①。新独立国家之间或其内部的领土纠纷与武装冲突，也对俄安全构成挑战。

苏联解体时遗留的问题很多：有地区归属与独立之争，如南奥塞梯和阿布哈兹的独立问题、阿塞拜疆与亚美尼亚的纳戈尔诺 - 卡拉巴赫（简称“纳卡”）之争、摩尔多瓦的德涅斯特河左岸（又称“东岸”）归属问题；有领土划分问题，如俄罗斯与波罗的海三国的领土划分问题；有侨民问题，至今尚有 2500 万俄罗斯人居住在其

---

① 卢金：《我们处于非常糟糕的地缘政治形势》，［俄］《独立报》1995 年 3 月 14 日。

他独联体国家，俄方认为自己有保护其安全的责任，这些国家一旦发生形势动荡，也会对俄罗斯的稳定构成直接威胁；有复杂的民族、宗教、分离主义等因素造成的非法武装活动猖獗、恐怖活动泛滥问题；有里海、中亚和北极地区的能源争夺问题；甚至还有二战遗留的邻国边界问题，如俄罗斯与芬兰、日本……所有这些问题，在一定条件下都有可能引发武装冲突和局部战争。

独立之初，俄罗斯经济衰退严重，曾将独联体国家视为发展本国经济的负担，希望尽快融入西方社会，因而并未采取积极措施推进独联体一体化，甚至还极力避免卷入独联体内部冲突。近年来，俄罗斯虽重视独联体，但因实力所限，无法完全满足独联体国家的多方面要求，而且时常显露大国沙文主义心态，导致一些国家对俄罗斯戒心加重，为了自身安全利益悄然向西方靠拢。此外，由于领土、民族、宗教等原因，俄罗斯与其他独联体国家还不时发生摩擦和争执。

（二）动荡的高加索

高加索地区位于里海和黑海之间，面积仅有44万平方千米，被绵延不绝的群山环抱。普希金在诗中描述了这里的绝美风光：“这里，乌云在我脚下俯顺地飘逸，透过乌云，我听见喧响的瀑布，峥嵘赤裸的层峦在云下耸立，下面则是枯索的苔藓和灌木，再往下看，已经是翳翳的林荫，小鸟在鸣啭，群鹿在奔驰……”而与这宁静秀美的自然风光相伴的，却是人类社会已经持续了数百年的矛盾、动荡和冲突。

高加索地区分为北高加索与南高加索（又称“外高加索”）两部分。北高加索处在俄罗斯联邦管辖之下，但也是民族分裂和恐怖活动的重灾区，目前分布着车臣等7个自治共和国。俄罗斯必须遏制伊斯兰极端主义在北高加索地区的泛滥，防止该地区的武装冲突和分立主义危及俄罗斯的联邦体制。南高加索地区分布着三个国家，在现实中与俄罗斯形成了三组迥然不同的关系，即格鲁吉亚与俄罗斯间的敌对关系、阿塞拜疆与俄罗斯间的平衡关系和亚美尼亚与俄罗斯间的同盟关系。冷战结束后，高加索地区的国际地缘战略地位日益上升，对俄罗斯和西方都极为重要。该地区丰富的油气资源与俄罗斯陆上相邻，俄罗斯的油气运输不受外部限制，该地区安全直接影响着俄罗斯的能源安全。高加索地区也是美国与西方盟友从南面牵制俄罗斯的战略制高点。从这里向北可以遏制俄罗斯，向南可以包围伊朗，向西可以进入黑海，向东可以控制里海，既可继续蚕食、肢解俄罗斯的前沿阵地，也可保证里海石油流向欧洲的重要通道安全。高加索地区民族矛盾尖锐复杂，冲突持续不断，成为外部势力试图用以挤入和控制这一地区的借口和机会。在美俄角力的过程中，南北高加索交界地区的格鲁吉亚与车臣，尤其是格鲁吉亚东北边界作为往来车臣的主要通道的潘基西峡谷，也就首当其冲成为美、俄两国明争暗斗的工具。高加索地区的动荡形势正是内外因素交织作用的结果。极其重要的地理位置、极为复杂的人文环境、历史和现实中的各种矛盾与冲突，以及外部势力的插手和布局，使这一地区具有典型的“火药桶”性质。

（三）不稳定的中亚

中亚地处欧亚大陆腹地深处，是连接亚欧的陆上走廊，具有重要战略地位。苏联解体后，原苏联中西亚地区各加盟共和国相继独立，其地缘政治重要性日益突显。独立后的5个国家都是穆斯林国家，经济发展不平衡，政治形势动荡。在这几个国家内部，存在该地区国家间和国家内部的矛盾和冲突；在外部，受到相邻的阿富汗及中东地区伊斯兰极端势力和恐怖主义势力的严重影响，还有以美国为首的西方势力的大举渗透，形势极为复杂，是俄罗斯安全利益关切的重要地区。

1. 中亚对俄罗斯地缘战略安全有重大影响

英国地缘政治学家麦金德曾称中亚地区为“历史的地理枢纽”和“欧亚大陆的心脏”：谁控制中亚，谁就能控制欧亚大陆；谁控制欧亚大陆，谁就能控制全世界。近年来，随着在里海大陆架发现大量油气资源——里海石油储量2000亿桶、天然气储量7.89万亿立方米，这一带地区更是成为世界关注的“新热点”，被喻为“第二个中东”和21世纪的战略能源基地。中亚与外高加索地区一起构成俄罗斯国家安全极其重要的“南部屏障”和“战略缓冲带”。中亚正对着俄罗斯的腹心地带，失去中亚的俄罗斯将有被敌对国家拦腰截断的危险。这里不仅有从沙俄时代开始的近200年的俄罗斯政治文化封闭统治，还有近70年的社会主义意识形态的改造。俄罗斯想使原苏联成员国回到俄罗斯的地缘政治空间，把它们外部边界的保护控制在自己手里，阻止外部力量对这一地区的影响。

2．中亚地区的独立和内部纷争影响俄罗斯国家安全利益

苏联解体后的最初几年，俄罗斯在中亚存在的总体态势持续降低。在政治上，中亚国家追求独立，竭力摆脱俄罗斯的控制，俄罗斯人被大量地从国家和社会重要岗位上撤换；在经济上，中亚国家与俄罗斯的经贸水平不断下降；在宗教、文化和意识形态上，中亚国家与俄罗斯部分地重返伊斯兰世界；在社会生活中，伊斯兰文化排挤俄罗斯文化，俄语在中亚五国的法律地位发生了不同的变化：在吉尔吉斯斯坦和哈萨克斯坦被从族际交际语提升为官方语言，在乌兹别克斯坦和土库曼斯坦已不再是族际交际语而只是一门外语，在塔吉克斯坦的宪法中保留了作为族际交际语的地位，但在其语言法中的地位已丧失殆尽。同时，居住在中亚大量的俄罗斯人也纷纷回迁俄罗斯。这种情况一直持续到20世纪90年代末。2000年普京执政后，对独联体包括中亚国家予以更高的政策重视和投入，在策略上也进行了调整，与中亚国家发展新的双边关系，俄罗斯在中亚的存在和影响力才又开始出现上升态势。

中亚国家间的纷争首先表现为领土争端。这些国家之间普遍存在领土争议，其边界问题的复杂性是在其他任何地方都难得见到的。这里一度没有边界，苏联时期地图上划出的边界基本上没有意义，只是象征性的。今天，一个国家的一些地方仍嵌在另一个国家中（如吉尔吉斯斯坦至少有三块“飞地”分别位于乌兹别克斯坦和塔吉克斯坦境内），为可能发生边界争端埋下了祸根。其次是中亚国家间以及国家内部的矛盾和冲突，如吉尔吉斯斯坦和乌兹别克斯坦由来已久的民族矛盾和领土争端，乌兹别克斯坦和塔吉克斯坦一度剑拔弩张的罗贡水电站修建问题等。俄罗斯在与这些国家安全合作过程中不得不施加影响，多方斡旋，牵扯很多精力。

3．西方势力加紧对中亚地区渗透

俄罗斯力求恢复其传统的中亚主导地位，美国则努力防止其他任何大国试图单独控制这一地区。北约对中亚的军事渗透始于20世纪90年代初，即苏联解体后。北约先是将除塔吉克斯坦外的该地区其他国家吸纳进其外围组织“和平伙伴关系”之内，并据此与中亚各国谋交。“9·11”事件的发生，使中亚地缘政治格局发生巨变，对俄罗斯的中亚战略造成极大冲击。美国成功实现了在中亚的军事存在，打破了唯俄罗斯有权在中亚部署军事力量的传统，是美国对俄罗斯传统势力范围地缘政治态势的一次重大改变。美国在中亚的存在和影响从无到有，而且这一“破窗效应”引发西欧、日、韩及伊斯兰国家的势力纷纷向中亚渗入。在这块近400万平方千米的土地上，最多时驻扎着来自十个国家的军人，围绕这一战略要地和能源基地而展开的军事角逐将愈演愈烈。目前，以美军为首的多国联合部队仍驻扎在吉尔吉斯斯坦、乌兹别克斯坦和塔吉克斯坦的军事基地内。

俄罗斯虽然不能接受，但也无力将其排挤出去。这使中亚地区刚刚增强的对俄罗斯的向心力出现了减弱迹象。美国在中亚的进攻态势和中亚各国的举动，让俄罗斯十分警惕和担忧。

4．俄罗斯面临阻击国际恐怖主义和宗教极端主义的艰巨任务

中亚地区与俄罗斯西南方相邻，对于俄罗斯不仅是一个危险源，而且是一个危险传输带，该地区的任何不稳定因素都会危及俄罗斯。20世纪90年代初，中亚国家独立后，这个特殊地区的国际恐怖主义和宗教极端主义势力有所抬头。中亚穆斯林人口众多，有浓厚的宗教传统和较多的伊斯兰教派，其中不乏一些具有极端思想的宗教组织。由于中亚与西亚等伊斯兰极端主义根深蒂固的地区有密切的人文联系，给境外极端组织的渗透提供了一些可乘之机。另外，农村地区经济落后，世俗教育处于萎缩状态，大量贫困人口以及失业者、失学者的存在，为极端主义的扩散提供了合适的土壤。不仅中亚恐怖主义会对解决车臣问题产生负面影响，中亚极端主义也会向俄罗斯渗透。上述现实可能被俄罗斯视为国家安全的主要威胁之一。俄罗斯虽然不希望美军长期在阿富汗和中亚地区驻扎，但也认识到，美国在阿富汗的军事存在有助于遏制伊斯兰极端势力发展和向中亚地区蔓延，客观上有利于俄罗斯南部边界局势的稳定。而仅靠俄罗斯一家难免力不从心。俄罗斯战略和技术分析中心专家康斯坦丁·马基延科认为，在俄罗斯可能直接卷入的激烈冲突方面，中亚最令人担忧："美国和北约控制阿富汗局势越来越力不从心，不排除他们在可见的将来不得不放弃这个国家。如此一来，阿似乎将重新为塔利班掌控。伊斯兰极端分子的上台必然成为地区冲突的催化剂，激化中亚原属苏联的国家本就尖锐的矛盾。俄罗斯不得不防患于未然，至少为了维护国内稳定。但愿改革可以在上述情况成为现实前取得成果。"①

在同阿富汗接壤的三个中亚国家中，乌兹别克斯坦军事实力较为突出，但其境内存在诸多极端势力集团，复杂交错，一些伊斯兰反对派甚至拥有武装力量，尤其以来自北高加索和鞑靼斯坦等地区的极端势力武装最为强大，他们能够轻易摆脱该国家政府的掌控。这些势力的存在本身就造成了中亚局势的严重动荡。而与阿富汗接壤的另两个国家土库曼斯坦、塔吉克斯坦军力有限，边境一线的安全形势非常严峻。俄罗斯不断向塔吉克斯坦和其他国家增派兵力进行反恐，甚至直接派军队帮助守卫塔吉克斯坦—阿富汗边境。哈萨克斯坦、吉尔吉斯斯坦虽然在地理位置上同阿富汗没有接壤，但因

---

① 伊利亚·克拉姆尼克：《俄军作好了哪些准备》，俄新社，2010年7月9日。

为在叙参战的极端武装人员随时可能回流，同样面临巨大安全压力。近年来，“伊斯兰国”在这些国家的活动变得极为猖獗。阿拉伯英语频道2018年10月邀请的专家称，“伊斯兰国”在叙利亚和伊拉克训练了近3000名来自中亚的武装分子，这些人在叙利亚失败后，正在向阿富汗为核心的中亚地区回流。武装分子回流影响到的国家不仅有阿富汗，而且包括乌兹别克斯坦、塔吉克斯坦等几个国家。他们要么作为“伊斯兰国”附属机构（主要是塔吉克斯坦和哈萨克斯坦籍人）战斗，要么作为“基地”组织“努斯拉阵线”（主要是乌兹别克斯坦和吉尔吉斯斯坦籍人）战斗，但都是久经战场的老手。这些人从中东归来无疑加剧了中亚地区形势的动荡。“乌兹别克斯坦伊斯兰运动”和“贾马特－安萨卢拉组织”都是中亚公民建立的。2017年塔吉克斯坦特种部队教官叛逃加入“伊斯兰国”，引起了国际轰动。

5. 俄罗斯还必须关注中亚的毒品问题

中亚地区紧邻世界毒品的主要产地之一“金新月”地区，阿富汗已经是世界上最大的毒品生产和输出国，上述地区出产的鸦片和海洛因约占世界毒品总量的80%以上。中亚是阿富汗毒品运往欧洲的主要通道之一，加上中亚南部山区也有毒品种植的现象，打击毒品走私是非常艰巨的任务。与阿富汗直接接壤的塔吉克斯坦等国相对薄弱的边境守卫和普遍存在的贪污受贿问题，为毒品走私提供了可乘之机。这些毒品有很大一部分流入了俄罗斯，成为俄罗斯毒品的主要来源。2017年2月15日，俄内务部长弗拉基米尔·科洛科利采夫在俄罗斯国家反毒品委员会会议上表示：“一年一度的民调数据显示，约7%的俄罗斯联邦居民，即1000万人承认自己曾服用毒品。其中超过200万人长期吸毒。”① 要想解决毒品问题，首先要切断毒品的外部来源；而在毒品的外部来源中，中亚则高居首位。

---

① 俄罗斯卫星通讯社莫斯科，2017年2月15日电，http：//sptnkne. ws/d8ng。

（四）邻国“西倾”之忧

独联体中大多数是比俄罗斯经济更困难的国家。苏联解体后，俄罗斯自顾不暇，对独联体各国的投入很小，经济援助十分有限，俄罗斯文化、价值观和经济发展模式对于独联体其他国家的吸引力也越来越小，导致独联体的凝聚力大大下降。为了维系独联体，俄罗斯曾长期向独联体成员国低价提供能源、军火和其他资源。但独联体各国对俄罗斯仍存戒心，并不重视发展独联体内部的关系。这些国家看到东欧那些前“兄弟国家”以及波罗的海三国先后入北约、进欧盟，成为“发达国家”，羡慕之情不断滋生。乌克兰、格鲁吉亚等国家跃跃欲试要加入北约，其他独联体国家对俄罗斯也或多或少存在着离心倾向，就连那些加入独联体集体安全条约组织（俄文缩写 ОДКБ，中文简称“集安组织”）的国家也不例外，突出的问题是脚踩两只船——一面与俄罗斯保持传统关系，一面与其他国家包括西方国家发展关系。其目的无外乎有二：一是从多方获取更多经济上的好处；二是借西方势力“平衡”俄罗斯的影响。

独联体国家“亲美疏俄”心理不断上升，甚至把融入西方国际社会看作未来发展的唯一前途，为美欧势力大规模渗透和施加影响提供了机会。西方势力借助独联体国家中的民族主义和分离主义势力，“在前苏联地区加强地缘政治的多元化，以遏制重新缔造新帝国的诱惑力”。[①] 这将导致俄罗斯地缘环境进一步恶化，并削弱其在国际舞台发挥大国作用的分量。这是俄罗斯无法接受的。

四、西方的战略挤压

冷战后，俄美关系基本上是以对立和冲突作为双边关系的起点。虽然有过一段“蜜月期”，但随后则是更长时间的摩擦与对抗。随

---

① 兹比格涅夫·布热津斯基：《大棋局》，上海：上海人民出版社，1998 年版。

着俄美关系的持续紧张，俄与德、法等欧洲大国关系也由欧洲大陆稳定的支柱之一，变成了相互刺激和加剧怀疑的因素。今天，专注于内部事务的欧洲对俄罗斯的关注度比以往任何时候都要低。结果，莫斯科无法用在欧洲方向上的积极活动弥补实际上冻结的对美关系。

（一）美欧露出真面目

1992 年 2 月，即苏联解体后不久，北约秘书长韦尔纳同俄罗斯总统叶利钦会晤后表示，北约同俄罗斯互为对手和敌人的时代已经过去。当时，俄罗斯对北约充满乐观期待，认准“西方国家是真朋友”。时任俄罗斯外长科济列夫甚至说：“北约东扩是西方捧着民主和市场经济送货上门来了！”这一时期，俄罗斯军事战略基本上继承了苏联末期所推行的“足够防御”理论和“纯防御”战略，立足于应付局部战争，强调不把任何国家作为敌人、不在境外作战、不实施进攻性战略行动等。然而这时，美国和北约却看到了俄罗斯奉行这一战略背后的虚弱与困境。“当俄罗斯对西方张开双臂表示拥抱时，西方看到的却是举起双手表示投降。”① 1999 年 3 月 12 日，在俄罗斯人惊讶和愤怒的注视下，原苏联阵营的匈牙利、波兰和捷克加入北约。11 天后，北约战机公然开始轰炸南斯拉夫联盟。

在俄罗斯退缩的同时，美国却在大举推进。美国派往世界各地的军事力量增加了近20%，30 万美军驻扎在了 140 多个国家里。美国的单边色彩变得更为强烈。当美国明确执行推翻伊拉克萨达姆政权的政策时，一度热络的俄美对话中止了。华盛顿拒绝以任何方式承认俄罗斯在后苏联空间所拥有的特殊地位。俄罗斯在国际反恐斗争中提供的援助成为一笔无需偿还的债务。2008 年俄格冲突后，北约与俄罗斯关系急转而下。2014 年的乌克兰政治危机，又开启了两

---

① Дмитрий Косырев, “в 2008 году мировая ситуация может быть тенденцией развития,” РИА Новости, 24 декабря 2008 года.

个前冷战对手进行高度对抗甚至直接冲突的新时期。

实际上，北约与俄罗斯的关系从一开始就貌合神离，双方在战略力量平衡、俄罗斯周围地区的地缘政治争夺等重大和深层次问题上，都存在结构性矛盾。欧美等西方国家并不相信俄罗斯会真心站在西方一边，担心它有朝一日仍会重温“超级大国”的美梦。所以并未将其视为真正平等的“合作伙伴”，而是时时防范、戒备，处处挤压其战略空间。俄罗斯不得不放弃“西倾”方针，与美展开遏制与反遏制、挤压与反挤压的抗争。2014 年 12 月 30 日版《俄联邦军事学说》中列出的首批 4 个外部“军事危险”（北约组织地理扩张；战略稳定威胁；外国军队部署在俄及其盟友毗邻地区；弹道导弹防御和战略非核精确打击武器系统的部署），都在暗指或明确指向美国和北约。其他的防御问题，如防止核武器扩散、不遵守国际措施以及国际恐怖主义蔓延，只是相对较低的外部“军事危险”。

（二）北约、欧盟双重东扩

苏联东欧剧变后，美国和西欧抓住历史机遇，继续采取挤压俄罗斯传统安全空间的战略。中东欧地区成为其消化苏联解体影响的重要空间，主要表现为北约和欧盟两大组织的东扩进程。东扩的范围，不仅包括了此前被俄罗斯视为西部缓冲带的东欧、巴尔干地区，甚至染指了苏联的加盟共和国。绝大多数东欧国家相继加入北约和欧盟。

北约东扩计划，指冷战结束后北大西洋公约组织向原苏联势力范围的扩张。第二次世界大战结束后，美国领导欧洲国家成立北大西洋公约组织，主要抗衡苏联的扩张。受到苏联控制的欧洲社会主义国家则成立华沙条约组织，与其抗衡。作为苏联最大继承国的俄罗斯，在独立之初奉行向西方“一边倒”的外交政策，从东欧地区收缩力量，该地区出现了“力量真空”的局面。

北约集团在 1949 年成立之初共有 12 个成员国。在冷战时期半个多世纪里曾有过三次扩充，也只不过增加为 16 个成员国。冷战结束后仅20多年，北约却呈现出“大跃进”式的扩张。1994年1月，北约做出了吸收前华约组织成员国的决定。1999年3月，波兰、捷克和匈牙利加入北约，实现了北约在冷战结束后的第一次扩充。1997年7月，拉脱维亚、爱沙尼亚、立陶宛、斯洛伐克、保加利亚、罗马尼亚和斯洛文尼亚7个国家被邀请入盟，并于2004年完成所有入盟手续。这是北约成立53年来规模最大的一次扩充，北约成员国增加到26个。

2008年国际金融危机爆发，美欧经济政治模式受到质疑，俄罗斯在普京治下强势崛起。同年夏天格鲁吉亚危机爆发，为显示美欧团结，北约再次启动东扩进程，于2009年4月将阿尔巴尼亚和克罗地亚吸收入盟，使该组织成员国总数升至28个。

2013年底，乌克兰危机爆发，俄乌矛盾急剧激化，在这一背景下，北约成员国外长于2016年5月签署黑山加入北约的协定。黑山于2017年6月5日正式成为北约第29个成员国。

北约东扩激起了俄罗斯对被包围的担心。俄罗斯要发展与复兴，必须面向欧洲。而北约东扩将把俄罗斯推向欧洲的最深处，不仅卡住了俄罗斯向欧洲发展的战略咽喉，而且将军事力量推进至俄罗斯的家门口，对其构成直接的现实威胁。俄罗斯对北约的扩张行为极度厌恶，只是限于实力和影响力的衰退，不得不默认东欧和波罗的海国家纷纷加入北约的现实。

与北约东扩相伴的，是欧盟的东扩。

欧盟是法、德等欧洲大国主导的地区性的国际经济组织和国家集团，也兼有政治、军事的性质，被俄罗斯视为世界多极化的力量之一、反对美国单极独霸世界可以借重的力量。北约东扩为欧盟的大规模东扩创造了空间，欧盟东扩也可以看作是对北约东扩在经济一体化方面的固化。二者几乎同时进行，进一步压缩了俄罗斯的战略回旋空间。北约与欧盟是欧洲的两个有交叉、重合却并不完全重叠的同心圆，既不构成均势，也不构成两极。双东扩是平行的，既相互补充，又存在相互竞争关系，从广义上的经济资源，到对成员国的政治心理和影响方面都存在着竞争。二者在防止俄罗斯的重新崛起和主导欧洲方面有共同点，但他们还是有重要区别的：北约东扩含有美国控制西欧的意图，欧盟东扩则有西欧抗衡美国的倾向，矛盾的核心是欧洲的主导权问题。与北约相比，俄罗斯与主张世界多极化的欧盟更能找到共同语言，从而为化解欧洲的分裂提供某种平台。在经济利益上，欧盟与俄罗斯的关系更多地体现出“非零和博弈”的色彩，是可以调和、可以合作的。在安全上，欧盟对俄罗斯带来的威胁远不及北约严重且现实。

俄罗斯对欧盟东扩以及对俄罗斯周边国家的渗透同样持坚决抵制的立场，只是总体上不像对待北约东扩那样强烈和旗帜鲜明。但俄罗斯想要加入欧盟也基本不可能。1993 年 6 月，欧共体哥本哈根首脑会议向中东欧联系国提出了入盟的四项基本条件：申请国必须是稳定的、多元化的民主国家，至少拥有独立的政党，定期进行选举，依法治国，尊重人权和保护少数民族的权益；申请国必须具备可以发挥功能的市场经济；必须能够面对欧盟内部的，特别是欧洲单一市场环境中的竞争压力和劳动力市场压力；必须赞同欧共体—欧盟的经济、贸易和政治联盟的目标，能够确保承担成员国的义务，特别是执行共同体的规定。俄罗斯不仅距离入盟条件还很远，最现实的难题是其“块头”与欧盟极不相称。俄罗斯一国的面积几乎是欧盟的 4 倍，欧洲人担心俄罗斯的加入“如同一头大象踩进了洗脚盆”，还可能使欧盟的地理中心向乌拉尔偏移。在欧洲安全主导权问题上，俄罗斯单个个体要求与欧盟集体平起平坐，也是欧盟不能接受的。欧盟负责扩大事务的官员曾说，欧盟的对外战略是“睦邻”而不是“纳邻”。因此，虽然俄罗斯自视为欧洲国家，并经常表示要加入欧盟，但欧盟和欧洲国家主要领导人从不做正面回应。加入欧盟不过是俄罗斯的一厢情愿，可望而不可即。俄杜马国际事务委员会主席阿列克谢·普什科夫指出：“不要忘记西方世界已经融合成两个体系——欧盟和北约，而我们无法加入任何一个。”①

（三）反导部署立体围堵

从冷战时期就建立起来的俄美战略均势，主要基于相互确保摧毁的能力。但令美国无法容忍的是，今天的俄罗斯仍然具有全面摧毁美国的热核能力。美国的战略出发点就是要削弱并肢解俄罗斯，把它降级为“二等国家”，这其中的关键一环，就是建立和完善导弹防御系统，消除俄罗斯的“二次打击能力”，形成绝对“核优势”，结束与俄罗斯纠缠了几十年的“全球战略平衡”的恼人矩阵。

当年苏联建立的核武库主要集中在俄罗斯西部地区，过去由于有东欧社会主义阵营作为巨大的隔离地带，西方很难威胁到它。但如今东欧逐渐失去了对核武库的屏障作用。美国在欧洲部署的以地中海、大西洋为一线的海基导弹防御系统和以黑海、里海、高加索为一线的陆基导弹防御系统正逐步展开。

在陆上，部署在土耳其的导弹防御系统雷达站能够监视俄罗斯的大部分领土，罗马尼亚已经部署了美国导弹防御系统，根据需要也可以快速部署到北约其他成员国领土上。2016 年 5 月，美国宣布正式启动设在罗马尼亚南部德维塞卢空军基地的反导系统，并准备与北约在欧洲的反导系统接轨；又在波兰北部伦济科沃市举行陆基“宙斯盾”反导系统基础建设开工仪式，这是美国在东欧部署的第二处反导系统。虽然此前北约秘书长斯托尔滕贝格等多位高级官员宣称反导系统并非针对俄罗斯，俄罗斯仍表示了强烈不满。普京表示，美在罗马尼亚和波兰部署的反导系统是其战略核潜力的一部分，会给俄罗斯造成重大的威胁。

在海上，美军的“阿利·伯克”级导弹驱逐舰和“提康德罗加”级导弹巡洋舰就游弋在地中海、波罗的海和挪威海等俄罗斯周

① “今日俄罗斯”网站文章，2012 年 9 月 21 日。

边海域，这些军舰搭载的“宙斯盾”作战系统和“标准”系列拦截弹也能拦截俄弹道导弹。一个包括5艘巡洋舰和30艘驱逐舰的海军集团在俄罗斯邻近海域部署完成。

为了规避西部迫近的威胁，近年来俄罗斯有意将导弹阵地向国土东部（如西伯利亚）转移。但东方也未必安全：韩国已经部署了美国的“萨德”系统，在日本海域的美国军舰同样搭载着反导拦截系统。美国反导力量正在从东西两面挟制俄罗斯。

在俄罗斯的上空，更是密布着美国大量的侦察卫星和导弹预警卫星。

俄罗斯人有一种处于被围困在城堡的心理，充满警惕。美国的导弹防御系统正在对俄罗斯战略力量形成全方位、多层次的围堵。西方势力不仅拒绝俄罗斯在构筑弹道导弹防御系统计划上与他们合作，甚至拒绝签署一份关于该系统（在未来某些假定的情况下）不会对准俄罗斯领土的书面声明。再加上美国实施“全球打击”构想、谋求太空军事化、发展非核高精度战略武器等行动，都有可能破坏两国的战略均势。

（四）“颜色革命”扳倒亲俄政权

“颜色革命”与20世纪苏联东欧剧变时捷克斯洛伐克的“天鹅绒革命”一脉相承。所谓“天鹅绒革命”（Velvet Revolution），是与暴力革命相对立的一种革命类型，就是借天鹅绒的平和柔滑，来比喻和平转移政权的政治主张和革命过程。其最开始是指捷克斯洛伐克于1989年11月发生的反对共产党统治的“民主化革命”。因为这场革命从头至尾没有以往社会变革的激烈对抗，在不发生流血冲突的情况下实现了政治更替，西方人形容这是一次“天鹅绒般的革命”。后来这一名词也泛指20世纪80年代末在中东欧国家先后发生的政治剧变。而21世纪以来在苏联地区发生的类似事件之所以被称为“颜色革命”：一是因为格鲁吉亚、乌克兰、吉尔吉斯斯坦的

“革命”都是在某种颜色的标志下进行，[1] 显示“革命”的示范性、组织性和吸引力；二是西方政界和舆论推崇这种以群众示威行动迫使国家政权易手的“天鹅绒革命”斗争方式，故以美好的花朵和颜色加以褒扬。[2] 从性质上看，“颜色革命”并不具有革命的涵义，而是带有明显争权夺利色彩和具有大国博弈性质的政治事变。

苏联刚一解体，美国便启动了“支持新生独立国家”计划，动用一切资源在独联体各国“培植民主土壤”“营造民主气氛”“物色民主骨干”“树立民主榜样”，要把独联体各国打造成“新型民主国家”。美通过《自由援助法》以及其他名目繁多的“单项计划”，向独联体各国提供各种援助。1993 年至 2003 年，美用于帮助独联体国家进行“民主改革”的专项援助就达 90 亿美元，其中 3/4 以上提供给这些国家的私有企业、非政府组织和独立媒体等民间机构。当发现各国政府并不能完全按照自己的意愿进行“民主改革”后，美国将专项援助转向了这些国家中的“年轻一代”，制定了形形色色的青年学者交换计划，对这些国家实行“软渗透”。这些人回国后纷纷成为本国政界、商界精英，其影响力自然不可小觑。美国还积极资助一些非政府组织，把他们打造成推行民主的“排头兵”，择机向现政权发难。在独联体多数国家都设有索罗斯基金的分支机构，他们在非政府组织中的表现尤为引人注目。格鲁吉亚“革命”后上台的新内阁成员中，就有 4 名部长曾在索罗斯基金工作过。据美国国务院公布的统计结果，10 年间，美国共向格鲁吉亚提供了总额达 15.08 亿美元的援助，而格鲁吉亚对美国长期投资的最佳回报方式就是“天鹅绒革命”。

2014 年戈尔巴乔夫在接受《俄罗斯报》专访时，点出了西方国家在南斯拉夫、伊拉克、格鲁吉亚、乌克兰的行动——这些都是对俄罗斯具有重要意义的地区。1999 年，美国纠集北约成员国强力发

---

① 2003 年 11 月格鲁吉亚爆发了“玫瑰革命”，2004 年 12 月乌克兰发生了“橙色革命”，2005 年 3 月吉尔吉斯斯坦进行了“郁金香革命”——作者注。

② 邢骅：《“颜色革命”的冷思考》，《共产党员》2005 年第 6 期。

动科索沃战争，打败了当时亲俄的南联盟，造成南斯拉夫问题复杂化。米洛舍维奇政权的倒台，标志着西方在东欧的“民主”战略大体上告一段落，针对独联体的“民主改造”和进一步挤压俄罗斯传统战略空间的双重任务开始实施。西方势力在独联体国家继续策动西化、分化和去“俄罗斯化”的“颜色革命”，试图将其拉入西方阵营。2001 年美军以反恐需要为由进驻中亚后，一些处于反恐斗争前沿的中亚和外高加索国家谋求与美国及西方发展政治、经济和军事联系，在对外关系中表现出日益明显的“离”俄倾向。格鲁吉亚和乌克兰成为美在独联体的“民主试验田”，在“颜色革命”裹挟下，“西倾”表现最为明显，非政府组织活跃。2003 年，格鲁吉亚反对派利用格议会选举发起“玫瑰革命”，将亲西方的萨卡什维利推上总统宝座，独联体国家出现第一个亲美的总统。2004 年，乌克兰总统选举出现风波进而发生了“橙色革命”，又一次成功实现了政权更迭。

此后，美欧又将触角逐步伸向与俄罗斯关系密切的白俄罗斯、亚美尼亚、哈萨克斯坦和塔吉克斯坦等国，尝试克隆“天鹅绒革命”，结果都遭失败。2004 年 4 月，亚美尼亚国内的反对派就曾借鉴格鲁吉亚的成功经验，发动了一场“亚式天鹅绒革命”，逼迫科恰良总统下台。但后者果断采取行动，制止了事态的恶化。哈萨克斯坦禁止了索罗斯基金会活动，并准备武力镇压政变。美国对作为俄罗斯盟友的白俄罗斯政权觊觎良久，将白俄罗斯列入“暴政前哨”名单，称其为“欧洲最后一个独裁政府”，曾欲除之而后快。

（五）经济制裁一再升级

21 世纪伊始，俄罗斯油价从 2000 年的每桶 28.5 美元飙升至 2010 年—2014 年的 102 美元。照此发展下去，俄罗斯在未来数十年实现经济腾飞似乎不成问题。然而，自从克里米亚事件以来，美国和西欧国家联合对俄罗斯挥起制裁的大棒，声称俄罗斯必然要接受惩罚。美国尤其热衷于动用制裁压制对手，试图凭借其综合国力，尤其是经济领域的比较优势，以较低成本达成其战略目标。无论是对之前的卡扎菲政权、萨达姆政权，还是对古巴、伊朗，无数案例验证了这一偏好，其内在逻辑是通过制裁恶化被制裁对象国的发展环境，进而引发精英层的分化重组，并煽动民众的不满情绪，最终达到政权更迭的目标。

西方的经济制裁力度大，持续时间长，加上在其操纵下国际油价不断下跌，很快让俄罗斯经济遭受重创。2015 年俄罗斯 GDP 萎缩 3.7%，居民实际收入下降了 4%[①]，人民生活质量和国防事业发展因经济问题受到严重影响。虽然人们在莫斯科的大街上和超市里几乎看不见任何经济衰退的迹象，但在街头林立的货币兑换处，美元兑卢布汇率的剧烈变动让人揪心——2014 年 10 月汇率还是 1∶40 左右，到当年 12 月汇率已升至 1∶69。经过俄罗斯政府采取包括抛售美元外汇储备等一系列政策，到 2015 年 4 月美元兑卢布才稳定在 1∶56 左右。2015 年 10 月俄罗斯军事干预叙利亚局势时，俄罗斯政府手持的外汇储备只剩下了 3000 多亿美元，其中政府可动用外汇储备仅有 1000 多亿美元。结果，美元兑换卢布的汇率又冲到 1∶67 左右。[②]

因制裁导致的卢布贬值加重了经济危机。卢布贬值，让俄罗斯多个邻国失去了一项至关重要的收入来源——俄罗斯的务工人员往国内汇款。比如塔吉克斯坦，其国内生产总值的 52% 都源自该国务工人员向国内汇款。卢布贬值，使他们工资的实际价值比过去低，而生活成本却在不断增加。俄罗斯联邦国家统计局的数字显示，2014 年 1—10 月，赴俄罗斯务工净人数同比减少多达 10%。由于卢布贬值幅度扩大，这一趋势还会加速发展。这加剧了俄罗斯劳动力不足的窘境。卢布贬值也让俄罗斯推行区域经济一体化的努力受挫。白俄罗斯和哈萨克斯坦此前对“欧亚经济联盟”的兴趣主要在

① 马建光、张乃千：《俄美之间再“纠结”》，《军事文摘》2017 年第 3 期。
② 梦秋、方亮：《俄罗斯：痛苦承受力》，《国际先驱导报》2015 年 12 月 9 日。

于区域经济一体化的形成将让它们受益。但卢布贬值导致局面发生了改变，白俄罗斯甚至试图将两国贸易结算货币从卢布改回美元。

欧美国家此次制裁对俄罗斯经济的影响程度大致为25%左右，虽然制裁还不至于造成俄罗斯经济崩溃，但还是让其经济结构的两个致命弱点——经济高度资源化和市场严重外部化——暴露无遗。虽然凭借油气出口，俄罗斯在世界能源市场占有了重要的一席之地，但却长期处于国际分工链的低端环节，不得不捆绑于发达国家市场，受制于西方大国的政策挤压，客观上成了发达国家经济的"人质"，以致国家整体的经济发展周期总是由石油和资源价格所决定。根据俄罗斯财政部的估计，仅2012年4月以来的油价下跌，就使俄罗斯蒙受了高达1000亿美元的损失。

制裁导致的经济受挫影响到军事开支。俄罗斯2015年度的国防预算曾大幅增加了33%。但在2015年结束前，一些开支项目不得不撤回，因此2015年的国防预算实际上只增加了25%。2015年7月，俄国防部副部长尤里·鲍里索夫在讨论军需工业的一次会议上表示，俄国防工业当年的生产目标没有实现，在某种程度上是因为"制裁实施后造成进口的系统、原材料和货物交付受到限制，生产停止，一系列技术丧失以及生产能力不足"①。由于无法预测经济问题何时结束，2016年的国防预算增加不到1%。俄罗斯大部分军事装备都是过去冷战和经济匮乏时期的产物，几乎所有地面部队的坦克和装甲车都是20世纪80年代制造的。唯一一艘航母"库兹涅佐夫海军元帅"号是1990年投入现役的。俄罗斯在叙利亚作战的3种重型轰炸机均为苏联制造并由俄罗斯继承而来。俄罗斯政府曾于2010年宣布了一项雄心勃勃的计划，欲在2020年之前用新武器取代70%的冷战时期设备，开支项目至少要花费7000亿美元。但因预算紧张，一些武器采购计划不得不推迟了拨款，7000亿美元开支计划难以兑现。同时，旨在努力适应21世纪战争的各种国防计划也

---

① 新华社伦敦，2015年7月20日英文电。

遭遇了许多麻烦。

除资金不足外，俄罗斯在很多高技术产业方面也没有自给自足的能力，要依赖国际供应商。北方造船厂在为印度整修一艘航母时，有很多设备都来自西方和日本。俄罗斯的国防生产将因为国内缺乏高技术产业而受到束缚。例如，现代战斗机和“阿玛塔”坦克都需要大量使用液晶显示屏向机组成员或坦克组成员传递信息，但俄罗斯因为没有韩国那样的液晶显示技术产业，所以电子元件的供应受到严重影响，几乎影响到所有类型的武器生产，尤其是航空航天工业。2014 年，俄罗斯计划用国产产品替换 826 种进口武器部件，2015 年上半年计划替换 102 种乌克兰制造的武器部件，其中有 57 种找到了国产替代产品，占 55%。[①] 2014 年克里米亚事件和乌克兰东部爆发冲突以来，俄罗斯国防工业失去了先前在乌克兰的装配厂和零部件供应基地。为了弥补这一损失，俄罗斯不得不谋求自力更生，希望在 2018—2019 年完成对乌克兰进口产品的替换，包括乌克兰制造轮船用的燃气涡轮发动机。然而全部替换西方制造的零部件和材料是一个更加复杂的问题，因为有些零部件的生产不得不从零开始。

俄罗斯在与美国为首的西方国家在金融、生产和知识三个领域的斗争中全面处于下风。在金融结构上，俄罗斯经济赖以成长的石油等大宗商品的定价权掌握在西方手中，国家和企业债务的叠加使俄罗斯在西方金融霸权面前无比脆弱。俄罗斯财政因低油价而捉襟见肘，政府不得不考虑暂缓对俄罗斯油气工业的减税计划，避免财政陷入无钱可用的尴尬境地。在生产结构上，俄罗斯的制造业一直面临“再现代化”“再工业化”的迫切需求，根本无力与西方全面抗衡。建于冷战时期的盟国体系的瓦解，也使得平行市场无法建立。在知识结构上，俄罗斯的创新体系及其他软实力指标难以和西方相提并论。乌克兰的疏俄亲西选择，其实也是这一向度的折射。

---

① ［英］《简氏防务周刊》网站文章，2015 年 7 月 20 日。

西方制裁启动力度进一步加大、国际油价进入相对稳定的低价波动期和俄罗斯经济自2012年以来渐次进入中、长期低速增长期的“三期”叠加，在乌克兰危机背景下进一步放大了俄罗斯经济的弊端，也让普京政权迎来了十几年来最大的挑战。

除军事方面外，俄罗斯几乎没有任何东西可以跟西方抗衡。反之，西方的制裁潜力还远没有用尽。俄军总参谋长瓦列里·瓦西列维奇·格拉西莫夫大将断言，在这场21世纪的混合式冲突中，过往的诸如金融制裁、扶持反对派和加大宣传都从外交手段演变成了军事斗争的工具。俄罗斯外交部长谢尔盖·拉夫罗夫也不止一次地指责西方的主要目的，不仅在于将乌克兰剥离出俄罗斯的影响，更在于推翻普京政权。

从2014年11月—2016年6月，俄罗斯经济一直处于负增长状态，国内生产总值（GDP）从20790亿美元跌至12907.31亿美元。直到2016年第三季度，GDP才开始出现正增长。短期内，俄罗斯尚无法解决经济结构不合理等内伤，美国和欧洲对俄罗斯重点产业的制裁也不会停止。俄罗斯已经将重心转向东方，促进远东和西伯利亚地区开发，与中国、日本、韩国、东盟国家等亚太地区国家合作。虽然还未摆脱经济危机，但经济也在缓慢恢复中。

五、威胁判断与冲突应对

（一）不同方向的威胁

俄罗斯的地缘战略环境还是比较优越的：北部冰天雪地的北冰洋是天然的安全屏障，东端虽与美国的阿拉斯加仅隔着一个白令海峡，但都地广人稀且远离各自的中心地带。所以它只需关注其他几个方向的威胁。

西部，即欧洲方向，是俄罗斯核心地带所直面的区域，是传统安全方向。这里在冷战时期也是其主要威胁方向，面临的对手是以美国为首的北约集团。冷战结束伊始，俄美关系曾经有过短暂的

“蜜月”，也曾迎来“重启”和“再重启”，但整体上始终是竞争大于合作，甚至多次出现剑拔弩张的情形。2014 年 12 月发布的《俄罗斯联邦军事学说》强调，以美国为首的西方集团对俄罗斯构成的威胁主要表现在三个方面：北约集团向东扩张，蚕食俄罗斯传统安全空间；美国在欧洲部署战略反导系统，削弱俄核遏制能力；北约在俄罗斯邻近国家和地区增兵，扶持当地反俄势力。俄罗斯认为，美国及北约集团对俄罗斯构成潜在主要威胁，同时也是根本性威胁。

南部，主要是高加索地区和中亚地带，存在领土和种族宗教冲突、能源争夺、毒品走私、恐怖活动等问题。阿富汗、伊拉克等中东国家持续动荡的局势也会波及这里，“伊斯兰国”极端组织与俄罗斯境内分离主义势力可能形成联动。这个方向成为俄罗斯面临的现实威胁，尽管还没有形成重大威胁。

东部，有来自美日在远东方向的潜在威胁，还有饱受关注的朝鲜半岛热点问题，这是俄罗斯绝不会忽视的一个地缘安全因素。近年来，俄军不断加强东部军区的基础设施建设，重点发展太平洋舰队，增强军事部署，在该方向频繁举行包括远程投送内容的大规模军事演习，足见其对该方向的重视。

北部，北极地带本不属于安全威胁方向（未建北部军区），但因其潜在的极为重要的战略价值而备受国际特别是周边国家关注。北极圈正在成为资源开采、航道利益的新疆域，周边国家都提出了领土主权主张。俄罗斯则提出了包括北冰洋海域面积 45% 的领土要求。北冰洋还是军事上的重要战略区，是世界主要大国部署海基核武器、实施核打击的理想阵地。鉴于北极潜在的战略价值和安全挑战 2014 年版《军事学说》中首次提到，维护俄罗斯在北极地区的国家利益是俄军在和平时期的主要任务之一。2014 年 12 月，俄海军北方舰队成立联合战略司令部，负责该方向的防务。

（二）应对威胁的途径

美国与北约集团对俄罗斯构成最大潜在威胁。虽然在可预见的未来，无论是从双方的利益，还是从冲突的灾难性后果看，同北约发生战争的可能性都非常小，但只要北约作为政治军事联盟还在发挥作用，只要它还拥有强大的集体武装力量，还在东扩并且不让俄罗斯加入，俄罗斯就不会对北约的存在视而不见，或盲目相信西方领导人关于友好亲善的宣言。只要北约集团的物质军事基础没有发生质的变化（单方面或是通过缔结新的条约），俄罗斯就有必要保持在欧洲战略方向上的军事潜力。对于俄联邦—北约之间的潜在冲突威胁，目前主要依靠核力量，通过优化战略和战役 - 战术级核遏制潜力加以遏制。这一地区的常规力量主要是用来保障并掩护战略核力量，而战役 - 战术核武器则基本上是使用陆军、空军和海军编成内的双重用途运载工具。此外，拥有高度战斗力和机动力的常规力量集团主要部署在俄罗斯的欧洲地区，防空系统、战区反导系统以及战略反导系统的补充成分也将在欧洲地区展开，防御来自南方和东方的袭击。

相对于大战而言，俄罗斯认为，中小规模的局部战争和武装冲突将是俄罗斯面临的主要现实威胁。从两次车臣战争到 2008 年的俄格冲突，俄罗斯断定其面临的主要军事威胁来自独联体地区，引发武装冲突和局部战争的导火索可能是领土划分、能源争夺问题，还有二战遗留问题，更有非法武装活动和恐怖活动问题。

俄罗斯的战略界几乎一致认为，对国家安全的主要直接威胁来自南部方向从德涅斯特河沿岸和克里木半岛到帕米尔和天山一线的不稳定弧。但是这种威胁并不是表现为传统的有组织的武装力量入侵，而是具有极端的民族主义和宗教运动的性质，这些运动利用跨境的游击战方法（即内部冲突和外部冲突的混合）在高加索对付俄罗斯，在中亚对付俄罗斯的盟国。[①] 这里还涉及新型的威胁以及冲突的原因和后果：恐怖主义、武器及毒品贸易、非法移民、有组织的跨境犯罪以及偷猎和走私。面对这些威胁，俄罗斯武装力量的当务之急是做好应对周边发生局部战争和武装冲突的准备。武装力量要与内卫军、边防军、护法机构和特种部队一起行动。为了应付这样的作战，俄罗斯需要一支新型的、人数不太多，但高度机动、训练有素、装备精良的职业化军队。俄罗斯现有军队集群在质量水平较好的情况下，足以保护俄罗斯在高加索和中亚地区的利益免受威胁。

鉴于拥有辽阔的国土面积和漫长的国境线，俄罗斯认为仍需维持大量的预备役人员。现在和可预见的未来，俄罗斯不存在遭受意外的大规模陆上入侵威胁。任何有实力进行这种入侵的对手（包括美国和北约）都需要很长时间来调动、部署和集结其陆军，这将使陆战爆发前的所谓危险期变得很长，俄罗斯将有充分的时间来调动自己的军队，从而大大降低对预备役人员的需要。从退伍的合同兵和其他军队中动员预备役人员的情况看，还可展开规模约为55万至60万人的兵力，在低强度局部冲突的条件下有效行动，为内卫军和边防军提供支援，参加维和行动和反恐行动，包括集体行动。[②]

---

① 阿·阿尔巴托夫：《我们需要什么样的军队》，［俄］《全球政治中的俄罗斯》2003年第1期。

② 同上。

第三章　战略遏制

在俄罗斯官方，尤其是军方的文件和理论著作中，通常使用的术语是“遏制”（сдерживание）而不是“威慑”（устрашение），尽管这两个概念的含义相当，后者一般用于俄罗斯学术界对西方和美国战略的叙述中。[①]“遏制”理论作为国家军事战略方针的基本问题进行研究，是在20世纪中叶苏军装备导弹核武器之后。因而提起“遏制”，常常等同于“核遏制”。俄罗斯预测在可预见的将来，爆发大规模及地区性战争的可能性并不能完全排除。尤其是随着有核国家的不断增加，存在着使用常规武器的军事冲突升级为核军事冲突的可能性。核遏制通常用于针对潜在的大规模常规战争以及核战争威胁。随着远程精确打击等新型常规作战能力的提高，特别是在局部战争和武装冲突中，核遏制作用受到限制的情况下，非核遏制（常规力量遏制）地位上升，并可能被优先使用。2014年12月30日发布的《俄联邦军事学说》将“进行战略遏制（核遏制及非核遏制），包括防止军事冲突”作为武装力量和其他军队、机构在和平时期的主要任务之一。

一、确保核遏制

核武器之所以成为战略遏制工具的最佳选择，其根本原因在于

① 陈学惠：《关于俄罗斯的“遏制”和“核遏制”概念》，《解放军外国语学院学报》2010年第4期。

其巨大的威力和严重的杀伤破坏作用：杀伤破坏范围空前增大，大规模毁伤顷刻形成；有延期、无形积累的杀伤作用，精神威胁及心理影响大；杀伤破坏程度严重等。一颗 2 万吨当量的核弹空爆，可以使大约 7 平方千米范围内 85% 的暴露人员在几秒钟瞬间受到中度伤害，丧失战斗能力；如果换成常规弹药，达到这样的杀伤破坏效果需要动用 720 门 112 毫米榴弹炮发射 333600 发炮弹。所以，当美国在 1945 年 7 月拥有原子弹以后，对称霸世界信心十足。但到 1949 年，苏联也拥有了原子弹，美国的核垄断被打破。此后多年，两国走向核对峙、彼此核威慑的时期。今天，俄罗斯仍然与美国并列于核大国的第一梯队，在与美国保持一定程度的核平衡这一问题上未曾有过丝毫懈怠。强大的战略核力量，能让俄罗斯人找到世界大国的感觉，能安抚俄罗斯战略文化中长期存在的不安全感。

（一）降低“核门槛”

苏联解体后，俄罗斯国力和军力水平已经与美国相差甚远。美国及其盟友不断加大制裁力度，更是使俄罗斯经济困难重重。据俄罗斯财政部公布的信息，2017 年俄罗斯国防预算比上年度下降了 25.5%，仅有 491 亿美元。《简氏防务周刊》称这是自 20 世纪 90 年代以来俄罗斯军费开支最大的一次减幅。而美国的国防预算多年来都在 6000 亿美元以上，特朗普上台后的 2018 年度更是超过 7000 亿美元。美俄国力和常规军力相差太过悬殊。美国凭借十大核动力航母战斗群、部署在世界各地的军事基地网以及广泛使用远程精确制导武器，在当代几场局部战争中显示出明显的优势，同时还领导着一个不断扩大的北约军事集团。而俄罗斯既不再拥有苏联时期那样庞大的军队，也失去了与北约抗衡的华约集团；原本完整的军工体系在苏联解体后早已四分五裂，远程精确制导武器的研发进展缓慢；唯一一艘常规动力航母还在开赴叙利亚的途中冒着黑烟，遭到西方嘲笑；海外军事基地基本分布在近邻的独联体国家，叙利亚基地成为其唯一的远方存在……这一切都呈严重的不对称态势。

对俄罗斯来说，仅剩下苏联留下的战略核武库还能与美国抗衡，成为俄罗斯今天与美国地位几乎并驾齐驱的唯一标志物，也是最让美国忌惮的武器。美国《国家利益》网站文章称，“俄罗斯军事力量的关键是它的核武库，能与之匹敌的只有美国。该国保留了数千枚核弹头——既有战略核弹头，也有战术核弹头，这自然而然使俄罗斯成为地球上最不可忽略的强国之一”。[①]

当年苏联领导人基于常规力量的强大，曾经承诺不首先使用核武器，确信其军队可以在同一切外敌的常规战斗中获胜；倒是北约在常规武器方面逊色于华约组织，美国不得不在欧洲部署大量战术核武器以弥补在常规力量上的劣势，保留用核武器应对攻击的权利。然而今天处在这种情形中的是俄罗斯。虽然他们多年来一直在努力提升常规战斗力，但还打不了美国那种水平的高科技战争。面对美国及北约集团常规军力的压倒性优势，只能寄希望于核力量来弥补其在常规力量方面的不足。在 2010 年 2 月发布的《军事学说》中阐述俄罗斯军事政策的第三章，最值得关注的是“即使在遭到常规武器侵略时，如果国家陷入生存危机，作为报复手段，俄罗斯也可以保留使用核武器的权利”这一表述。在此之前，俄罗斯还从未使用过“国家生存危机”这样的表达方式。2020 年 6 月 2 日颁布的《俄联邦核遏制领域国家政策原则》重申，“使用常规武器入侵但威胁到俄联邦国家生存时，俄联邦保留使用核武器回击的权力”。俄罗斯当局似乎向国内外传达了这样一种信息，即俄罗斯的国力和军队战斗力可能不足以击退美国及北约军队的大举进攻，俄军将全力准备，以便在真正遭到侵略时直接进行武力防卫，但是现在俄军战斗力被削弱，国家有可能陷入事关生死存亡的危机。宣布关键时刻可能使用核武器，这一威胁渗透着俄罗斯对这些军事力量的防范意识和危机感。

---

① 戴夫·马宗达：《欧洲四支最致命的军队》，［美］《国家利益》（双月刊）2015 年 2 月 10 日。

俄罗斯前总统叶利钦甚至公开提醒西方，“一分一秒”都不要忘记俄罗斯是一个核大国。这是俄罗斯在国家经济支持严重不足、常规力量现代化建设亟待加大投入的情况下，依然不惜耗用巨资维护庞大核武库的精神动力所在。但普京总统也多次强调，苏联在冷战期间与西方进行了一场错误的战争，方式就是同美国进行对经济造成毁灭性影响的军备竞赛，教训是惨痛而深刻的。针对新的作战形态和国防投入与美国相差悬殊的现实，为保证自己的大国地位，同时避免重复过去与美国进行军备竞赛的悲剧性结果，俄罗斯强调与美达成有限的战略平衡，即核武器数量与遏制能力的大体平衡和核遏制手段的非对称平衡。

（二）保持基本平衡

战略核力量是国家安全和世界大国地位的根本保障，这种保障正是来自于潜在对手对其核力量规模和能力的忌惮和恐惧。因而，俄罗斯的核武库必须足够庞大并保持经常性战备状态，不能与美国拉开明显差距，陆海空“三位一体”核突击手段一个都不能少。只有这样，潜在对手才会深信俄罗斯强大的核遏制能力，从而不敢对其轻举妄动。俄罗斯专家务实地强调：“我们不会匆忙追求更低的核标杆，以及大家都要遵守的世界性反导。这样做倒是体面和高尚，但这违背俄罗斯安全领域的现实和国家利益，至少在可预见的未来是这样。”[①] 如果说，冷战时期的核遏制致力于不断制造精确的、杀伤力大的、数量多的核武器，以求在技术、实力上占优势，那么今天俄罗斯的所作所为，则是试图通过显示自己的决心或者说用核战的可能，来遏制其认为应该遏制的对象。

2015 年 12 月 8 日俄军首次从潜艇中向叙利亚的拉卡发射最新式的“口径”巡航导弹后，普京就公开表示这些导弹可以携带核弹

---

① 谢·卡津诺夫等：《不能将“来自东方的威胁”绝对化》，新华社莫斯科，2010 年 8 月 13 日俄文电。

头，并指出："所有伙伴都清楚我们拥有这种类型的武器，但是告诉他们武器真实存在且品质很高，而且我们有意愿出于自身利益而使用它，则是另外一回事。"① 这种坚强的意志力，对已经有了强大的核遏制物质基础的俄罗斯来说可谓如虎添翼。

俄罗斯高层对核遏制能力建设始终格外重视。即使在叶利钦时代，核武器也获得重点拨款。今天也不含糊。根据俄军十年装备更新计划，到2020年前全军现代化装备的比例要求达到70%。而战略武器的更新率，按照俄主管军工的副总理伊万·罗戈津的说法，不是70%，而是100%。从以下部署水平可见一二。

1．核武器数量与美国大体相当

2016年美国国务院公布的一份资料显示，俄罗斯部署的核运载工具少于美国，而携带的核弹头数量高于美国（如下表）。

美俄两国核武器数量对比（2016）

	美国	俄罗斯
陆基洲际弹道导弹 潜射洲际弹道导弹 战略轰炸机（部署状态）	762	526
导弹携带的核弹头（部署状态）	1538	1648

资料来源：美国国务院。

2．生存能力强

战略导弹基地分散部署在广大的山地与森林地带，伪装严密。俄新社报道说："新型导弹的发射井将会得到尽可能多的物理保护——彻底摧毁一个发射器至少需要7次高精度的核攻击。"而摧毁一个美国"民兵"Ⅲ型导弹发射井需要2枚核弹头。俄罗斯还在距东欧边界1万多千米的西伯利亚新建发射基地，以规避美国在欧洲

① 皮埃尔·阿夫里尔：《俄罗斯军队正在全面复兴吗》，［法］《费加罗报》2016年2月1日。

部署的先进雷达的监测。

在公路和铁路机动发射方面，目前俄罗斯都占据明显优势。相对于位置固定的发射井，利用公路机动的战略导弹提高了遭受敌方首轮打击时的生存能力。2012 年 11 月，俄媒称，俄罗斯战略导弹部队将装备 МИОМ－15 特种工程伪装车，与“亚尔斯”和“白杨”M 导弹发射车混编，可清除发射车运行痕迹；也可独立部署假发射车，装备能模仿导弹发射装置外形和热辐射信号的特殊设备，用来欺骗侦察卫星。一辆该型工程车可模拟 6 辆发射车。俄罗斯计划恢复苏联时期实施过的“巴尔古津”号核导弹列车计划，用以防范美国的“全球快速打击”系统。这种铁路机动导弹系统可搭载 5～6 枚导弹，因始终在移动中而难以追踪，还能在行驶过程中随时发射导弹，代表了当时最先进的部署技术。西方将其称为“幽灵列车”“末日列车”，对其惧怕程度超过“撒旦”洲际弹道导弹。铁路机动方案可使地面机动导弹携带更多核弹头，从而缓解导弹防御系统造成的威慑效能下降的问题。

战略核潜艇以其隐蔽性能好、机动能力强、善于在狭窄海域活动等特点更受俄军重视，新型“北风之神”级弹道导弹核潜艇以其出色的降噪性能提高了生存力。与上一代的“德尔塔”系列战略核潜艇相比，“北风之神”在舰体结构上最大的变化就是移除了“龟背”，转而加宽艇体，使其能在不影响航行质量的前提下搭载 16 枚“布拉瓦”洲际弹道导弹。由于在艇体结构和螺旋桨设计上下足了功夫，“北风之神”的安静程度达到了苏/俄潜艇设计史上前所未有的高度，其噪声甚至低于以安静著称的美国“俄亥俄”级战略核潜艇。“北风之神”最大潜深达到了 480 米，也使其在行动中很难被发现。俄罗斯马卡耶夫设计局研制的“赛艇”水下固定发射导弹系统，可长时间静态部署在海底，现有侦察系统很难发现。如果俄军将该系统部署在贝加尔湖等内陆湖泊或内海、近海水域，该系统几乎无法被发现，生存优势非常明显。海底固定部署与潜艇机动部署相结合，将进一步提高突防的可能性。

空射系统的载机几乎可在全世界任何地方起飞，或在十几个小时内飞到敌国外围任何方向，可在高空的任意点发射导弹，不受地理位置的限制，这无疑将大幅提高拦截难度。

3．战备程度高

战略导弹部队可在接到命令 2～3 分钟内完成发射任务。战略轰炸机与弹道导弹核潜艇均恢复了中断已久的巡逻行动，在太平洋、北大西洋和北冰洋等海域的战备巡航活动实现了常态化。绍伊古在 2017 年底国防部委员会扩大会议上宣称，99% 的核导弹发射装置处于完全战备状态，96% 可随时发射。

总之，俄罗斯不仅保持了充足的核弹头，而且以技术威慑代替规模威慑的企图日渐清晰。其多样的部署方式、灵活的发射形式，可保证俄军战略力量无需过多投入，就可在确保高生存性的前提下，实现对美战略打击及反导力量的有效压制与反击。美国将不得不顾忌俄罗斯战略报复能力。美国对俄罗斯的尊重，正是来自俄罗斯是与美并驾齐驱的超级核大国的现实而不是其他。俄罗斯敢于使用常规力量指东打西，底气也正是来自其背后强大的核武库。这一点全世界都明白，美国自然更是心知肚明。

（三）“非对称”制衡

在整体弱势的情况下，俄罗斯强调走一条非对称之路，瞄准敌方软肋，发展低成本高效益的技术手段，以敌意想不到或难以有效应对的方式回应，遏制和打败强大对手。首先在作战思想上，核打击方式在传统的核还击基础上增加了核还击－迎击方式，甚至提出了先发制人的核打击方案，提升核打击的主动性；核打击重心由苏联时期的首先解除敌核武装，转向重点对敌中心城市、工业和民用设施等“软目标”实施报复打击，以震慑潜在对手。俄罗斯几乎所有大规模军演都突出显示了有限核打击的模拟，包括对华沙的一场打击。

针对美国构建导弹防御系统以实现全面核优势的企图，俄罗斯不再坚持与美国保持数量上的均衡和“对称性”发展，而是把战略进攻过程中突破导弹防御系统的能力作为优先攻关项目。俄方认准了两点：一是进攻总比防御主动。现有军事技术水平有限，致使导弹防御系统拦截远程弹道导弹的成功几率不高，进攻性武器仍将在很长一段时间内对可能出现的反制武器保持明显的优势，况且这些远程弹道导弹上还可以安装各种对付导弹防御系统的设备。二是成本低符合俄罗斯国情。俄罗斯在国防预算数额方面远逊于美国，考虑“成本、效果、可行性”等标准，在可预见的将来，完善进攻性武器是对美国部署导弹防御系统的一种成本最低廉的回应方式，同时避免陷入与对手的军备竞赛。

一是研制新型突防型战略武器，重点强化其“质量、效能和轨道的不可预测性”，利用导弹防御系统的技术局限性突防，使其在导弹飞行的各个阶段都无法有效实施拦截。例如：在导弹助推段采用速燃助推发动机，将助推段飞行时间从3～5分钟缩短到100秒以内，使对方的早期预警卫星难以发现和跟踪；在中段飞行区间，采取发射大量假目标、提高弹头隐形性能、缩短弹头尺寸、减少太空飞行时间等一系列措施，使对方难以使用太空拦截手段实施拦截；在进入大气层的最后飞行阶段，利用自带直流喷气式发动机和控制系统将弹头重新加速到高超音速，飞行弹道也由传统的“抛物线”惯性弹道改为多次变轨的M形弹道，使对方的拦截导弹无法瞄准，更难将其摧毁。俄罗斯专家估计，如果将所有这些手段加以组合使用，那么突破对方三层导弹防御体系的概率可以达到93%～94%。[①]

二是部署、研制直接破坏防御系统的武器。例如，在加里宁格勒州和克拉斯诺达尔边疆区部署先进的“伊斯坎德尔”战术导弹，随时可以摧毁抵近俄罗斯（如在波兰、罗马尼亚）部署的导弹防御系统。俄军研究试验中的项目涉及面很广，包括可以干扰对方导弹

---

① 米·巴拉巴诺夫：《非对称——手段之母》，［俄］《侧面》（周刊）2007年6月18日。

防御体系制导系统的电子对抗装置、弹道导弹发射模拟及隐蔽装置、可以摧毁敌方部署在太空的预警卫星和航天飞行器的反卫星武器、专门用于打击敌方导弹防御系统的地面雷达站及发射基地的武器。这些武器系统可在敌方导弹防御系统中撕开缺口，使己方的弹道导弹“乘虚而入”。

三是积极研制高超音速巡航导弹。高超音速巡航导弹飞行速度极快，飞行高度灵活，轨迹多变，将成为对付任何导弹防御系统和防空体系的真正“非对称”武器。2015 年，俄罗斯成功测试了一种新型高超音速飞行器，速度达到 5 倍 ~ 7 倍音速，强大的动能使其无需战斗部就能给任何敌方目标造成致命损害，即便是最坚固的目标也能用一枚导弹摧毁。如果再加上核弹头，效果不言而喻。研制中的 PC－28“萨尔马特”重型洲际弹道导弹预计将携带高超音速巡航弹头。[①] 从 2018 年 3 月 1 日普京的《国情咨文》，以及俄方披露的“萨尔玛特”导弹从发射井中首次进行弹射试验的画面可以发现，这种导弹有一种经过南半球从南方攻入美国本土的弹道。这就是传说中的“环球导弹”路线，或者“部分轨道轰炸”技术。“萨尔马特”导弹的测试令美国非常不安。

事实上，早在 20 世纪 60 年代苏联就已经装备了“环球导弹”，即 P－36Op6。该导弹增加了第三级火箭，能够将弹头送入地球轨道高度，经过南极点后绕过南半球，从美国当时没有建立导弹预警系统的南部方向攻击美国。在当时的环境下，能将美国的预警时间从几分钟缩短到几秒钟。直到后来美国建立全球红外导弹预警卫星系统后才又延长了预警时间。而这种攻击路线今天自然也可以供“萨尔马特”导弹选用，至少可以用来绕过美国目前主要朝向北方部署的导弹防御系统。普京重提“环球导弹”概念，意味着俄罗斯可能会在“萨尔马特”导弹基础上研制一种带第三级发动机的导弹，从南极进入对美国导弹防御系统进行破袭。俄罗斯因战略导弹

---

① 谢·普季奇金：《一起用高超音速飞行》，《俄罗斯报》2015 年 7 月 23 日。

防御系统方面的落后开始追求“环球导弹”这类“冷战恐龙”，倒也合情合理。如果再结合高超音速突防技术，更可大幅度提高突防成功概率。

2018 年 12 月 26 日，俄国防部在奥伦堡州多姆巴罗夫斯基试验场成功试射了 Авангард（“先锋”）高超音速巡航导弹。普京总统亲自前往国家指挥中心下达发射命令，并观摩了导弹发射实况。他在讲话中表示，试射“取得了绝对的成功”，“俄罗斯将拥有一种新型的战略武器，‘先锋’导弹将在 2019 年开始装备俄军”。据称，这种高超音速导弹的飞行速度高达 20 倍音速，而且可以机动变轨，最终“像火球和陨石那样准确地砸向目标”“这将让所有的现役反导系统过时”。俄副总理鲍里索夫甚至声称导弹速度将可达到 27 马赫，即超过 3 万千米/小时。美国战略司令部司令约翰·海腾认为，五角大楼尚无能够阻止该武器的任何保护措施，这种能够携带核弹的武器即使有 50% 被拦截的可能，还是会产生无法想象的巨大风险。

二、发展非核遏制

非核遏制，即常规力量遏制。2014 年 12 月 30 日发布的《俄联邦军事学说》首次提出“非核遏制”概念，标志着俄罗斯的战略遏制体系基本形成。“非核遏制”战略，即在不使用核武器的情况下，依靠常规武器的战备能力，有效应对主要作战对手以空中火力突击和精确武器运用为核心的常规入侵行为，达成预防和制止军事冲突的目的。非核遏制与核遏制一起构成战略遏制。

（一）核打击前的“最后警告”

俄军认为，常规冲突容易迅速升级，而核武器难以投入实战，因此需要通过“非核遏制”战略来遂行对主要作战对手的战略威慑。由于俄罗斯相较于美国在常规军力方面的劣势，美国在近几场局部战争中遂行的联合精确打击行动是俄罗斯面临的最为严峻的安全威胁。为了应对这一威胁，俄罗斯在长时间里不得不严重依赖战略核力量的发展。但核武器在防止外部武装冲突时并非总是有效：只能保护国家免受敌国入侵或核袭击之类面临生死存亡的威胁，只能在最为激烈的冲突中使用；在现代战争的许多冲突中则难以投入实战，没有用武之地。俄方对核遏制的局限性心知肚明。无奈用于非核遏制的新型武器研发进展缓慢，俄方也只有咬定核遏制不放松。

经过多年研发努力，俄军装备了越来越多的新型常规武器，特别是远程高精度武器，在威力和效果方面都已直追核武器。俄罗斯高层开始自信，非核实力也可以作为国家安全的重要依托，有效遏制、解决军事冲突。“非核遏制”，实际就是依托部署在潜艇、水面舰艇和远程战机上的网络化核常兼备远程高精度武器，对远离冲突前线的高价值目标实施打击，瘫痪主要作战对手的军用和民用基础设施。俄罗斯著名军事科学家瓦·卡帕特科指出，比起世界大战，现在更有可能爆发的是局部战争或武装冲突，战争中用处最大的是远程精确打击武器和那些具有新的物理特性的轻武器。[①] 普京总统在 2011 年—2020 年国家武器采购计划会议上也指出：“我们看到，世界各地正在积极发展高精度常规武器系统，就其打击能力而言正在接近战略核武器。那些拥有这种武器的国家大幅提升了自己的进攻能力……这也是我们在发展武装力量的计划中需要考虑的。”

非核遏制并非要取代核遏制，而是作为核遏制的有效补充手段。它甚至被视为一种“跨域遏制”，即以强大的核遏制为支撑，综合运用核、非核和信息作战能力，操纵对手的（风险）意识，影响其决策过程，使对手认为自己所发起的军事行动将会导致环境和社会经济灾难，未必能获得最终胜利和实现既定目标。因此，“非核遏制”战略的侧重点不是破坏力，而是慑止对手的能力。也可以说，

① 易水寒：《俄罗斯军事家谈战争艺术的变革史》，《俄罗斯防务评论》2010 年第 1 期。

非核遏制是冲突开始升级到地区和全球战争层面之后，俄军在遂行有限核打击之前所发出的“最后警告”。如果对手无视这一“最后警告”，那么俄罗斯使用核武器便理所当然且不可避免。

（二）非核遏制是充分可行的

通过对与北约国家可能发生的常规军事冲突的判断，俄罗斯认为，未来实施非核遏制具备以下可行性或有利条件：

利益风险不对称。俄罗斯认为，在未来同北约可能爆发的军事冲突中，双方所承担的风险并不对称。最有可能爆发冲突的地点是俄罗斯周边争议地区，这些地区在文化、历史和种族上与俄罗斯有千丝万缕的联系，却远离大多数北约国家；受损的很有可能是俄罗斯的核心国家利益，而对北约或美国虽重要但非核心利益。未来如果俄罗斯在波罗的海地区展示军力，北约国家将不得不从美国或西欧增兵予以应对。届时在与北约的军事冲突中，俄罗斯将会在战斗作风、作战时间和承受能力上占据上风，因而胜算更大。

部署态势不平衡。俄罗斯认为，虽然北约在常规军事实力上优于俄罗斯，但其在东欧的兵力部署和战备状态却差强人意。俄罗斯可通过快速部署机动部队、构建多层防御体系和遂行进攻性打击行动，在战术和战役层面上赢得主动，拒止北约的大规模兵力调动、快速机动增援和防区外空中打击等行动。如果北约想寻求突破，则将付出巨大的人员伤亡和财产损失。这样一来，部分甚至大多数北约国家最终会选择妥协。

国家损失难承受。俄罗斯认为，与北约打全频谱战争并没有十足的胜算，但打击北约国家的民用基础设施，则能在政治和经济上给北约以双重打击，达到迟滞甚至中止北约军事行动的目的。因为每个欧洲国家都有数个生死攸关的目标，一旦遭受攻击会造成不可承受的损失，对这种前景的担忧将迫使这些国家中止与俄罗斯的军事行动。2007 年，时任俄海军司令弗拉基米尔·马索林表示，“在经济全球化的背景下，如果（通过军事打击行动）对一个或多个国家的经济产生影响，就有可能对潜在对手同盟造成不可承受的经济影响或危机”。另一位退役海军司令奇尔科夫也认为，新型常规远程打击能力“通过威胁摧毁对手重要军事和经济目标的方式，帮助俄罗斯海军解决了非核战略遏制的问题”。

冲突烈度不失控。谁都知道，非核遏制的背后还有核遏制。美国兰德公司政治分析师弗罗斯特·摩根分析：“战略平衡让冷战时期的领导人小心谨慎，但也同样可能让现在的领导人偏执地追求稳定。”俄罗斯庞大的核武库和主动的核遏制战略提醒着北约国家，任何一场同俄罗斯的军事冲突都有可能越过核门槛，从而促使其尽量避免与俄爆发军事冲突。由于有强大的核威慑能力作支撑，俄军未来同北约的军事冲突将会控制在一定强度，并且很有可能会朝着符合俄罗斯战术和战略目标的方向发展。

（三）在实战中检验威力

美国国防大学学者哈里森·门肯认为，俄罗斯战略学者将“非核遏制”视作应对美国和北约的重要非对称工具，在实施“非核遏制”战略时将主要遂行警示性威慑行动、防御性行动和非对称行动三种类型。警示性威慑行动，亦称恐吓性威慑行动，即在冲突爆发前或冲突期间，综合运用针对性和连续性信息战（如官方声明/威胁、数据泄露等）和非暴力力量展示行动（如演习演训、军力展示和兵力部署等），夸大俄军战备状态和作战能力，发出可信威慑信号，即冲突一旦爆发将给对手带来无法承受的代价，最终迫使对手改变作战进程，寻求结束危机；防御性行动，类似于“反介入/区域拒止”行动，以多域作战能力（如反舰武器、网络技术、反太空能力和电子战系统等）反制对手进攻能力，威胁对手在战场乃至本土军事基础设施的安全，从本土多个方向对北约国家的作战节点要害（如军事基地、指挥控制中心和交通枢纽等）发动攻击，摧毁对手的核心设施，从而“抵消”更为强大的对手；非对称行动，主要依托“现代化高精度常规武器系统”，对敌国内的民用政治经济基础设施实施远程非核打击，以此引发灾难性经济和生态后果，对其经济和社会产生重大影响。[①] 在叙利亚军事行动期间，俄罗斯对“非核遏制”战略进行了检验，有意动用其武器库中“最重的大锤去砸坚果”，潜含了“杀鸡儆猴”之意。

3M－54“口径”巡航导弹（其出口型即“俱乐部”），是俄罗斯革新家设计局1992年在3M－10导弹基础上研制的一种多用途的通用远程常规巡航导弹，目前有陆基和舰载两个自用型号，配备矢量推力发动机，采用惯性制导和主动雷达寻的制导，巡航速度0.8马赫，有效射程660～2500千米，精度误差约5米。叙利亚行动期间，俄罗斯海军在航天侦察与导航定位系统的支援保障下，先后从里海的导弹艇和护卫舰以及地中海的柴电潜艇上发射“口径”巡航导弹，飞越1500千米对叙境内的“伊斯兰国”目标实施远程精确打击。2015年12月8日，俄方公布了导弹从一艘“基洛”级潜艇发射后冲出海面飞向叙利亚的录像。绍伊古宣布说：“航天部队和潜艇舰队成功发射导弹，所有目标均被击毁。”时任俄罗斯海军副司令维克托·博思克表示，由于这些“口径”导弹射程较远，俄罗斯海军舰艇即便部署在黑海也能对较远目标实施打击。北约国家自然明白，从黑海或波罗的海发射的导弹只需要换个方向，就可以打到欧洲大部分地域。英国国际战略研究所高级研究员本·巴里指出：“这里有展示战斗力的因素，从而获得更广泛的战略影响力。如果想威慑不负责任的北约不要有其所认为的冒险主义，那么展示从战舰和潜艇发射巡航导弹的能力是有帮助的。”[②]

在空中，俄空天军三大战略轰炸机图－160、图－95MC和图－22M3在苏－27CM的伴随掩护下，发射X－555、X－101空射巡航导弹，对“伊斯兰国”和“努斯拉阵线”等恐怖组织的指挥设施、弹药库和油库发动了多波次火力突击，并投射了大量非制导航空炸

---

① 《美学者评析俄罗斯“非核遏制”战略》，《防务视点》2017年第9期。

② ［英］《每日电讯报》网站，2015年12月14日。

弹。可变后掠翼超音速战略轰炸机图－160“海盗旗”最初是为回应美国B－1“枪手”轰炸机而设计的，旨在渗透严密防御的领空和发射核武器。派遣这样的庞然大物打击叙利亚的反政府武装，是没有明显军事理由的，除非是想引起更多观众的注意。苏－34战斗轰炸机装备多种精确制导武器，专门对敌高价值目标实施打击——这曾是科索沃战争中美军典型的战役行动样式。尽管投射的精确打击武器数量不多、实际作战效果有限，但重点是展示了俄军使用常规高精度武器实施防区外打击的能力，打破了西方在远程精确打击力量运用上的垄断，同时也向潜在对手传递了俄罗斯有能力向海外投射力量的信息，让西方国家对俄罗斯军事实力有了更为深刻的认识。

影响北约国家的战略选择，是俄军在叙利亚遂行巡航导弹打击任务的重要目的之一。如在2016年10月7日这一天，俄罗斯海军就从里海发射了26枚“口径－HK”巡航导弹，在航路上完成147次转弯，摧毁了11处“伊斯兰国”目标，展示了俄军的远程精确打击能力。有俄罗斯媒体报道称，发射26枚巡航导弹其实是在警告欧洲的26个北约成员国。俄军的打击行动不仅能够在战场内外取得立竿见影的效果，如慑止西方军事联盟对阿萨德政权的威胁、影响北约对乌克兰危机的干预等，也能让对手在未来的军事冲突中有所忌惮。今后，俄罗斯随时可将这种战略武器作为实施非核遏制的实用工具。

三、遏制力量的构成

俄罗斯武装力量按功能结构可分为战略遏制力量和常规力量两大类。其中，战略遏制力量由战略突击力量和战略防御力量组成。

（一）战略突击力量

俄罗斯的战略核力量分为陆基洲际弹道导弹、海基弹道导弹潜艇及潜射弹道导弹、空基重型轰炸机三大组成部分，其编制分属战略火箭兵、海军和空军。这三个分立的核武器投送系统的同时存在，在很大程度上保障了对敌战略目标的突袭能力以及己方核力量的生存能力，被称为“三位一体”的战略核力量，对于遏制战争起着十分重要的作用。

1. 陆基战略核力量

由战略火箭兵执掌的陆基导弹，历来是俄罗斯（苏联）战略核力量的最大组成部分。在冷战鼎盛时期，苏联拥有超过1400枚洲际弹道导弹，6600枚弹头。苏联解体以来，这一数字急遽缩小。据美国《原子科学家公报》2013年5/6月号报道，2013年，俄罗斯拥有326枚洲际弹道导弹，约1050枚弹头，仍占俄罗斯战略核弹头数量的一半左右。俄罗斯国防部官网显示，战略火箭兵部队列装的洲际弹道导弹有5种：PC－24“亚尔斯”、PC－12M2“白杨－M”、PC－12M“白杨”、PC－20B“撒旦”和PC－18Б“三棱匕首”。新型导弹有PC－26“边界”、PC－28“萨尔马特”和“巴尔古津”等。

PC－26“边界”陆基机动洲际弹道导弹的首次曝光是在2011年3月，莫斯科热力工程研究所总工程师索洛门诺夫向外界透露，有一款“新型洲际弹道导弹”已研制3年，研制重点是导弹的分导式核弹头和再入飞行器，使其具备更强的突防能力，还将改进火控通信等系统。2012年5月23日，PC－26首次试射成功。导弹从普列谢茨克靶场的一个移动发射装置上发射，飞行约6000千米成功击中勘察加半岛库拉靶场上的预定目标。俄罗斯副总理罗戈津强调，“边界”是“反导杀手”，“无论是现有的还是未来的反导系统都没有能力拦截其战斗部”。“边界”也是三款洲际弹道导弹中最神秘的一种，目前能得到的信息显示，“边界”使用了高强度聚合材料，使导弹重量从“亚尔斯”的120吨减至80吨，但4个分导式核弹头的总威力却达到120万吨TNT当量。“边界”的弹头还可做高超声速飞行并机动变轨，一旦技术成熟，美国的任何反导系统在“边界”面前都将形同虚设。

PC－28“萨尔马特”是俄罗斯新型液体洲际弹道导弹，未来将取代 PC－20B“军政长官”（西方称 SS－18“撒旦”）和 PC－18Б“三棱匕首”。“萨尔马特”的重量超过100吨，并可携带10吨重弹头（世界上现役的洲际弹道导弹重量约为50吨～60吨，载荷约为1吨～2吨），采用地下井发射模式。大重量和大载荷意味着更大的威力，将使其成为自“撒旦”之后世界上威力最大的洲际弹道导弹。俄罗斯卫星网撰文称，“萨尔马特”能突破美国反导系统，将其得克萨斯州夷为平地。

“巴尔古津”铁路式洲际弹道导弹系统，则集中体现了俄陆基战略核力量的精髓，即“继承精华、集成统一、集约高效”。苏联时期，洲际导弹多由位于乌克兰的南方设计局研发设计，“撒旦”“三棱匕首”重型液体洲际弹道导弹都是该设计局的成名之作。“撒旦”已是明日黄花，在后勤维护上还受到乌克兰的掣肘，难以发挥导弹的威力。因此，俄罗斯选择自力更生，从“白杨”开始，俄罗斯现役的陆基机动洲际弹道导弹均出自莫斯科热力工程研究所。而“白杨”“亚尔斯”“布拉瓦”“边界”采用的分导式多弹头、末端机动变轨技术都是一脉相承。“巴尔古津”系统也将采用“亚尔斯”和“亚尔斯－M”作为主武器，这大大增加了俄军战略核威慑力量武器系统的通用性，降低了导弹的研发成本。在经济情况不景气的情况下，能以有限的经费维持甚至是增强战略核威慑力量，从而不惧美国在俄罗斯周边四处部署反导系统，与西方有效抗衡。

2. 海基战略核力量

俄战略潜艇部队包括6艘667БДРМ型“海豚”级（“德尔塔IV”）潜艇和3艘667БДР型“魷鱼”级（“德尔塔II”）潜艇。每艘潜艇可携带16枚潜射弹道导弹。667БДРМ型潜艇装备4弹头的P－29PM“深蓝”（SS－N－23M1）导弹，667БДР装备3弹头的P－29（SS－N－18M2）导弹。667БДРМ经大修后可继续服役10年。俄罗斯对“深蓝”导弹进行10弹头改造，称为“莱涅尔”，所有弹道导弹潜艇都将重新装备“莱涅尔”。

955型及后续955A型“北风之神”潜艇将取代667БДР型潜

艇，在太平洋执行任务。“北风之神”属第四代弹道导弹核潜艇，水下排水量为2.4万吨，总长度170米，可配备16具Д-30导弹发射装置。该型艇还拥有高效的流体动力性能，水下航行噪音仅为108分贝，被称为“世界上最安静的战略核潜艇”。俄罗斯造船厂正实施8艘该型核潜艇的建造计划。2004年，普京总统得知首艇建造因资金短缺陷入停滞的困境后，曾当即表示“就是把克里姆林宫卖了也要及时造出新一代核潜艇，因为这关系到俄罗斯的未来”。在总统的直接督促下，“北风之神”号核潜艇的建造得以按期完成。已建成入列的3艘潜艇“尤里·多尔戈鲁基”号、“亚历山大·涅夫斯基”号和“弗拉基米尔·莫诺马赫”号属于955基本型，从第四艘“弗拉基米尔大公”号起将为更新后的955A型，其一系列性能和设备都与基本型不同。预计到2020年前后建成和交付8艘新潜艇，届时将能同时部署128枚新式弹道导弹。该型艇配备的PCM-56“布拉瓦”固体燃料潜射弹道导弹，是在“白杨-M”陆基洲际弹道导弹基础上研制的，吸收了后者同时打击多目标、突防能力强的优势，飞行距离可达8000~9000千米。为了能够突破美国在俄罗斯周边国家部署的反导系统，“布拉瓦”还加装了防辐射、防电磁干扰的保护罩，并增加了诱饵装置。借鉴“白杨-M”的分导式弹头设计，“布拉瓦”可携带6~10枚分导式弹头，而弹头功能可根据任务需要来调整布置，如打击的目标较少但目标价值巨大，即可多携带诱饵弹对敌反导系统实施干扰，确保主弹头一击致命。这恰是俄罗斯从容应对美国部署反导系统的实力之所在。俄罗斯副总理罗戈津高调宣称，“无论反导系统部署在哪里，‘北风之神’级核潜艇搭载的导弹都能突破其防御”。俄罗斯高层对“北风之神”寄予厚望，将其视为未来30~40年海军遏制力量的基础。

3. 空基战略核力量

在俄罗斯（苏联）战略核力量中，战略轰炸机编队一直发挥着重要作用。据美国《核威胁倡议》网站2013年12月18日报道，俄罗斯战略轰炸机由59架图-95MC“熊”式轰炸机和13架图-

160“海盗旗”超音速轰炸机组成。图－95МС可携带654枚核武器，包括空射巡航导弹和核炸弹；图－160可携带156枚核武器，包括空射巡航导弹、核炸弹以及短程攻击导弹。俄罗斯已经开始制造新一代的隐身战略轰炸机（ПАК－ДА），第一架原型机预计将会在2021年完成制造并首飞。该机采用飞翼构型，具备极高的隐身性能，能够规避雷达搜索携带导弹和制导炸弹进行核常兼备的打击。俄罗斯计划在2026将该机投入现役部队使用，在2027年投入量产使用。俄新型巡航导弹已在战场上得到检验。在ПАК－ДА服役之前，俄方主要是对现有的图－160和图－95МС进行改进，装备新的通信、驾驶舱、电子和其他航空电子设备，使老旧的发射平台能在敌防区外发射导弹，维系俄“三位一体”战略核威慑力量的天空一环。第一批经过现代化改装的图－160М2战略轰炸机在2017年11月进入飞行试验阶段，计划于2021年前加入俄军序列。新的图－160将装备最完备的防空系统、可靠的干扰防护系统和独一无二的武器，效能应会提升60%。俄空军将这款全世界最大、最重的超音速轰炸机称作“白天鹅”，足见其受到厚爱。

除对“三位一体”战略核力量进行现代化改造外，俄罗斯还在对支持预警和指挥控制职能的基础设施进行维护和现代化改造。俄罗斯计划构建一个中央国防机构，但对核指挥结构不做更改，否决用一个机构统一指挥和控制其核力量。因此，在可预见的未来，俄罗斯“三位一体”核力量将各自指挥作战。

4. 战术核武器

俄罗斯还拥有庞大的战术核武库，虽然规模不及苏联，但据闻至少部署了2000件战术核武器。如果算上没有部署的，可能拥有多达5000枚核弹头。战术核武器可弥补其在常规军力方面相对而言的弱势。

俄陆军列装的“伊斯坎德尔－M”战役战术导弹系统，可以使用普通弹、爆破弹，也可使用战术核弹，能有效摧毁50～500千米内的各种目标。“伊斯坎德尔”这一名称来自古代马其顿皇帝亚历山大的波斯语称谓，足见俄罗斯对这款战术导弹的期望。美国及北约一直对其心存忌惮，原因在于：一是其突防能力强，打击精度高。“伊斯坎德尔”具备单车独立锁定目标的能力，并采用“光学+‘格洛纳斯’导航卫星”的复合制导模式，打击精度高，圆概率偏差仅2～3米，而且可在末段飞行过程中释放诱饵，进行不规则机动飞行，突防能力惊人。事实上，“伊斯坎德尔”无论部署到哪里，都会成为焦点：部署在东欧，美国的“爱国者”PAC－3防空/反导系统对其将毫无优势可言；部署在远东，对付比“爱国者”性能更先进的“萨德”也不落下风。二是投入实战的可能性更大。特别是部署到东欧“飞地”加里宁格勒后，500千米的射程足以覆盖波兰全境。波兰因部署“爱国者”PAC－3系统而成为了俄罗斯导弹的重点“关注”对象，“伊斯坎德尔”就像一把达摩克利斯之剑，随时悬于其头上。

5. 远程高精度武器

高精度武器包括地对地导弹、巡航导弹、制导炸弹和炮弹等。面对美国迅猛发展的全球快速打击能力，俄罗斯也在努力以装有常规弹头的洲际弹道导弹和高超音速巡航导弹构建自己的“全球快速打击系统”。在“白杨－M”“亚尔斯”“布拉瓦”等已有陆基或海基型洲际弹道导弹基础上研发常规型，有进一步提升精度和增大射程的空间，其总体性能基本接近快速远程高精度武器的技术需求。俄罗斯有能力在较短时间内研制性能先进的高超音速巡航导弹。根据2013年制定的高超音速武器研制计划，俄罗斯未来利用海基和空基平台发射能够携带常规弹头的导弹，速度可达12～13马赫，射程超过1000千米，精度达到10米以下。高超音速巡航导弹将与常规弹头洲际导弹一起，构成反制美国“全球快速打击”计划的主要力量。近年来俄空天军和海军装备的КАБ激光制导炸弹、X－101远程巡航导弹、“口径”舰对地巡航导弹等，在叙利亚军事行动中都有精彩表现。

X－555空射巡航导弹，由“彩虹”设计局自X－55导弹改进而成，以常规弹头为主，2004 年列装，采用先进复合材料制作弹体，并使用雷达吸波涂层和吸波材料等新的隐形技术，其雷达反射截面积只有 0.01 平方米，隐身性能良好。飞行速度 500～1200 千米/时，可在 50～10000 米的高度飞行，射程 2000～3500 千米，据称在进一步改进后将达到 5000 千米。导弹在巡航中采用地形匹配导航系统，以及“景象＋卫星”的复合制导方式，圆概率偏差仅有 45 米。经过改装的图－95MC 轰炸机能在机腹内置的旋转发射架上挂载 6 枚该型导弹，同时在机翼下还可挂置 5 枚。叙利亚战场上投放的 X－555 弹体为银白色，弹头为红色，凸显了其应用于实战的“试验”性质。但与美国的 AGM－129 等新一代超音速巡航导弹相比，在隐身和低空突防等重要性能指标上已经落后。

X－101/102 隐身空射巡航导弹，于 20 世纪 90 年代研发，与 AGM－129 几乎同期进行，但受俄罗斯国内糟糕的经济状况影响，2012 年才开始列装。X－101/102 的射程约 5000 千米，其中“101”携带常规弹头，“102”携带核弹头。X－101/102 与苏联早期的巡航导弹 X－20 相似，它有一个“复古”但外形新颖的雷达吸收外表，只有 0.01 平方米的雷达反射截面积，并具有多变的飞行剖面。导弹的巡航速度为 2.5～3 马赫，实现了巡航导弹在隐身条件下的超音速巡航。X－101/102 还装有地形基准导航系统和电视末制导导引头，圆概率偏差与 X－555 相比也有大幅降低，控制在 10～20 米之间，可从升级后的图－95 和图－160 战略轰炸机发射，对敌后方战略设施及小型、移动目标实施远程精确打击。其远程精确打击能力已在叙利亚实战中得到证明。当然，打击叙利亚的目标并不需要这种能力，但更远的导弹射程可以给俄军提供打遍全球的选择，包括打击美国境内。

俄罗斯重点发展的高精度制导炮弹，由普通炮弹加装新型模块改造而成，利用“格洛纳斯”卫星系统，不受气象条件限制，具有造价低、射程远、毁伤程度高等特点，较之有限核打击更能有效地控制冲突的烈度。

（二）战略防御力量

战略防御力量，主要是指空天防御力量。

冷战后美国主导的几次局部战争，都是以空天袭击为基础，航空武器遂行进攻任务，航天系统负责保障。在今后的战争中，“天对天”和“天对地”的天基打击武器将可能成为主角，这将极大增强美国的军事优势，降低对导弹核武器的依赖。美国已在研制“即时全球打击”系统，即几分钟内能精确击中全世界任何目标的高超音速飞行器。这种系统可能对俄罗斯战略力量构成“斩首式”威胁。目前世界上绝大多数国家的防御手段主要以空防为主，一旦遭到空天袭击可能会束手无策。2013 年，美国五角大楼做过一个名为“电脑黑眼”的技术测试，结果表明：未来如果美俄发生冲突，美国可用 3000 ~ 4000 枚导弹在 6 小时内瘫痪俄罗斯的核力量，而不一定使用核武器。这意味着美国可以在很短时间内摧毁俄罗斯赖以与美国维持战略平衡的王牌。一直以来，在“非对称”制衡思想主导下，俄罗斯反复强调发展进攻系统，不太重视真正从军事技术方面建立防御系统。美国这一测试结果出来后，俄罗斯重新认识到，不论是进攻系统还是防御系统都是不可缺少的，综合军力既包括核武器也包括常规武器，既包括进攻性常规武器也包括防御性常规武器，缺一不可。而且，如果有强大的空天防御力量，会对空天袭击兵器造成极大威胁，从而保全自己的核反击力量。由此可能带来的危险后果，会对敌方造成心理震慑，迫使其放弃入侵企图。

俄空天作战力量历经四次调整，实现了由分到合的艰难转型。建军初期，延续了苏军“空、防、天分立”体制，空天作战力量分散于空军、防空军及军事航天力量中。1998 年空军和防空军合并组建新空军，空中作战力量初步实现攻防一体化。但防空军所属导弹空间防御兵与军事航天力量被并入战略火箭军，割裂了航空与航天、防空与反导体系的整体性。2001 年 6 月，军事航天力量和导弹太空防御兵从战略火箭军中分离出来，组建了独立兵种航天兵，实现了航天发射、太空监视、战略预警、导弹防御等力量的一体化指挥和管理，使航天和反导力量具备了攻防兼备的能力，但没能改变空与天、防空与反导“两张皮”的状态。为了应对空天袭击带来的严峻挑战，俄军决定将防御空天攻击的各种力量和手段整合起来。2011 年 12 月，俄军把空军所属空天防御战略战役司令部（原莫斯科防空区）并入航天兵，组建空天防御兵，有效整合了首都地区防空反导力量，实现了对首都和中央地带防空、反导、导弹预警和太空监视几大系统的一体化指挥。但仍遗留了很多问题，如防空作战力量条块分割、空军与空天防御兵各自为政、首都与其他地区防空彼此脱节、进攻与防御兵力相互分离等，使俄罗斯处于坐拥世上最锋利的“矛”却难有与之相匹配的“盾”的尴尬境地。在美国“全球快速打击”战略的现实威胁下，如果没有能力抵御来自太空的打击，将不可避免地把“阿喀琉斯之踵”直接暴露在对手面前。2015 年 8 月，俄军将空天防御兵和空军合并，组成新的军种空天军，下辖航空兵、防空反导部队和航天兵三个兵种，在苏俄军事史上首次实现了大气层内外空间行动的统一指挥，基本形成了“空天一体、攻防兼备”的作战体系。同年 10 月底，俄空天军成立不足两个月即被首次投入在叙利亚的实战行动，十余种不同型号的卫星在叙利亚上空持续地探测地形，为战机指引目标，并实时评估战场形势。“空天军”也正如其名，通过实战达到了“空”与“天”的无缝对接。

空天防御力量的基本职能是，避免美国对俄罗斯发动“斩首式”空天突击，对国家重要战略方向和地区提供有效的防空反导掩护，特别是保住战略核设施，为发起核反击创造条件。俄罗斯国家领导人和国防部对导弹袭击预警系统极为重视。为应对美国战略导弹突袭，俄军近年来在边境地区建立密集的雷达站，更新和部署针对弹道导弹的天基预警系统，发展用于侦察通信和作战指挥的卫星集群。绍伊古指出，俄罗斯周边已经建成统一雷达场，统一航天系统从 2017 年 12 月起开始试运行战斗值班。该系统与部署在俄罗斯、白俄罗斯和哈萨克斯坦的超视距雷达站配合运行，将发现升空的高超音速导弹，在高层大气跟踪它们并计算出其目标，战略力量随后将做出有效反击。2018 年建立的 3 个新雷达站进入作战值班，解决了因某些独联体国家拆除原苏联雷达站造成的通信间断问题。空天军航天兵参谋长兼第一副司令伊戈尔·莫罗佐夫少将称，俄太空监视系统能够跟踪飞向月球和火星的仪器，长期监视 4 万千米以内的近地轨道，约 2 万个不同的人造太空目标。[①]

俄军已开始恢复和升级导弹防御系统。1995 年 2 月投入使用的 A－135（西方称为 ABM－3），是一种战略反弹道导弹系统，携带的 51T6（西方代号 SH－11“橡皮套鞋”）和 53T6（西方代号 SH－08“小羚羊”）都是核拦截弹，只需在距离目标数千米处引爆即可实现导弹拦截，缺点是在打击来袭目标的同时也会对自身造成核污染，很难实战运用。俄罗斯在莫斯科周边部署的新一代的 A－235 型战略反导防御系统（代号“飞机－M”），对携带的远程和近程拦截弹做了深度改进：远程拦截弹的改进型 51T6 导弹虽仍使用核战斗部，但能在更远距离、更高高度拦截来袭的多弹头洲际弹道导弹，最大限度减少甚至避免核爆炸给俄罗斯自身带来的危害；近程拦截弹的改进型 53T6 或由其发展而成的 45T6，既可使用小当量核弹头，也可使用常规弹头，加速能力强，最大飞行速度可达 10 马赫以上，以动能方式直接碰撞杀伤，具备较强的末段拦截中远程弹道导弹能力和有限的拦截超高音速飞行器能力。该系统一旦列装，将使俄罗斯具备真正的反导实战运用能力，并可覆盖俄罗斯首都地区 90% 的区域和 60% 的中央工业区。A－235 系统将融入俄防空体系，并成为空天防御的基础。俄罗斯前国防部长谢尔久科夫曾表示，俄空天防御系统将能够拦截包括高超音速导弹和弹道导弹在内的所有高速目标，实现从低空到外层空间的不间断连续防御，即空天一体防御，届时俄战略防御系统将有效遏制美国核常兼备战略打击系统的威胁。

---

① https：//ria. ru/20190216/1550976425. html.

第四章　重塑军队面貌

俄方相信，强大的战略遏制力量足以给敌方形成心理震慑，因而在可预见的未来没有哪个国家敢对其发动大规模入侵。但战略遏制并不能解决所有安全问题。俄军要面对的现实更多是地区危机引发的武装冲突直至局部战争，诸如两次车臣战争、俄格冲突。这些战例的经验教训表明，面对局部战争和武装冲突的现实威胁，只有遏制手段而忽视军队的实战能力建设，还是远远不够的。2008 年俄格冲突之后，俄罗斯当局清醒地认识到，俄军在进行当代局部战争方面存在严重不足。改革之前，俄军实际上一直保留着苏军的编制特点，但与苏军相比，几乎在所有主要参数上都已经严重衰落了，包括战斗训练质量和人员素质、入伍动机、现代化程度、新武器和军事技术装备的换装情况。机关臃肿、军官结构失衡、常备部队少、武器装备老化等问题突出。2008 年 9 月，时任俄罗斯总统梅德韦杰夫发布军队改革命令，下决心重塑军队面貌，从领导指挥体制到军队体制编制、作战和机动能力以及兵役制度等一系列方面加以改造。2012 年 3 月，梅德韦杰夫宣布“新面貌”改革基本结束。俄罗斯武装力量焕发了新面貌。随着绍伊古主政国防部，俄军改革进入“深化调整期”。

一、改革领导指挥体制

军事领导指挥体制方面的改革，实质上是对国防和军队权利利益的再分配和职权关系的再调整，重在实现军队建设管理和作战指挥职能的分离，即军政和军令的分离，建立决策更科学、管理更高效、指挥更便捷的军事组织系统，以适应联合作战的高效作战指挥，赢得未来战争。“新面貌”改革前，俄军作战指挥体制存在诸多问题，诸如：指挥层次过多，纵向作战指挥关系复杂繁琐，指挥效率低下；部门职责不清，总参谋部与军区的地位和职能未做明确界定，指挥主体不明；指挥权限交叉，军区与军种司令部及海、空军部队存在事实上的双重指挥，指挥关系不顺。“新面貌”改革后，基本实现了军政与军令系统的分离，初步建成了总统高度集权、军政军令基本分离的领导指挥体制。武装力量建设管理链条大致由“总统、国防部长—军种总司令部—军区—部队”四级机构组成，管理重心在国防部机关和军种总司令部；作战指挥链条大致由“总统、国防部长—总参谋部—联合战略司令部/独立兵种司令部—部队”四级指挥机构组成，总统和国防部长负责战略决策，战略职能领域作战指挥重心在总参谋部，战区作战指挥重心在军区（联合战略司令部）。

（一）保留并改造总参谋部

关于总参谋部的地位，1996 年的《俄罗斯联邦国防法》规定：“总参谋部是武装力量的基本指挥机关，总统和国防部长通过国防部和总参谋部对军队实施指挥。”这一规定赋予国防部和总参谋部在对军队的领导管理权上平等的地位，导致这两个部门为决策当局的地位长期展开竞争。总参谋长享有较大的权力，可以越过国防部长直接向总统汇报。在叶利钦执政后期还发生了激烈的“将帅之争”（或称“双头之争”）。时任国防部长谢尔盖耶夫元帅与总参谋长克瓦什宁大将就俄军改革的具体措施分歧极大，矛盾难以调和。传闻克瓦什宁还曾游说总统，试图让总参谋部脱离国防部建制，直接隶属于总统。

为了平息这两个军队高层领导机构的冲突，俄国家杜马于 2004 年修改《国防法》，正式确立了国防部长和国防部优先于总参谋部及其长官的地位，“国防部长通过国防部和总参谋部对武装力量实施指挥”的表述被修改为“国防部长通过国防部对武装力量实施指挥”，俄罗斯军队的领导权被集中到国防部长手里，国防部长和总参谋长某种“平起平坐”的现象不复存在。经修改后的《国防法》赋予国防部行政与作战指挥权，以及对军队的控制权。总参谋部的地位下降，几乎变成了一个纯研究性机构或智库，负责准备威胁评估和原则性文件以备军方审议。至此，领导指挥关系得以理顺，“统一领导、统一指挥”原则似乎取得了胜利。但事实上仍存在许多问题。原《国防法》第 14 条规定的总参谋部的职责被全部废除，却没有明确新的职责。总参谋部仅保留了战略规划、动员和战斗演习、在前期发现新的威胁并提出建议消除其影响的权力。谁将取代总参谋部指挥一百多万武装力量？还要成立一个类似于参谋长联席会议的机构？在危险时刻或战争情况下，将由什么机构来协调俄罗斯各强力部门？这些问题都没有解决方案。在俄罗斯，由一个例行公事的立法机构通过的法律可能没有什么影响力：它们或许可以进行多种解读，或者在环境变化后进行重新撰写。实际上，由尤里·巴卢耶夫斯基领导的总参谋部仍然保持着它传统的角色。

为厘清指挥关系和一些重大理论问题，俄军就总参谋部的地位问题展开了广泛的学术讨论。军内存在两种截然对立的意见：第一种占主流，要求维持卫国战争中那种总参谋部模式，也是经典的普鲁士模式，进一步向总参谋部集权；另一种要求撤销总参谋部，用美国式的参联会体制取代总参体制。俄军高层最终形成的改革方案是：保留总参谋部并对其加以改造。

保留总参谋部，是因为普鲁士式的总参谋部体制符合俄罗斯的国情和军事传统。俄罗斯与普鲁士（德国）同属大陆性国家，军队都是大陆性军队，主要战场都在陆上。而且总参谋部的独特优势在于，它不是一个反映军种利益的代表处，也不是一个协调军种利益的协商机构。对于建立联合体制而言，总参谋部体制不是负担，而是资产。[①] 2013 年 7 月，俄军颁布新的《总参谋部条例》，将总参谋部的职能由“国防部主要作战机关”重新调整为“武装力量主要作战指挥机关”，强化了其在武装力量作战指挥体制中的核心地位，表明总参谋部在俄军队指挥体制中的地位是举足轻重、不可替代的。

改造总参谋部，是因为过于集权的总参谋部已不适应今天的军事冲突形势。长期以来，俄罗斯军队的指挥权高度集中于总参谋部，总参谋部既是战略领导机关又是基本的作战指挥机关，同时还承担了相当多的行政和日常管理事务。比如在陆军总司令部被撤销的几年中，总参谋部就承担了陆军管理职能。总参谋部体制本身是一种联合体制，但这种联合是在战略层级实现的，联合指挥的重心在总参谋部。进入 21 世纪，发生第二次世界大战那种大规模战争的可能性基本可以排除。而对于中小规模的地区性战争、局部战争和武装冲突来说，总参谋部不宜直接介入战场指挥。这已被第一次车臣战争所证明。联合作战的基本规律，要求建立重心在下的作战指挥体制。作战指挥权集中在总参，军区就难以成为联合作战指挥的主体。1997 年俄军建立战略方向上的战略 – 战役司令部的改革之所以没有成功，总参谋部权力没有下放是主要原因。因此，必须调整总参的职能，减少其承担的军事行政事务，下放作战指挥权。这是建立重心在下的联合指挥体制的关键。由于矛盾集中在高层，就更需要有决策者的强力推动。正是由于普京 – 梅德韦杰夫政府推进军事改革的坚定决心，两任国防部长伊万诺夫和谢尔久科夫才得以克服巨大阻力，完成总参谋部的职能调整，将总参谋部从集权型转变为适度分权型，突出了战略筹划功能，减少了行政管理功能，下放了直接作战指挥权，为联合作战指挥体系的进一步改革创造了上位条件。

在大幅削减原有的行政职能后，总参谋部作为中央作战指挥机

---

① 陈学惠：《俄军改革二十年评述》，《外国军事学术》2012 年第 12 期。

构的功能更加明确和清晰。总参谋部在总统和国防部长领导下，除负责战略筹划、指挥协调全局性行动外，还承担着以下职能：

一是充当战略层面职能司令部的角色，负责指挥诸如战略空运、空天袭击、防空反导等事关全局的职能性作战行动（而常规职能性作战力量战时可配属军区使用）。

二是跨战区、部门协调指挥，即在更宽广的作战地幅协调两个以上军区的作战行动，在军种与联合战略司令部之间、各战略方向之间、俄军与盟国军队之间发挥作战协调职能。

三是指挥在境外的战略行动。如在叙利亚的军事行动，就是由俄国家防务指挥中心（即原总参中央指挥所）通过驻叙军队集团指挥所指挥在叙军事行动，通过远程航空兵司令部指挥所指挥战略空袭行动。

俄军建立起来的适度分权型总参谋部体制，将在战略环节发挥其统合功能，在战区环节把一般任务部队的作战指挥权交给联合战略司令部司令行使。总参谋部作为“军队大脑”，在和平时期以及在局部战争和武装冲突中，可完全委托军区司令部指挥；在爆发大规模战争的情况下，作为最高统帅的工作机关，协助最高统帅对各战略方向和职能领域的作战行动实施战略指导和协调。职能性与战区性作战指挥实现优势互补，是提高联合作战指挥体制效能的重要条件。

（二）新型军区的变与不变

俄军在战略思想、作战传统和力量统配上，都不同于以海外作战为主的美军。俄军设立军区的历史，可以追溯到1862年德·米留金军事改革建立的军区体制。苏联时期，曾设立过多达30多个军区。苏联解体后，俄罗斯将其缩减为8个，后又重组为莫斯科、列宁格勒、北高加索、伏尔加河沿岸—乌拉尔、西伯利亚和远东6个军区。俄罗斯划定军区的基本原则是：每个战略方向为一个完整的军区或战区；每个军区要有一定的面积和范围，有遂行战略性任务的必要空间；军区要有基本的人口和经济资源，并与敌方（威胁方向）相平衡。一个半世纪的战争实践证明，军区体制在俄（苏）迄今一直有其强大的生命力。但在组织各军兵种联合作战方面，俄罗斯现有军区体制是有缺陷的。因为军区司令平时只能指挥驻防区内的陆军部队和前线航空兵，不包括其他军兵种。只有在战时，所有军兵种才会集中于上级授权组建的战役级指挥机构。

俄军曾经力图建立类似美军那样的战区联合作战指挥体制。在战役层级，俄军在 1997 年就规定了军区联合作战指挥的职能。俄军试图通过赋予陆军军区以联合作战指挥权的方式，使军区成为战略方向上的“战役－战略司令部”。但由于其他军种总司令部保留了作战指挥权，在军区建立的“战役－战略司令部”变成了一个有名无实的空架子。此后，与军区相关的改革一直是在增减军区数量上做文章，未能建立起具有实质意义的战区联合作战指挥体制。其后果是，在 2008 年的俄格冲突中，负责作战指挥的俄北高加索军区根本无法有效地组织起陆军集团军与黑海舰队以及空军部队的战场协同，联合指挥效率十分低下。俄军因此下定决心对军区体制进行改造，使之真正成为战略方向上的战略－战役联合指挥机构。

保留还是放弃军区？这一问题在俄军争议很大。俄罗斯安全委员会曾在 2005 年作出决议，放弃依托军区建立联合指挥机构的思路，“另起炉灶”按地域建立战略方向指挥机构，组建西方、南方和东方三大地区司令部，使其统辖三个战略方向上的一般任务部队，战时还负责指挥辖区内的其他强力部门军队。同时，作为解决矛盾的折中方案，将军区作为辖区内的二级行政机构予以保留，但要交出作战指挥权，只保留行政权。这就等于又叠加了一个指挥层级。2006 年启动了东方地区司令部的试点。三年下来，争论不断，矛盾重重。2008 年下半年，俄军决定停止地区司令部试验，重回军区改造方案。

2009 年，俄军在既有的六大军区建制基础上成立了 6 个战略方向战役战略司令部，其责任区则以本土为主，适当向境外延伸。但

6个战略方向的布局又与俄罗斯军事战略方针出现了不一致。根据新的《俄联邦军事学说》和战争构想，俄罗斯重新划分了战略方向（确定为4个），同时着手将原有的6个军区调整合并为4个军区。这一方案最终得以落实。2010年7月14日，经时任俄罗斯总统梅德韦杰夫批准，俄军正式宣布合并军区、成立四大联合战略司令部的方案。莫斯科军区与列宁格勒军区合并为西部军区，北方舰队和波罗的海舰队列入其编成，组成西部联合战略司令部；北高加索军区和黑海舰队合并为南部军区，成为南部联合战略司令部；伏尔加河沿岸—乌拉尔军区与西伯利亚军区大部合并为中部军区，成为中部联合战略司令部；远东军区与西伯利亚军区东部和太平洋舰队合并为东部军区，构成东部联合战略司令部。同年12月1日，新组建的四大军区正式开始运行。

军区调整的意义和影响，绝不仅仅表现为数量的增减变化。

首先，军区数量和区划调整对应战略方向的变化，同时缓解力量分散和多头指挥的问题。国土空间大、兵力规模有限，一直是俄军面临的一个巨大矛盾。俄罗斯的国土范围极其广阔，而武装力量的规模已经减少到百万以下的水平。虽然比起大多数邻国还占有明显优势，但由于平时兵力分散在多个战略方向，实际上俄军在每个具体方向上的兵力都相对较弱。这种形势对俄罗斯组织战略防御极为不利。俄罗斯已将主要战略方向调整为4个。与此相对应，6个军区也应改组为4个加强军区，使军区区划与战略方向相一致，同时也可在一定程度上缓解各战略方向上指挥机构林立、兵力分散等问题，实现对该方向力量的集中统一指挥。比如，西部军区成立伊始，就整合了欧洲战略方向的5个原有军事单位——莫斯科军区、列宁格勒军区、北方舰队①、波罗的海舰队以及加里宁格勒特别区。这无疑会强化欧洲战区兵力的集中使用和统一指挥，使其形成“拳头”。但一些调整后的军区又面临着因地域过于广阔而难以指挥的

---

① 2014年12月1日起，北方舰队不再隶属西部军区——作者注。

问题。

需要指出的是，各军区虽然都划在国境线内，但负责的战略方向已经超出了国界。连驻独联体国家的基地也由临近的军区管辖。西部军区对外负责欧洲战区及附近水域的行动，应对来自北约的军事威胁，准备打大规模和高强度的地区战争。南部军区对外负责高加索、黑海、里海、地中海以及印度洋的西部水域，管辖驻亚美尼亚、南奥塞梯和阿布哈兹的军事基地，并兼负反恐任务。东部军区对外负责远东方向、亚太地区，主要应对美日海上威胁、朝鲜半岛潜在危机。中部军区面积最大，对外负责整个中亚势力范围，与中亚国家一道打击恐怖主义组织，阻止内乱，维护中亚地区安全稳定。可见，军区（联合战略司令部）不仅可以指挥所属部队在俄罗斯境内的战斗行动，而且可以调遣部队到境外的作战区域。这已类似于美军的战区司令部，只是比起美国在全球划分战区范围，还有很大差距，但也显露出俄罗斯的地区大国特征。

其次，军区地位从战役战略级提升到战略级，实现了军区和战区的合一。在此次改革前，俄军原本打算将指挥架构单独剥离出来，建成战区级指挥体系。但是由于试点效果不理想，部分指挥建设矛盾没有更好的办法解决，因此合并后保留了军区称谓。但此军区也已非彼军区。改革前，军区只是陆军战役－战略军团，平时只掌管辖区内的陆军部队，只在战争初期（或受到威胁时）才被授权组建联合指挥机构，统一指挥辖区所有一般任务部队。如今通过总参放权（将部分行政管理、装备发展建设职能上交国防部，将战区级作战指挥权下放军区）、军种让权（将战略力量指挥权上交总参，将战役力量指挥权移交军区），实现了军区扩权（接收总参谋部和军种总司令部原来涉及的战区层级指挥权，在平时和战时都具有对辖区内陆、海、空常规力量的作战指挥及行政管理权，在战时对辖区内边防、内卫等其他强力部门部队实施统一指挥）。因此，今天俄罗斯的“军区”实际已经与“战区”“战略方向”合为一体，每个军区其实就是一个战区，也代表着一个战略方向。尽管字面上仍称作“军区”，但其概念的内涵与过去已大不相同。在新的《军区条例》中，军区由陆军战役－战略军团提升为“地区性跨军种联合战略军团”，辖区内海空军战役军团与军区的关系由临时性“作战隶属”变为“直接隶属”。这意味着，军区司令部拥有对辖区内各军种战役军团的作战指挥和日常管理权。这也就打破了以往军种之间、部门之间的指挥体制壁垒，在战略方向建立起简明清晰的联合指挥关系。

以南部军区为例，当年北高加索军区责任实施车臣反恐行动，要想派一个摩托化步兵师、一个空降兵团和一个航空中队协同作战，至少需要三个军兵种指挥部和莫斯科的总参谋部来协调指挥。如果这些机构像今天一样全部隶属于南部军区司令部，上述问题便会立刻迎刃而解。今后再应对像车臣战争、俄格冲突这类战争，不用临时组建联合指挥机构，军区司令部就可独立处置。在 2015 年 9 月举行的“中部－2015”演习，虽然有总参谋长亲自领导，但也只是负责战略方面的筹划，具体作战行动完全由中部军区司令部组织实施。后者不仅全权指挥辖区内的诸军种部队，而且全权指挥参加此次演习的其他军区支援部队、军兵种部队及其他强力部门力量。从演习效果来看，中部军区司令部指挥效率较高，达到了俄军高层预期的效果。

俄军区下面的战役军团编成是合成集团军、空防集团军[①]和舰队。在属性定位上，舰队维持了过去的战役－战略军团地位，而集团军仍属于战役军团。这或许是考虑到俄海军传统文化和舰队遂行独立海上（含远洋）作战任务的实际。军区过去与舰队同属战役－战略军团，现在则是战略军团。作为军团出现的俄军区各军种部队并不追求地位平齐、级别平等。在组织联合作战时，通常是根据不同的战场条件，以某个军种为主。比如，在叙利亚的军事行动就是

---

① 2015 年 8 月 1 日－12 月 1 日，俄原空军下辖的各军区空防司令部全部恢复集团军建制。根据俄国防部 2020 年前工作计划，原俄空军空防司令部和空天防御兵防空和反导司令部将再次全面改编为集团军——作者注。

以空天军为主。

在机构设置上，新成立的指挥机关最明显的变化是增设了军种指挥和使用协调机构——陆军兵团和部队训练与使用局、海军局、航空兵和防空兵局等。联合战略司令部司令通过这些军种局来行使对辖区内三军部队的指挥权。[①] 因而在俄罗斯现有军区内并未出现军种指挥层级。

最后，军区仍然实行政令合一，保留了地区军事行政和防卫功能。改革后的俄军区依然保留了大量的行政职能。作为国家的军事行政单位，军区原有的兵役、动员、地区防卫等主要职能继续存在。这是一种联合司令部职能与陆军军区职能相结合的方案。这样的特点，使军区不可能按州、共和国等联邦行政主体划分，而是跨行政主体设立。军区负责协调和监督主体权力机关在国防领域的活动。

保留军区和改造军区体制，符合俄罗斯作为大陆国家、军事威胁主要来自陆上的国情和军情，适应俄军战略防御型和陆军主导型军队的特点，避免了另起炉灶可能带来的资源浪费和不稳定因素，并通过扩权解决了军种部队隶属关系和联合作战指挥问题。但保留下来的大量行政职能，无疑会加重军区的负担。这一矛盾尚需进一步化解。

（三）军队指挥链上的其他环节

总统和国防部长处于领导指挥链的顶端。

俄联邦总统在国防领域的高度集权，在叶利钦时期就已经实现。俄联邦总统是整个国家军事力量的最高统帅，军队的全部指挥权集中于总统，国防部直接隶属总统，总参谋部是军队最高统帅的工作机关。

---

① 张桂芬：《俄军2025年前作战指挥系统建设的基本方向》，《外国军事学术》2013年第4期。

国防部是俄联邦执行权力机关，是俄联邦武装力量的指挥机关。按照苏联传统，国防部长由军人担任，作为苏联最高领导机构的重要成员，参与党和国家的决策。俄罗斯立国后，决定效仿西方模式，由文人管理军队。其目的有三：一是确立文官治军制度，将军人彻底置于文职政治家的领导之下；二是明确区分军队的行政管理职能与作战指挥职能，使军人尽量摆脱与战备无关的一切职能，集中精力搞好训练，将一些职能交给政府或社会去办，其他不需要专业军事知识的职务也改由文职人员担任；三是建立军事领域的国家管理体系，使立法权力机关能够对军队建设实行文职监督，从而彻底解决军费合理分配与使用的问题。1992 年版的俄《国防法》规定“国防部长、副部长及武装力量其他官员可以由文职人员担任”。

但俄罗斯国防部长的文职之路并不顺利。2001 年 3 月，联邦安全委员会秘书伊万诺夫被任命为国防部长。此前他已主动申请解除了军职（曾在联邦安全总局获得中将军衔），因而是俄历史上第三位、也是第一位按西方标准真正的文职国防部长（此前叶利钦和罗季奥诺夫曾当过文职国防部长，但前者只是短时间兼职，后者在任期间实际工作仍由军人负责）。库杰林娜作为俄历史上首位女国防部副部长掌管俄军的财政大权，更加引人注目。俄舆论普遍认为，普京对文职国防部长的任命有助于推动停滞不前的军事改革。2007 年 2 月，俄国家税务总局局长谢尔久科夫被普京任命为国防部长。此人的文职防长色彩“更纯”，除年轻时服过兵役外，与军队几乎没有任何关系。在其任期内，国防部文职副部长的比例也最高（最多时达到 8∶2）。谢氏在国家领导人的支持下主持“新面貌”军事改革，取得了重大成就，但其行事风格饱受争议，2012 年 11 月因卷入贪污丑闻被解职。继任者绍伊古又是一位军人，曾任俄紧急情况部部长，拥有大将军衔。俄舆论认为，这标志着俄罗斯文职防长时代的终结。

不管怎样，目前在俄国防部已经区分出两个明显的战略领导活动领域：一个是作战指挥活动领域，由俄军总参谋部（以总参谋长兼国防部第一副部长为首）及其下属的具有军队作战指挥职能的机构组成，承担军队的作战指挥、战斗训练和保持战备等职能；另一个是管理活动领域，由其余几位国防部副部长及其下属的行政职能机构组成，主要任务应是制定并推行国家军事政策，负责军人的社会保障和社会保护等问题。这种职能分工体现了联合作战指挥体制对俄军战略领导的新要求，便于在战略领导层实现军政、军令分离。尽管国防部又迎来了军职国防部长，但上述进程似乎已不可逆转。

军种总司令部也根据改革要求，退出作战指挥链。俄军按照地域原则重新配置作战指挥权后，战区范围内的各军兵种一般任务部队直接听命于联合战略司令部的指挥。空天军总司令部和海军总司令部不再享有对本军种常规力量的作战指挥权，而陆军总司令部原本就没有作战指挥权。军种总司令部全部退出作战指挥链，同时进一步压缩编制及职能，专事“养兵”，即负责各类军事行政业务。根据新法规，军种总司令部被赋予新的职能，即主要负责本军种的建设发展、战斗训练、干部培训、装备发展、维和行动等。不仅作战指挥权被剥夺，武器订货职能也上交国防部武器订货署，仅保留组织所属部队进行战斗训练的职能。按照前总参谋长马卡罗夫的说法，三军总司令部将主要承担以下重要任务：一是集中精力研究、规划本军种的建设与发展事宜，拟定本军种发展的具体建议；二是组织本军种部队的战斗训练，包括演习、远航集训和训练；三是准备并执行维和任务与行动；四是负责本军种武器装备的发展、装备及专业保障。再有，就是增强作战部队实力。

俄军没有建立起负责战区外空间和战略职能性作战领域指挥的职能司令部模式，总参谋部临时扮演着联合职能司令部的角色。总参谋部指挥空天军的远程航空兵（空基核力量）、军事运输航空兵和空天防御兵等战略性兵种部队的行动，指挥海基核力量以及海军在军区责任区之外的远洋行动，通过战略火箭兵和空降兵司令部指挥陆基核力量和空降兵部队的作战行动。

失去权力意味着失去利益。要求军种总司令部放权的改革，不可避免地遇到了来自当事者的强大阻力。改革设计者为此不惜动用强硬手段。为了建立以联合战略司令部为重心的战区联合作战指挥体制，时任俄总统梅德韦杰夫和国防部长谢尔久科夫面对来自军种的阻力绝不妥协，强行将军种中央指挥所并入总参谋部，使军种总司令部退出作战指挥链。为了确保军种顺利交权，梅德韦杰夫甚至于同一天解除了空军和海军总司令的职务，有力地震慑了改革的反对者。

（四）国家防御指挥中心

2013 年底，根据俄国防部提议，普京总统批准在原武装力量中央指挥所基础上建立国家防御指挥中心（Национальный центр управления обороной），并与总参中央指挥所、紧急情况部危机管理中心、俄联邦原子能机构、俄联邦水文气象与环境监督中心实现信息链接，以统合各强力部门资源，使国家领导人在线获得有关军事政治形势，以及各军区、军兵种战备状况和变化方面的信息。国家防御指挥中心于 2014 年 12 月 1 日正式投入战斗值班，包括战略核力量指挥、战斗指挥和日常活动管理三个分中心。与中央层级的国家防御指挥中心相配套，2015 年底在各军兵种总部设立军兵种防御指挥中心，2016 年底在各军区设立地区防御指挥中心，2017 年底在各军团（陆、空军集团军，海军舰队和区舰队）设立区域防御指挥中心，同时更新升级指挥通信系统，逐步建立起覆盖全军战术兵团以上指挥节点的三级联合作战指挥网络和统一信息，从指挥大厅可直接对作战单元实施指挥。有关部队作战与战斗训练进展和活动、武器装备事故、俄联邦境内各种紧急状况方面的信息也将汇集到该中心。

国家防御指挥中心平时作为国家最高国防指挥机构，战时转为最高统帅部大本营，用于在紧急情况下保障国家领导人在最短的时间内做出调动军事力量的决定，以应对外来威胁。这里集中了俄军最优秀的军官，配备了最先进的数据处理系统，并拥有下达发射核导弹命令的权力。俄罗斯国家防御指挥中心主任米津采夫在致俄总统报告中表示，该中心的“总计算能力超出五角大楼类似数据处理系统2倍，而数据储存量高出18倍”。俄军总参谋长格拉西莫夫认为，这一机构为俄罗斯预防抵抗外来侵略再添一重要保障，有助于提高军队决策效率。

国家防御指挥中心主要负责直接就具体事件的信息通报、提出对策建议和监督任务执行；总参谋部主要负责制定中长期规划、预测事态发展并对其施加影响。因此两者的职能并不重叠。

总体来看，俄军联合作战指挥体系的改革是成功的，在俄军近几场军事行动实践中，特别是在叙利亚军事行动中发挥了很好的效能。总参谋部在国家防御指挥中心设立战斗指挥组，驻叙俄军基地设有国家防御指挥中心终端，俄军高层在莫斯科通过该终端对驻叙部队实施全程监控和指挥。以国家防御指挥中心为核心的新型联合作战指挥平台，决策层次高，战场态势信息处理及时，指挥环节少，指挥链路通畅，确保了部队能够对瞬息万变的战场态势迅速反应。俄媒体评估数据显示，与俄格冲突相比，俄军在叙行动情报处理传递时效提升了3倍，指挥效率提升了4倍，整体战斗力提升了1.5倍。

二、打造精干迅疾的常备部队

“新面貌”改革的基本方向，是从应对大规模战争的补充动员型军队向应对局部战争的快速反应型军队转变，对军队的改造是重要环节，其核心是“提高机动性和快速反应能力”，着力点是实现常备化、精干化和机动性。

（一）“百万”军队

裁军，是俄罗斯20多年来一以贯之的旋律。苏联解体时，俄罗斯大约有280万军人。此后一路裁军：1992年裁军22万，1993年裁军29.99万，1994年裁军38.55万，1995年裁军21.74万，1996年裁军20万，1997—1999年再次大幅裁减30万人。进入21世纪以来，俄军人数基本保持在110万~120万现役军人、87.5万文职人员这样一个水平上。“新面貌”改革也无例外地提出了裁军指标：军人由113.4万裁至100万，文职人员削减1/3。

俄罗斯外有北约步步紧逼、内有分裂势力和恐怖主义威胁，100万军队能否应付日常守备和国家内外安全需要？俄罗斯著名专家阿列克谢·阿尔巴托夫就提出了异议：“没有哪个国家的军队正好是100万，或者多一点，或者少一些。”整数听上去很美，但这跟俄罗斯军事学说毫无关系。军队人数应该是与国家当前和今后面临的军事威胁挂钩的。俄国防部说，这一数字是最优的选择。据说这是从领土面积、边界长度、国家经济实力、适龄应征服兵役者数量等角度综合考虑的结果。事实上，俄国防部对100万正规军的数量是否够用还是心中有数的：首先，俄罗斯通过改善与周边国家的关系减少了日常驻守任务；其次，在日常国内秩序维护与反恐任务中，2016年3月在内卫部队基础上成立的国家近卫军①，可以代替正规军甚至超过正规军的作用。该部队目前约有34万人，包括原内务部内卫部队、特种部队和体制外安保人员等，装备精良，主要负责打击恐怖分子和有组织犯罪、维护公共安全、保护国家重点设施、协助俄联邦安全局保卫边境安全等，平时参与的作战和战备活动可能比正规军还要多。另外，俄罗斯还有一支较大的预备役力量，人数可能是正规军的3~4倍，在需要时随时可以把军队扩充成数百万。

此次裁军有以下目的：

“减人员”是为“增装备”。2000年以来，俄罗斯经济增长速

---

① “近卫军”一词，原意为统帅的扈从部队，泛指军队中的精锐之师。苏联卫国战争时期（1941年—1945年）为鼓舞士气，曾授予那些战功卓著的部队、舰艇、兵团和军团“近卫军”称号。俄罗斯近卫军作为内卫部队的升级版，是由总统直接掌握和指挥的快速反应部队，负责维护公共秩序、打击恐怖主义、提高执法水平。——作者注。

度较快，财政状况明显好转。但仍然存在经济承受能力不足的问题。长期以来，人员维持费和武器装备保障费在国防开支中的比重为7∶3，高达70%的人员维持费，造成装备研发经费严重不足。虽然军费连年增长，仍挤不出足够的资金保养、更新装备和投入研制。一些成熟的武器装备大多用于出口创汇，俄军自己装备很少。媒体报道：在俄格冲突中，俄军派往格鲁吉亚的坦克有一半走在路上就抛锚了，根本到不了战场。相比于俄军参战部队陈旧的武器装备，俄军的高技术兵器更是缺乏，空袭使用的主要武器是比较廉价的普通炮弹、炸弹和导弹，高精度弹药仅仅占到0.5%。通过不断增加国防预算和精简人员，逐步调整人员与装备费比例，最终达到3∶7，将大幅度增加武器和军事技术装备的购置费，提高武器装备的现代化水平。俄军高层提出，常备部队拥有现代化武器装备的份额到2020年要达到70%，核力量则要达到100%。

“消肿”是为保证精干高效。俄罗斯从苏联继承的是一支20世纪的军队，规模庞大臃肿，官兵结构不合理，非战斗力量消耗军费惊人，难以适应当代局部战争和武装冲突的需要。20世纪经常出现的人海战术、大兵团作战模式，在21世纪已经看不到影子了。当代局部战争和武装冲突的显著特点是发生突然，规模、范围和目的都很有限，冲突时间也很短暂（短至几天甚至仅数小时）。俄罗斯在苏联解体后建军时陆军有140万，可是在第二次车臣战争中竟然连6.5万人的常备部队都集结不了，可见其陆军当时的臃肿程度。2008年俄格冲突爆发时，俄整个陆军只有13%的作战部队可以直接拉动。目前经过裁减后的俄罗斯陆军虽然不足30万人，却全部由常备部队组成，是欧亚大陆上一支不可小觑的陆上力量。

削减人员与机构，是为整体结构更合理。俄军历次改革都有裁军内容。这里容易产生一个误区，似乎裁军就是改革。其实削减军队规模并不等同于改革。裁减部队不会必然提高效率，也不会必然提高军队的反应能力，它的直接效果只是让军队规模变小。要想达到更好的效果，就应该把裁军与优化人员结构紧密结合起来，比如纠正过高的官兵比例、聚力战斗部队等，着眼的是精干高效，真正提升战斗力。而不是像“凑份子”似的在各个部门单位搞名额摊派，互相不伤和气，把指标完成就行了。21 世纪以来，俄军裁减幅度已不再像上世纪 90 年代那样大了，但在优化内部结构方面力度很大。俄军这次裁减就与以往有很大不同。

首先，裁的是军官，包括相当一批将军。在长期保持大战动员体制下，俄军军官比例一直较高，而主要用于战时扩充的“简编部队”和“基干部队”军官比例更高。在长期裁军与改革过程中，俄军军官尤其是高级军官的数量并没有得到相应削减。调整前，俄军军官数量约为 35.5 万，占总员额的 32%，而世界公认的合理标准是不超过 20%。而且军官结构也不合理，谢尔久科夫说“像个鸡蛋，中间臃肿”——校级军官太多。为便于在动员预备役时向基干部队分派军官，俄罗斯军官中上校的数量竟然超过了中尉。可是虽然有这么多高级军官，关键时刻真正顶用的却很少。俄军时任总参谋长马卡洛夫曾尖锐地指出，南奥塞梯战斗打响时，“我们被迫在所有部队中大张旗鼓地寻找中校、上校和将军去指挥打仗，然而纸面上的师、团级编制指挥官根本不会打仗”。所以要重点裁减中高级军官。谢尔久科夫把军官比例从 32% 陡降至 15%，即设置 15 万名军官。还取消了 14 万准尉。但尉官数量不减反增，由 5 万人增加到 6.1 万人。裁减的结果是使人员结构由“鸡蛋形”变成“金字塔形”。

这种直接套用西方标准的军官裁减方案在俄军上下引起了巨大反弹。第一，指挥机关中超过半数的军官面临“下岗”，军队的日常工作受到直接影响，诸多工作陷入“无人可用”的尴尬境地；第二，准尉军衔的取消造成大量基层一线指挥员流失。由于不具备类似美军的高素质军士队伍，俄军大量基层军士的职业素养难以达到指挥员的要求，取消准尉后，军队基层一线指挥员和专业人员出现了严重短缺。面对大幅裁减军官带来的实际困难，俄军 2012 年以组建空天防御兵为名增加了 7 万名军官的编制，变成了 22 万。2013 年 3 月，俄国家杜马国防委员会成员茹拉夫列夫表示，俄罗斯国防部计划恢复在谢尔久科夫领导时期被取消的5.5万名准尉编制。不久后，准尉军衔再次出现在俄军序列中。

其次，裁减的是管理机关和非战斗部队。俄军官兵结构失调的一个奇怪现象是，服役条件优越的总部机关人浮于事，而偏远艰苦地区军官位置严重缺编。机构臃肿的后勤部门更是“大肚腩”。据悉，俄军一名作战士兵对应的后勤保障人员是10人，就等于一个士兵配了10个保姆，这是严重不合理的。国防部核心机构、总司令部和军区司令部计划削减一半以上（国防部核心机关由1.05万人减至3500人，各军兵种由1.13万人减至5000人），后勤部门削减的幅度更大。军事院校的数量也缩减到原来的1/6。还要裁减一些不需要的部队，比如用于拍电影的骑兵团，还有像记者、医生、律师这一类与作战训练没有直接关系的军人。在管理机构瘦身的同时，职务也砍掉了不少，许多上校降为中校甚至是少校，少将降为上校，中将变成少将。但俄军并不是搞“一刀切”，在高技术兵种，如航天兵，军官比例维持在90%以上，空、海军特别是潜艇部队也保持较高的军官比例。军事院校虽然大量裁减整合，但重点裁减院校中的行政管理人员，师资队伍全部保留。军兵种部队虽然被大幅裁并，但突出变化是非作战单位减少了，作战部队增多了。

最后，在裁减的同时，对各军兵种的部队数量进行大幅兼并整合。其中陆军裁减90%、海军裁减49%、空军裁减48%、火箭兵裁减33%、太空兵裁减15%、空降兵裁减17%。

（二）常备兵团和部队

建立常备部队的一个主要目的，是解决战备程度不高的问题，将所有兵团和部队都变成常备兵团和部队，提高军队在和平时期的战斗准备水平。俄国防部希望经过此次改革，俄集团军中将不再有需要临时动员组成的部队。

鉴于卫国战争初期被德军偷袭的惨痛教训，战后苏军逐步形成了一套完整的动员体制，即除在主要战略方向部署少数齐装满员的常备部队外，大部分部队只处于简编状态，甚至只保留指挥机关与装备基地，只有在战争爆发时才会通过动员补充义务兵员，进入战斗状态。以至于到“新面貌”改革前，俄罗斯军队中一直存在着几种不同战备程度的部队与兵团：

· 常备部队与兵团——人员补充率为战时编制的95% ~100%；

· 缩编部队与兵团（A 类或 B 类）——人员补充率为战时编制的70%以下；

· 武器装备储存基地——人员补充率为战时编制的5% ~10%；

· 基干部队与兵团——人员补充率为战时编制的5% ~10%。

其中，常备部队与兵团基本能达到齐装满员，战时不用动员补充就可直接投入作战行动；简编部队和基干部队都需要在战争爆发时动员补充。特别是基干部队（或称“架子部队”），平时只配备很少的官兵，装备处于封存状态，缺编高达90%，开战时需要从预备役紧急补充兵源，发放武器装备。

当年苏联军队的坦克师和摩托化步兵师就曾根据和平时期的人员配备情况分为4个等级。在大约200个师中，只有不到50个属于人员100%配备、可以随时投入战斗的所谓A级师，其余150个师都存在缺编问题。一个集团军虽然编制里有若干个师，但实际存在的多是基干师——配备了军事装备，但几乎没有兵员，在战争爆发时需要通过全面动员，让预备役军人应征入伍来补充。过去为了应对大规模战争，苏联这种动员体系是相当有效的：在平时不必为维持庞大兵力规模承受沉重的经费压力，而在重大冲突时又可以依靠强大的动员体制、依托这些已有编制快速召集到500万兵员。20世纪90年代，俄军有70% ~80%的部队是简编或基干兵团和部队。健全的全面动员机制，确实可以保证俄罗斯在面对大规模战争时，在最短时间内能够充分发挥出举国战争潜力。说到底，这属于动员型军队，是用来应对大战的。

对于今后是否还需要进行全面动员的问题，俄军专家阿尔巴托夫认为，今后像第二次世界大战或20世纪60—80年代所准备的那种“大战”，只能发生在俄罗斯与北约集团或与某些大国之间。但这种大规模常规战争往往不会给全面动员留下机会。比如在与北约集团发生的战争中，将不会存在像两次世界大战时期那样不遭打击的后方。现代的远程精确打击兵器，在对手完成对数百万预备役军人的动员、武装、训练和向前线投送之前，就已经摧毁了全境的军工企业、仓储设施、运输和后勤保障设施，俄罗斯保存不下足够的武器储备。至于地区冲突或局部冲突、维和行动与反恐行动，可以肯定是不需要全面动员的。①

冷战结束后，俄罗斯领导层判断，其面临的主要安全挑战已从全面战争转变为周边的“后苏联空间”内随时可能爆发的低烈度局部冲突，也就是说，俄军的基本目标是应对类似于车臣战争和俄格冲突这种国内遏独和惩戒周边的武装冲突和局部战争。这种大战动员体制就成了鸡肋：平时保留的简编和架子部队消耗着财力；出现突发事件需要用兵时，这些缺乏战斗力的部队又不能及时做出反应。在这种作战行动中，俄军虽然纸面编制庞大，但绝大多数部队都根本无法及时进入战斗状态。普京曾向媒体回忆：“2000 年我们有 130 万部队，但我费了很大力气才凑了 50 万能战斗的部队。军队的士气和装备太悲惨了。”② 1994 年的第一次车臣战争，俄军在付出 2 万人伤亡的代价后仍未能打垮叛军，车臣一度获得非正式的独立地位；直到第二次车臣战争，俄军又以数千人伤亡的代价攻入格罗兹尼，才恢复了对车臣的控制。2008 年俄格冲突发生时，俄整个陆军只有大约 13% 的作战单位处于可以随时投入作战的常备状态。即便是有限的常备部队，也基本分散在不同的战略方向。俄军不得不从多个军区调兵，已经暴露出这一尴尬状况。要达到充分的战备状态和完成军队展开，需要数月甚至一年时间，而武器装备仍然不能保证全部处于战备状态。一旦“有事”，只能频频依靠空降兵、

---

① 阿列克谢·阿尔巴托夫：《我们需要什么样的军队》，［俄］《全球政治中的俄罗斯》2003 年第 1 期。

② 中国军网，http：//www. 81. cn/jwgz/2016 - 12/13/content_7404736. htm。

海军陆战队以及“格鲁乌”特种部队等快反部队四处“救火”，导致战略上的被动。而当俄军事战略将地区（或局部）冲突、维和行动和反恐行动确定为战备重点后，也就无需维持多种不同战备程度的部队与兵团，保留小而精的常备部队就够了。撤消简编部队和基干部队，将所有部队都建成常备部队，正是为了摒弃需要动员才能完全部署的部队，将有限的人力物力用到提高军队的整体战斗力上。

“新面貌”改革中采用了撤、并、改等方式。俄国防部将简编部队撤销、合并或改编，挤出“泡沫”，让真正有战斗力的部分得到保留；撤消基干部队，将必须保留的基干部队（仓库等）交给军区，成立旅级武器储存基地，动员扩充任务也由集团军上交到军区。通过改革兵役制度，裁减部队员额，调整结构，换装现代化武器，逐步实现部队的常备化，作战部队全部转变为装备满编率为100%、人员满编率80%以上、可在24小时内投入战斗的常备部队。这样一来，集团军以下就不再有动员任务了，部队因而省去了繁杂的动员环节，实现了齐装、满员、全训。通过大规模裁撤那些武器装备老旧、兵员素质不高、战斗力羸弱的部队，以及解散大量的“架子师”“架子团”，俄陆军拟减少一半的弹药库、基地和仓库，淘汰约14万件老式武器装备，包括长期储存的坦克、火炮和火箭炮系统，以及弹药和特种装备。[①] 常备兵力和部队将会更加精干高效，在和平时期的作战能力和反应速度将会明显提升，从而能够在任何冲突中以最快的速度投入战斗。

（三）新型作战旅

废除师、团建制，推行“集团军 - 旅 - 营”编制结构，是“新面貌”军事改革中最引人注目的内容之一。俄国防部称这得益于战

① 瓦季姆·索洛维约夫：《2009年—2012年的军事改革》，［俄］《独立军事评论》2008年12月12日。

争经验的总结，旅级编制似乎比师或团更能适应冷战后局部战争和武装冲突的需要。

俄陆军的组织编制结构是在1945—1946年的战后改编过程中形成的，在1956—1957年的军事改革期间最终定型并延续下来。陆军的主力通常是四团编制的坦克师（3个坦克团+1个摩托化团）和摩托化师（1个坦克团+3个摩托化团）。这是按照打大规模机械化战争设计的。如今大规模作战的情况已不多见，遗留下来的师、团编制就显得过于笨重，已不适应21世纪的战场环境和信息化战争的要求。在阿富汗战争、车臣战争和俄格冲突中，俄军最有效的作战主体不是已有的师或团，而是临时编组的“加强营”：2~3个作战营，加上防空、导弹炮兵、侦察、物质技术保障等分队，可以实现自我保障，在独立方向实施战役行动，具备高度的机动性、灵活性。

经过进一步研究分析，俄陆军总司令部最终于2014—2015年间确定了营战术群的最佳编成，以坦克营和摩步营为基础组建营战术群，使其成为可以随时执行任务并能保证自给自足的战术单元，既能在主力编成内执行任务，又能在独立方向上完成任务。但这种营战术群的人数已经远远超过了2200人的团编制，达到4500~5000人，所以在营上面应该编“旅”。由营战术群组成的旅，同样具有很强的灵活性和战斗力，可在独立战役方向采取行动。新型的旅级战斗群更能适应未来局部战争和城市巷战。由此，师-团编制被撤销，旅成为基本作战单位，营成为基本作战单元。

师、团两级编制合并为旅级建制的另一个好处，是减掉了一级指挥链，改革者希望以此提高对作战部队的指挥效率。这是有过教训的。俄格冲突期间，俄军总参谋部的指示和命令都是先到北高加索军区司令部，再到第58集团军，再一级级到部队和兵团，因而到达部队的时间过长。因此最早参战的第19摩托化步兵师、第693和135摩托化步兵团的营战术群的指挥员不得不靠自己，而总参谋部、军区司令部和集团军司令部在同时指挥几个摩托化步兵团和空降团。改革时，俄国防部曾重点考虑过裁减师或集团军指挥环节的问题，最终决定保留集团军（2010 年撤销了不合实际的“战役司令部”，恢复了集团军编制），撤消师级编制，组建作战旅。这样一来，部队作战指挥链便由“集团军－师－团－营”变为“集团军－旅－营”。

2008 年在开始向“新面貌”转变之前，俄罗斯陆军编成中有 24 个师（3 个坦克师、16 个摩步师和 5 个机炮师）和 2 个师级军事基地（分别位于亚美尼亚和塔吉克斯坦）。其中，人员或多或少完全展开的只有 5 个摩步师和驻塔吉克斯坦的第 201 军事基地，只有 13% 的陆军部队是常备部队。到 2009 年仅剩下 2 个师级兵团——驻南千岛群岛的第 18 机炮师和驻塔吉克斯坦的第 201 军事基地。俄军在“师改旅”的过程中主要采用了拆分法，即在 1 个师的基础上组建 2 个旅级作战单位。俄军师的编制为 1.2 万人左右，改革后，旅的编制为 3000 人～4000 人，1 个师拆分为 2 个旅后，编制人员将减少 1/3。这同时又带来第三个好处——有效缓解了兵团和部队缺编的问题。而且，师改旅还隐含着谢尔久科夫的另一个意图，即大幅减少中级以上军官，特别是将官的数量。在俄军中，师长是少将，而旅长只要上校就够了。

俄军提出以重、中、轻三种类型旅代替已组建的坦克旅、摩步旅和掩护旅的计划。从 2010 年起，俄军在坦克旅的基础上组建重型旅，装备坦克和 БМП－3 履带式步战车，使其作为重装兵团能够在开阔地域同潜在敌人实施重装对抗；在摩步旅、掩护旅基础上组建中型旅，装备改进型 БТР－80 等轮式装甲车辆，可在荒漠、林地、城市、山地等复杂战场环境下遂行多样化作战任务，使其成为名副其实的通用型部队。俄军原计划在军区所属空降突击旅基础上组建轻型旅，因 2013 年陆军空降突击旅转隶空降兵而暂停实施。①

---

① 李抒音等：《俄军坚定推进“机动常备型”军队建设》，《解放军报》2017 年 1 月 5 日。

俄陆军先于2009年组建了85个常备旅，2010年又补充组建了8个“新面貌”旅，2011年3月再次补充组建了21个“新面貌”旅。到2013年共组建了125个常备旅。目前，陆军还在进一步推动部队常备化建设，计划2020年前在每个军区组建1～2个完全由合同制军人组成的摩步旅或坦克旅。

新型作战旅实现了“模块化编组”。这同样借鉴了俄格战争中组建突击集团的经验。俄第58集团军除常规的摩托化师、机械化旅外，根据外高加索地区作战需要还编配了空降师、山地作战旅、直升机团和5个工程团，特别是战术航空兵第四军也编在其中。这就为组织陆空联合作战奠定了体制编制的基础。尽管与美国陆军相比，俄式“模块化”显得有些土气，却是对第一次车臣战争中俄军兵种条块分割、难以统一指挥使用、造成大量伤亡的流血教训的总结，因此非常实用。新型作战旅根据任务的需要，可以随意配置包括坦克营、摩步营以及炮兵营在内的各种作战单位，火力支援和保障部队的比重则占到了60%，火力、持续作战能力有很大提高，因而更能适应局部战争和武装冲突的要求。比如，摩步旅中的坦克营数量可能增加到2个，坦克数量也有可能从31辆增加到41辆。这在以往是不可能实现的。旅既能独立作战，也可在编队中协调行动。此外，新型旅的编制中增加了火器配置，新型摩步旅比传统摩步旅火力至少提高2倍。这些数量结构的精简和优化，体现了俄军“以效能换数量”“以火力换人力”的新型建军理念，也在一定程度上弥补了旅与师在战斗力上的差距。

据统计：过去即使是常备部队的一个摩步团也需要一昼夜才能完成战斗状态的转换，现在一个新式独立摩步旅可以在2小时内进入战斗状态并即刻全员出动；过去一个师的展开时间长达15～20昼夜，现在一个旅的展开只需8～24小时。这在过去的俄军历史上是无法想象的。

而有了旅一级作为基本模块，俄陆军的集团军一级编成也会比较灵活，视情况而定。例如：驻扎在北高加索地区、临战准备任务较重的58集团军，下辖5个摩步旅、1个山地摩步旅、1个防空导弹旅、1个战术弹道导弹旅、1个炮兵旅和1个远程火箭炮团，全部为满编部队；驻扎在腹地新西伯利亚的第41集团军，则下辖有3个摩步旅、1个山地摩步旅、1个防空导弹旅、1个炮兵旅和1个远程火箭炮旅。与58集团军相比，41集团军少了1个战术弹道导弹旅、2个摩步旅，但额外多出了4个武器装备储存与维修基地。

（四）师的“回潮”

2013年绍伊古接任国防部长后，对谢尔久科夫改革做了一些纠偏式调整。俄空天军已重新调整回到师－团建制，陆军改回师－团建制的呼声也是此起彼伏。军内一些人希望这位新任防长对谢氏师改旅的成果来个彻底翻盘，恢复原有师级编制。

师和旅，看似区别变化不是很大，几乎完全相同的装备，但体现的思想理念完全不同。旅的特长在于机动性，要求整个旅能够在战场空间快速机动。美军就是基于这一优点，大力提倡旅的编制，以适应全球部署的要求。师的情况是编制更大，人员与装备更多，机动性差，但火力和战争承受能力更强，对旅构成压倒性优势。师适用于大规模机械化战争，旅则更适应局部战争。具体采用哪种建制，通常取决于国家对可能面临战争类型的判断。许多国家的师改旅，就是因为判断未来局部战争的可能性增大了。而如果发生大规模战争，以俄军现有的装备技术条件，没有师的编成可能就要吃亏了。

俄国内对保留师或旅观点也呈现两大派别，一直争论不休。

支持恢复师团编制者认为，尽管20世纪90年代至21世纪初俄军最大的痛楚是传统的苏式大规模机械化战争的编制无法适应诸如高加索等地的局部高烈度战争，但到了2010年以后，伴随着中东和欧洲局势的紧张，俄罗斯与老对手北约的关系急遽恶化，甚至陷入全方位对峙，发生战争的几率极度增大，俄军的预设作战地点正在重新回到欧洲平原。俄罗斯判断北约地面部队对俄罗斯主攻箭头标定在波兰、波罗的海三国和乌克兰方向，其中最后一个在2013年底终究成为了现实。[①] 乌克兰危机爆发以来，以美军为首的北约部队在俄罗斯西、南两个战略方向逐渐对俄罗斯构成围堵之势。因应这一形势，俄军事战略层面近年来发生了一些变化，俄军总参谋部已多次提及大规模战争的危险，提醒恢复师级编制的必要性开始显现。因为旅级规模的兵团和部队无法吓阻北约。“新面貌”旅仅有3000~4000人，虽然编制灵活，但其战斗力、火力投送能力与独立保障能力都与1.3万多人的师不可同日而语，难以单独承担战役战术兵团的职能，在实战中无法形成足够有力的进攻拳头，往往只能击溃而无法歼灭当面之敌。从乌克兰东部的武装冲突和俄军在叙利亚的军事行动中可以看出：便于快速投送的轻装部队适合深入敌后实施补给线袭扰或斩首行动，以及先期夺取战略要塞等特种作战样式；要攻城略地或封控某一战略区域，仍需要相当规模的重装集团。

在外部局势恶化，特别是在北约全方位虎视眈眈的前提下，面对整个北约以及从苏联分裂出去的异己国家，俄罗斯在西部、南部等重点战略方向的军力明显不足。一旦国际局势风云突变，以俄军现有陆军旅的实力根本无法对付北约依旧强大的地面作战力量的威胁。除核武器外，俄罗斯在海军衰败、空军捉襟见肘的时期，还能让欧洲害怕的就是坦克突击。大规模坦克机械化兵团才是遏制北约东扩、威慑西欧国家的利刃。俄军要摆出不怕打大战的架势，就应该有传统的师级编制。从2016—2019年的三年时间里，俄军先后恢复了5个坦克师，其中大部分直接顶在西部边界地区，就是要让北约重温当年面对钢铁洪流的危机感。

不可否认，旅比师更加灵活，方便部署和机动，合成化程度要高很多。经过改造后的营级单位也将具备强大的火力和作战能力。

---

① ДмитрийУсов, “Армия лишится символа,” Газета ВЗГЛЯД, 28 октября 2008, https：//vz. ru/society/2008/10/28/223627. html.

集成化、信息化、灵活化，是师改旅的最大意义。但俄军比不上美军，在高科技装备和信息化上进步很慢，很难真正发挥出旅的优点。更何况俄罗斯国土面积太大，没有足够的快速投送能力，也没有较强的信息化联合作战能力，小型化的作战旅在广袤的平原地区根本无法完成相应的作战任务。旅的人员与装备数量往往仅相当于师的一半，机动性的提高实际是以编制规模的下降为代价的。

更重要的是，师是俄陆军传统的主要战术单位，装备体系和作战思想完全是基于师－团－营的战斗组织理念，军事科学、军事艺术、部队训练、预备役培训、作战章程和条令过去都是按照师级标准制定的。由师过渡为旅看似变化不大，但实际上已打破了60多年来俄军所奉行的大纵深作战理论及与之相对应的体制编制，对陆军整体战斗力产生了深远影响。前第14集团军司令亚历山大·列别德中将曾称团“不仅是一个战术单位，还是俄军精神的载体”，没了“团”的俄军将成为一群“乌合之众”。[①] 俄军要想完全适应，不仅要在思想理念上进行调整，连装备体系也要跟着变化，这样的代价超出了俄军的承受能力。

支持师改旅的专家认为，如果说大规模传统战争的危险开始变得现实，那么这种大战的爆发也将为时不远。但在当前背景下，西、南、东三大方向爆发类似大战的条件并不成熟，俄陆军部队恢复师级编制的理由也就不能令人完全信服：

西部似乎最有可能发生大规模战争。该方向历来是俄军总参谋部的“噩梦”，今天依然存在来自北约集团的军事威胁。但即便再有大规模战争，也不太可能再出现上百万军队大规模地面入侵的形式了。哪怕是极度疯狂，实现新的“巴巴罗萨计划”也是难以想象的。实际上，来自西方的威胁是高技术军事安全威胁，以企图谋取在太空、信息和网络空间领域的绝对优势为基础。在新型军事冲突

① 王海运、王锐、刘文斌：《将军政治家列别德》，北京：军事谊文出版社，1996年第1版，第72页。

条件下，俄陆军兵团无论是师或是旅，都可能只是“普通观众”。比如在1999年的科索沃战争中，北约空军和远程火力杀伤兵器准确摧毁了南斯拉夫最重要的国家行政目标、经济设施、能源供应系统、交通运输枢纽，却放弃打击军队和军事设施。由此看来，恢复师级编制未必是对抗敌方高技术威胁的现实而有效的措施。

南部方向，是俄罗斯的传统软肋，是最易诱发局部战争和武装冲突的现实威胁方向。但俄军在与武装分子和恐怖分子团伙多年斗争实践中体会到，在此地区，陆军中师的作战效率最低，部队战斗群不得不以小规模战术分队的形式行动，很多情况下都要采取特种部队的行动战术，不可能为了消灭百十个匪徒而向山区投入整个师的兵力。相比之下，作战旅的行动更有效率、更灵活机动、更容易指挥。北高加索地区作战行动的经验教训已证明了这一点。

东部方向，抛开与所有邻国的关系基本上都在积极发展的因素不提，即便在远东地区存在某些理论上的军事威胁，恢复师级编制恐怕也很难有实际帮助。鉴于俄罗斯远东地区人口与相邻国家人口悬殊的差距，恢复一两个师显然没有意义。如果大量恢复师级编制，从兵源和经费都很难保障。

鉴于此，随着冷战的结束和东西方全球性军事集团停止对抗，爆发有大量陆军战斗群参与的大规模传统战争的可能性极小，当前面临的新危险、新威胁和新挑战要求部队对组织和行动战术作出重大改变。①

争论双方的观点可谓针锋相对，各有道理。客观上讲，师和旅的编制各有所长，因时因地制宜方为上策。谢尔久科夫的“师改旅”方案，主要是针对俄军庞大的兵团编制不适应俄格冲突这类局部战争的问题而进行的，而且当时俄罗斯和北约关系至少表面看上去还比较好。所以要说此前“师改旅”是走错了，也有失偏颇。但时过境迁，战略形势的变化是军事改革必须考虑的重要因素。

---

① ［俄］《独立军事评论》2013年7月12日。

绍伊古并未彻底颠覆前期“师改旅”的成果。在某些方向恢复师级编制，更多是出于保障主要战略方向安全的考虑。比如在莫斯科地区，那里的平原地形更适合大兵团作战，旅级编制就显得单薄，会使未来莫斯科保卫战成功率很低。绍伊古于2013年率先恢复了被裁撤的第2近卫摩步师（“塔曼”师）、第4近卫坦克师（“坎杰米洛夫”师）原有师级建制——这也是俄陆军最有传奇色彩和影响力的拱卫首都安全的两支王牌部队，2015年上半年又以上述两个师为基础组建第1坦克集团军，就是为了重点加强首都地区陆上重装对抗力量。对第20近卫集团军也进行了编制调整与员额补充。2016年1月又决定在西部军区增加3个师，以应对北约军事威胁。其他一些重点方向和区域的部队也有重新改回师级单位的计划。今后，如果北约从顿巴斯向罗斯托夫和北高加索发动攻击，俄军第152师会站出来阻挡攻势，为南部军区部队抵达争取时间。瓦卢伊基的第3摩托化步兵师同样担负此种任务，该师在西部军区增援之前挡住对沃罗涅日的攻击。而如果全部用旅来应对，力量肯定较弱。截至2020年4月，俄罗斯已先后重组了5个摩步师和2个坦克师，这7支师级作战部队中，有6支部署在俄罗斯西部和南部地区（3支紧挨乌克兰、1支驻守北高加索前线、2支拱卫莫斯科），另外1支（近卫第90坦克师）则部署在中部军区紧邻哈萨克斯坦北部的车里雅宾斯克，足见乌克兰危机爆发后俄罗斯与西方世界矛盾和博弈加剧对“旅改师”的变相推动。①

与削枝减干的“师改旅”相比，重建一个师级作战单位则要复杂费力得多。不仅要添置兵员、从仓库搬运封存装备以扩充编制，还需在单位选址、营房建设等方面付出较大投入，这对军费开支捉襟见肘的俄军来说代价十分高昂。为迅速扩充俄军战力编成，俄国防部采取两种“旅改师”的方式：一是直接扩编，如近卫第4坦克

---

① 岑柳：《从“师改旅”到“旅改师”——俄罗斯陆军编制反复调整的迷与思》，https：//www. sohu. com/a/390933986_439965。

旅重新改称“师”后扩编为师级单位；二是反“拆”为“合”，由2—3个旅整编为一个师，这也是“旅改师”中最常用的调整方式。近几年，俄罗斯以几乎“一年建一个”的速度重建陆军师级作战单位，还在师之上重建了集团军，其陆军作战力量得到了大幅扩充。

目前俄陆军仍保留着不少旅级作战单位，实际处于师旅并存状态。绍伊古没有背弃普京关于“抛光和微调”的指示精神，“军-旅-营”制改革的大部分成果还在。总参谋部改编旅、特别是摩托化步兵旅和坦克旅的大方向不会变，但师级单位将变得越来越多。这也表明，无论“师改旅”还是“旅改师”都不应该简单搞一刀切。如果说谢尔久科夫时期，俄军没有能力“做大做强”，就优先“做小做精”以管控局部战争，那么到了绍伊古时期，有了小而精的“常备部队”打基础，就能进一步把旅“做大做强”以满足高强度战争所需。而且，前期师改旅的一些成果也被合理吸收，一些恢复建制的师级部队也将按模块化原则统一编成，与改革前师的编成模式有着实质性区别。新组建的师在力量配置上更注重“攻守均衡”和“独立灵活”，兼具阵地守备和快速突击能力，作战指数比原坦克师和摩步师应有大幅提升。军区已有的快反摩步旅与恢复师团编制的重装集团军相互结合，或许是俄陆军结构改革的一个趋势。可见，“旅改师”已不仅仅是对“师改旅”简单的“复辟翻盘”，而是正在探索俄陆军作战力量转型升级的新过程、新阶段。

（五）兵力兵器的投送与预置

俄罗斯国土空间大也有其难处，就是在各战略方向部署的兵力规模都相对有限。2010年12月，六大军区改组合并为西、南、中、东四个加强军区，分别对应来自欧洲、高加索、中亚和西太平洋地区的安全威胁。2014年12月，又组建了北方舰队联合战略司令部，负责北部战略方向的军事威胁。这是一种“分片包干”的做法，可在一定程度上缓解各战略方向力量分散和多头指挥的问题。而一旦某一战略方向发生冲突威胁，相关军区仍然可能面临兵力不够用的问题。两次车臣战争和俄格冲突都表明，尽管对手很弱，仍需俄军动员几个军区的部队参战。一旦遇上更强的对手，实施跨区机动将更为频繁。

在改革后的4个军区中，除中部军区被明确作为战略预备队赋予支援任务外，其他军区也被赋予了支援义务。也就是说，各军区、各方向之间都存在相互支援的关系。俄军扩编军事运输航空兵、陆航部队和空降兵，并将空降兵、海军陆战队和特种部队整合作为“拳头”部队使用。作为主力的常备部队，则要实现在俄罗斯境内甚至是整个集安组织责任区内的快速投送。俄军平时就注重演练从陆地、空中、海上向受威胁方向迅速投送兵力，提升远距离大规模机动和应急作战能力。高频率的大规模演习和突击性战备检查已经形成机制：被检指挥机关和部队根本不知道哪天拉动、几点开始、演什么科目，为的是检验部队的真实战备水平，查出问题，解决问题。

从地面输送能力看：俄罗斯西部的铁路网很发达，将1个旅投送到1000千米之外尚需要5个昼夜。而遥远的东部地区，地面交通就不够发达。出于经济、政治和条约—法律方面的原因，俄罗斯不打算像20世纪70年代—80年代那样在东部地区重新建立强大的军队集团。但也无法指望从欧洲方向调兵来加强东部集团，通过漫长而单一的西伯利亚大铁路，在铁路未遭敌方破坏的理想状态下，运输1个摩步师或装甲师也需要500节车皮和2个月的时间。①

显然，最好的办法是空运。俄空军在空中投送方面有一定优势，民航潜力也很大，国内机场网发达，能保证不同战区作战部队之间的快速加强。但大规模空运能力不足的问题依然突出。俄格冲突中，那些编制臃肿的部队和兵团机动起来十分困难，俄军总参谋部只能寄希望于铁路，因为军事运输机数量有限，只能空运空降兵而

① 阿列克谢·阿尔巴托夫：《我们需要什么样的军队》，［俄］《全球政治中的俄罗斯》2003年第1期。

不是诸兵种合成部队。近年来，俄军事运输航空兵也在努力扩编，预计到2020年一次出动可投送不少于1个空降师的兵力与装备。但这也仅仅是保障战斗人员轻装投送的情况。如果携带重装备一起投送，用于空运的军用运输机数量还是明显不足。而没有重装备，战斗力则会打折扣。

解决这一矛盾的基本途径，就是在一些可能发生军事冲突的重要战略方向的前沿地带建设“武器装备储存与维修基地”。例如，为防止在遥远的东部地区出现不利局势，在条约限制的范围内，预先建立得到良好防空掩护的军用储备和重武器仓库，使它们不必再与驰援的军人一起长途运输。在出现军事威胁的条件下，人员可以从空中和陆地（包括使用民用交通工具）向那里投送，之后从仓库领出重型装备，奔赴受威胁地带。所谓“武器装备储存与维修基地”，并不是一般意义上的仓库，实际上可以将其视为“基干”部队。每个基地储存有一个旅的全部装备，战时补充人员后可编成一个摩步旅或坦克旅、炮兵旅。比如，41集团军的4个武器装备储存与维修基地，就有3个储存着T－72Б坦克和БМП－1/2步兵战车，可对应编成3个摩步旅；另外1个可对应编成炮兵旅。俄军在几个重点战略方向，包括境外前沿基地，都预置有这类基地仓库。俄社会政治研究中心主任叶夫谢耶夫认为，基地仓库是一项战略部署，在储存基地应有做好准备的现代化技术装备和弹药，“只有刺刀完成不了任务”。

在“东方－2010”演习中，机械化步兵分队从中部乌拉尔地区轻装投送至6000多千米外的远东地区，再从当地的武器仓库领出重型武器装备投入战斗，用了6小时。而原来连人带装备一起投送需要48小时——机动时间只是原来的1/8。根据以往的投送能力与近年来的进步，俄军完全可以在短时间内实施大范围的军事机动，在一周内向任何一个方向部署师级规模部队，在一个月内部署集团军级部队。

三、职业化与兵役义务

俄军要实现100%的常备状态，就必定需要大量优秀兵员的支持。所以，职业化和常备部队建设这两者是相辅相成的。2008年的俄格冲突，俄军之所以在短短5天内就赢得了胜利，主要得益于其参战部队大部分由职业军人构成（占了70%）。但在平时，俄军实行的是义务兵役制与合同兵役制相结合的混合兵役制，70%是义务兵。征兵难、兵役期太短、兵役过程中的腐败问题，都已成为俄军提升战斗力的瓶颈。

（一）遭遇兵役难题

推进职业化既是建设现代化军队的需要，在俄罗斯也有不得已的因素。因为义务兵役制正遭遇两大难题：

一是新兵的缺口很大，难以维持军队正常发展。2009年俄国防部曾宣布，所有作战部队均按战时满编，能够在1小时内投入战斗。但没过多久，俄军常备部队缺编问题再次回潮，主要原因就是入伍新兵缺口太大。根据改革计划，俄罗斯军队总人数应该达到100万人。但瑞典国防研究局2013年12月发布的一份研究报告显示，俄军实有人数还不到80万，美国国会研究所给出的数据甚至只有70万，① 实际缺编高达20万~30万人。合同兵服役满3年后延长服役期人数的比例也不如预期，退伍者的比例在35%~80%之间。军人成为“宝贵资产”而不是“廉价消费品”，这在俄罗斯历史上还是第一次。由于人手不足，几乎所有的俄罗斯军事单位都处于严重缺编状态，四大军区中，仅有战事不断的南部军区能够达到90%~95%的人员基本满编，其他军区缺员比例均在50%~70%之间。俄

---

① 沃尔特·平卡斯：《俄罗斯的军力应该能让普京停下来》，[美]《华盛顿邮报》网站2014年3月11日。

军不得不在2012年恢复了“基干部队”。目前俄军几乎所有作战师和陆军旅都有一个徒有虚名的“基干营”。这种本应有450名官兵的作战营只配备10名军官和15名士兵，装备全部封存，武器入库，是名副其实的“空架子部队”。

俄罗斯军队缺编的一个重要原因，就是俄罗斯人口基数小而且还在不断下降，适龄青年不足，使征兵工作面临严峻挑战。人口学家预计，到2050年，俄罗斯目前的人口（大约1.46亿）将下降到1.226亿~0.772亿之间。俄罗斯人口以每年大约80万人的速度减少。鉴于俄罗斯人的预期寿命短（在欧洲国家中是最短的，男子约为58岁，女子约为72岁）、相对较低的出生率，以及男少女多的性别失调比例，这一趋势不可能很快扭转。俄罗斯本来就是一个缺乏劳动力的国家，经济复苏消耗了原本可以在近几年里被征入军队的剩余劳动力。由于延期服役政策的影响，再加上俄罗斯人口中部分人群健康问题的增多，于是大约六成适龄年轻男性无法被招入军中。

还有一个严重问题，就是有相当多的俄罗斯年轻人在逃避兵役。据俄总参谋部资料，共有20万人在逃避兵役。《共青团真理报》大发感慨：“我们的军队仍旧是工农子弟兵！”因为富裕的父母会想方设法使自己的孩子摆脱兵役，军队中的士兵主要是那些因为无产者出身没钱逃役或从未想过逃役的人，他们考不上大学，享受不到缓期“服役”。服兵役变成了对穷人的赋税。所以每年都招不够人，让国防部大伤脑筋。有人主张对义务兵征集条件进行暂时的限制（取消缓征、加大刑事责任、《选择性民役》的严酷法律等），但这并不能解决实际问题。

二是义务兵役期短，无法保证战斗力。义务兵服役期已经从两年缩短至一年：半年训练，半年到部队。训练时间只有3~4个月，即便进行最繁重的训练，也很难熟练掌握复杂的现代化技术装备和新型战术技能。训练时间不足，意味着单兵和部队的战斗力下降；频繁的人员流动，也给复杂武器的引入及使用培训带来了困难。一年服役期的义务兵经过训练能够胜任的岗位也越来越少。每年征兵两次，又导致无论在什么时候，总有半数的士兵入伍时间不足6个月，缺乏参战所需要的训练。虽然应征士兵可能会充实兵力的数量，但在应对俄军希望能够打赢的那种复杂的有限战争方面，他们的作用却十分有限。即使能多征15万人，也并不能补偿在人员质量方面的损失。

俄罗斯人口出生率锐减，逃避兵役，加之潜在服役人员储备中高达52%的身体不合格率，曾让军方考虑过重新延长服役年限。但这个方案显然行不通。2012年，俄罗斯国家杜马国防委员会主席弗拉基米尔·科莫耶多夫曾提出延长服役期的议案，建议由12个月延长到18个月。结果这条提案激怒了俄罗斯青年的家长们，公众的强烈反对迫使这位议员声明，这一提议仅代表他的个人立场，并不代表杜马的政治立场。

（二）扩招合同兵

解决兵员质量问题的另一个方案，就是扩招合同兵。一个专业兵（坦克驾驶手、武器操作员等）理想的服役期应当是3年，这只有合同兵（服役须满3年）才能办到。合同制军队只要用得好，会比义务兵军队更有优势，在作战时会把自身伤亡减少到最低限度，也能限制对当地民众的损害。在海湾战争、阿富汗战争以及科索沃战争中，合同制武装力量均表现了优越性。而美军在越南、苏军在阿富汗以及俄军在两次车臣战争中的经验，则暴露了义务兵军队的不足。“莫斯科人质事件”之后在理论上的新认识，也促使俄罗斯战略家们更多地关注职业素质和质量标准，而不是人员和武器的数量。要让新装备充分发挥效能，打造一支专业化军队，必须增大合同兵的比重和相应地压缩义务制。否则，一旦发生意外冲突，指挥员可能会面临两难的抉择：要么保质量，避免让新兵投入战斗，代价是耗费大量时间重组部队；要么求速度，保证迅速做出反应，代价是让新兵去充当炮灰。所以，职业化和常备部队建设这两者是相辅相成的。近年来，俄军在车臣反恐行动和俄格冲突时，为避免新兵成为“炮灰”，首先都是考虑派合同兵参战。派往叙利亚作战的，也是能拿可观酬劳的、有意识地决定参加战争的专业人员。俄军接收了一批经过战争历练、具备实战经验的专家，他们擅长在陌生条件下作战。

职业化需要很大的投入（养一个合同兵等同于养 10 个义务兵），在经济困难的大背景下，仍需要继续维持义务兵役制与合同兵役制相结合的混合兵役制，职业化建设只能循序渐进。从 2014 年起，俄罗斯适龄公民可以选择应征入伍服役一年，或按志愿兵合同服役两年。俄军一面努力改善服役条件吸引青年人服兵役，一面逐步扩招合同兵，每年征募 5 万 ~6 万合同兵，积少成多。到 2019 年 3 月，按合同服役的军人数量达到 39.4 万人。[①] 根据国防部制定的目标，到 2020 年俄军队的职业军人将增加到 50 万人。格拉西莫夫在 2018 年 12 月 5 日的新闻发布会上乐观地表示，“这将使分队作战能力出现明显质的增长”，计划今后还会增加合同制军人数量。[②] 尽管合同兵对应召兵的比例有所增长，但出于意识形态原因，尤其是经济原因，俄罗斯不可能完全转向职业军队。现实也并非尽如人意。普通的合同兵素质仍然远远落后于特种兵，如 GRU 特种部队（在没有佩戴军事徽章情况下进入克里米亚的“小绿人”）以及精锐的空降 VDV 部队。但他们正在迎头赶上。

为了征召到更多优秀合同兵员，俄国防部还把目光投向了周边国家，特别是独联体国家那些在俄罗斯务工的健壮的青年人，许以优厚待遇条件，旨在吸引外籍青年加入到俄罗斯军队中来。2015 年初，普京批准了《军队服役条例》（修正案），进一步明确了外国公民在俄罗斯军队服役的条件。如此一来，国家领导人不排除原苏联国家同胞今后短期内在俄军服役的可能。外籍公民在俄罗斯当兵的待遇是月薪 3 万卢布（约合人民币 3000 元）。这些外籍士兵不能晋

① 根据绍伊古在俄国家杜马国防委员会扩大会议上的报告，РИА Новости，11 марта 2019 года。

② РИА Новости, 5 декабря 2018 года.

升为军官，但可以在服役 3 年后获得俄罗斯国籍。此举或许还能唤起他们对服役国家的忠诚。这对于那些国民收入较低的独联体国家年轻人有一定吸引力。

懂俄语是外国人参军的主要必备条件之一。众所周知，大部分独联体国家公民（其中约有 2500 万俄罗斯族人）熟练掌握俄语，他们可能是俄军外援的主要来源。条例中还规定，只有 18 ~ 30 岁的人才能签署 5 年合同，在军队服役的外国人必须是合同兵。正在接受调查、审判和刑期未满的人不能服役。外国人不能在内务部、联邦安全局和其他情报机关的部队服役。这些要求是 2003 年《兵役法》相关修正案就确定的。在招募外国人时有效的只有国防部的命令和法规。根据总统批准的修正案，外国公民应向当地兵役局或希望加入的部队提交申请，之后将进行筛选、向军区下令等一系列程序。挑选外国人的程序与本国人没有很大区别。

俄军外援不是雇佣兵。俄军事科学院通讯院士爱德华·罗久科夫认为："原苏联地区可能发生军事冲突，这已不是秘密。这是俄罗斯的利益区，俄罗斯当然会平息冲突。但它更倾向于借助盟友的力量，而不是单靠本国军力。这些盟友的经济孱弱，但精神力量和动员潜力一直很大。这个因素必须用来武装。"在这种情况下，俄军外援不能视为雇佣兵。根据《反对使用、招募、资助和训练雇佣兵国际公约》，"雇佣兵"指的是在本地或境外专门招募来参加军事冲突，但不属于冲突双方军队的人。罗久科夫说："参加军事行动的雇佣兵主要是为了获得私利。我国未来的军队外援、来自我们盟国的公民将保卫我们共同的祖国。一般来说，这是他们加入俄军的主要动机。"①

（三）改善服役条件

俄罗斯兵役形势如此严峻，人口不足不是短期内能够解决的问

① 弗拉基米尔·穆欣：《俄罗斯将组建外国军团》，［俄］《独立报》2015 年 1 月 12 日。

题，合同兵役制也必须循序渐进。要解决现实中的“兵荒”问题，提高军队的吸引力，必须采取能大大提高服役荣誉的措施，真正把服役从“义务”变成“待遇”。

为吸引公民签订服役合同，俄罗斯当局规定了许多激励措施，例如合同制士兵初期工资不得低于法定最低工资额的5倍，军衔工资不得低于职务工资的50%。向有家室的合同兵发放租房补偿金，合同制军人服役2年后可获得一系列补偿，包括免费接受高等教育等。为了刺激年轻人安心服役，俄罗斯大幅度提高了士兵的特殊条件战斗训练补贴，达到每个军人每月3300卢布，同时为危险地区军人发放津贴，例如驻车臣共和国的军人每月5000卢布。这样，驻车臣和克里米亚的合同制士兵每月可获得2.5万卢布薪金（大约折合人民币2500元）。但这种工资水平对于俄罗斯的年轻人其实毫无吸引力。要想招到高素质的合同兵员，还须大幅提升薪金待遇。

俄罗斯国防部还在兵役“人性化”方面下了不少功夫，使官兵服役条件得到显著改善。军营中普遍安装了互联网，满足官兵上网和看有线电视的需求。俄国防部在2012年底前还为6万个远离军营的军官家庭开通网络，以便他们与亲人联系，让住在军营中的军人有一种家的感觉，从而消除他们的思乡之情。战士可以在家乡附近服役，有双休日，可以利用短期休假和亲友会面，和恋人约会；宿舍营区配备最大限度的日常生活设施，装上了因特网，有了午睡时间，军人只负责纯作战和体能训练的问题，不再从事其他非专业工作。例如，从前军人要做厨房勤务、打扫营区等一些自我保障性工作。改革要求，所有这些全部外包给文职机构处理。谢尔久科夫表示，这些“不属于他们天职的任务”应由民间组织来承担。当然，剩下的工作时间则要进行高强度训练了。此外，为加强军队纪律和打击虐兵现象，俄军从2012年起实行宪兵制度，新的机构将履行的职能包括打击“老兵虐待新兵”现象以及偷窃军队财产等不法行为。

然而，国防部的承诺是一回事，在军队中兑现则是另一回事。

俄罗斯《新消息报》2012年3月19日报道称，目前，俄罗斯军队打扫营区卫生及修缮操场等杂活还是由士兵亲自动手完成。按照国防部的规定，部队杂活应全部承包给地方公司。虽然这笔钱按时拨给各部队，但一些军官仍让士兵干杂活，而省下的钱则被军官贪污。士兵不得不冬天清扫积雪，春季清理垃圾。更有甚者，有人还被派往工地当劳工。俄人权保护组织成员表示，仅2011年一年，他们就发现了400起让士兵从事劳动的非法事件，情况堪忧。

（四）其他动员资源

从资源基数的角度来看，人数为55万～60万人的合同制军队能在今后一段时期内保证俄罗斯武装力量的高质量。同时，俄罗斯也需要一定数量的补充人员以加强正规军集团，或者在其被派往遥远地区时接替他们。在武装力量按合同补充的情况下，这部分人员（相当于正规军人数的50%～70%）绝对不是不需要，而是相反。这部分军人的来源包括：

退役的合同制军人（在合同中要明确规定其有义务在做好战斗准备的后备力量中待到一定年龄）；

其他军队和军事机构人员，其数量与武装力量相差无几，可以用相应的方式施训以加强武装力量。

显然，就职业素质而言，这些军人比起目前那些召集来进行军事集训的预备役人员要强得多（在军队中他们被称作“游击队员”，不无道理）。重要的一点是要为合同制军队的后备力量储备足够的武器装备，并使他们经常地复习操作这些装备的技能。从近年来退伍的一等预备役军人数量看，他们足以在实行合同制军队的情况下理顺后备力量的所有问题。①

---

① 阿·阿尔巴托夫：《我们需要什么样的军队》，［俄］《全球政治中的俄罗斯》2003年第1期。

四、武器装备建设

2017年12月，普京在俄国防部年终总结扩大部务会讲话中提出，俄军要在建设“新一代军队、新技术时代军队”的进程中成为绝对领先者，在武器装备建设领域“必须在技术上和质量上始终领先一步”。结合俄联邦武器装备规划可以看出，其武器装备建设的基本原则是：战略对手瞄准西方，威慑手段注重核常兼备，发展理念强调节约高效。

（一）装备老化，高精武器稀缺

阿富汗战争和伊拉克战争反映出21世纪作战的新趋势：以先进战机和无人机为主导，使用精确制导武器杀伤敌人的有生力量，减少己方人员及平民伤亡，已经成为高科技战场的三大主导理念；以高技术武器装备为支撑的“非接触性战术”日益成为流行趋势。反观同期的俄军，在军事冲突中仍在使用苏联时期的自行火炮、火箭炮提供远程火力支援，让坦克装甲车辆充当攻击主力；即使有武装直升机和强击机作空中掩护，也很少发射精确制导武器，主要还是因为装备陈旧，只能采用传统的作战模式。

苏联曾拥有世界上最为庞大的国防工业体系、一流的军工科研水平，可谓有资金、有人力、有工业基础，还有一支规模庞大且装备精良的常规部队。苏联解体后，由于投入急遽下降，人才流失严重，科研效率低下，常规部队已不复当年之勇。俄罗斯虽然仍是拥有自主研制武器能力的强国，从核潜艇、弹道和巡航导弹、坦克、战斗机、喷气发动机到卫星基本都可以自主研制，但据俄国防部主管装备的副部长弗·波波夫金评估，“实际上对各种装备来说，在各个方向都有一系列的问题，如装甲、电子设备、发动机”[①]。普京也承认，俄国防研究中心和国防企业最近30年“实际上错过了几波现代化潮流”，新武器从研制到生产的周期过去是5~10年，现在则需要10~20年。21世纪初俄方将自己的一艘航母加以改装后交给印度，结果交货日期一再延期，改装费用不断攀升，让印度人郁闷不已，足见其尴尬局面。

俄格冲突的过程，突显出俄军装备的陈旧与落后程度。参与作战的装甲武器和战斗机群95%都达到了最大使用年限，约15%的武器甚至瘫痪在战场上。俄军空袭用的主要是廉价的普通炮弹、炸弹和导弹，高精度弹药仅占0.5%。结果，飞行员不仅需要飞临目标上空，还必须降低飞行高度以提高轰炸精度，导致多架苏-25强击机被击落。许多坦克的通信设备无法运作，甚至单兵装备与指挥通信系统状况不良，作战时官兵甚至需要使用手机及借用战地记者的卫星电话通信。而现代战场作战该有的侦察装备、精确制导武器及电子战能力就更是奢求了。第58集团军司令部在战后清点时发现，格军遗弃装备的技术状态都比俄军参战部队的要好。军事观察家维克托·巴拉涅茨称其为“穿着老旧的铠甲作战”“当军队真正到了战场上，才发现使用的原来都是旧货。曾经坚固耐用的苏制武器，无论是战术上还是战略上，使用寿命都已经到头”。[②]

俄罗斯的战略界普遍认为，拨给技术装备的国防预算仅有30%，少得太不像话。这将导致军队的非技术化，导致新式武器装备比重缩小和国防工业综合体最终崩溃（或转向出口），俄罗斯作为一个先进的军事大国将不复存在。

与乌克兰关系恶化，也使俄军武器装备供应雪上加霜。俄罗斯与乌克兰存在从苏联那里继承下来的防务工业共生关系，他们在很

---

① 蓝山编译：《俄罗斯是否需要从国外购买武器》，《俄罗斯防务评论》2010年第3期。

② 维克托·巴拉涅茨：《军队穿着老旧的铠甲作战》，[俄]《共青团真理报》2008年8月26日。

多方面相互依赖或进行联合生产。俄罗斯是乌克兰防务产品的一个正在式微但十分重要的买家，并且是几乎乌克兰所有大型防务企业的重要客户。俄罗斯认为，在失去与自己的生意的情况下，乌克兰的防务工业将衰亡；乌克兰则认为，俄罗斯的防务工业将耗费数年艰难地寻找新的供应者。但他们现在不得不考虑，在没有彼此的情况下如何生存下去。俄罗斯现在已经决心在防务产品上强调独立。自 2004 年爆发“橙色革命”以来，俄罗斯防务界一直都在为独立于乌克兰工业据理力争，但缺少政治意愿以及资金导致俄罗斯无法实现这一目标。在俄乌发生公开冲突后，乌克兰对俄罗斯实行制裁并暂停了某些防务合作，但为了能够让自身的防务工业正常周转，这其中还有一些豁免。俄罗斯除了寻求自力更生，已别无选择。

（二）立足国产，加强军品质量监督

俄罗斯军方与军工企业之间素有积怨：军方多次批评军工企业研发、生产能力不争气，定价却奇高；俄军工企业则抱怨军方出钱少，要求还挺高，成心为难军工厂。在过去几年里，俄罗斯当局为购买新式武器实际没少出资，但整体水平却没见明显提高。俄塔社著名军事评论员维克多·利托夫金称：“资金短缺的俄罗斯军工企业从没真正朝俄军有需求的方向努力，他们的想法是你部队反正跑不掉，我们造什么，你们就得用什么。”① 俄军上下对此早有不满，前空军司令泽林曾抱怨俄军工企业研制的无人机“列装军队就是一种犯罪”。

在海外市场经济环境下，俄军工企业作风拖沓、效率低下的痼疾也暴露无遗。梅德韦杰夫总理也称“俄制武器的吸引力正在消失”，传统军火供应市场遭到侵蚀，买家对俄制武器的认可度大不如前，“苏－35C”歼击机在竞标印度新一代军机采购项目中完败法

---

① 知远战略与防务研究所：《“新面貌”十年回顾与反思》，凤凰新闻网 2018 年 7 月 13 日。

国达索公司的“阵风－M”就是典型一例，这也进一步表明，俄军工企业和装备体系改革成效并不显著，甚至存在较大的漏洞和问题。

针对这些问题，谢尔久科夫曾做出购买外国军事技术装备的决定，认为这既能解决国防领域的当务之急，又能刺激一下本国生产者，同时也可获取先进的技术和知识。谢尔久科夫不仅力主引进西方先进武器，对俄国内军火供应商要求也甚是严格，令其提高质量、压低价格，“价格透明前绝不签约”，还说，“我们只买政府需要的武器，而不是买那些你们想卖的。”此举遭到俄罗斯国防工业系统强烈反弹，谢尔久科夫被多次指责不爱国。谢氏一下台，这些强硬之辞也就失去了督促作用，军工企业也不必担心收不到军队订单了。

2012 年 2 月，普京（时任总理）在“2020 年前国防工业系统发展问题会议”上重申，俄罗斯政府没有任何大规模从国外购买武器的计划，“从国外购买个别样品是有可能的，这是国际惯例，这方面没有任何犯罪行为，这些是可能的，也是我们需要的，但仅仅是为了解先进技术。我们现在和将来都没有任何大规模购买、系列购买的计划，我们也不能这样做，这是谁也不准备允许的愚蠢行为。”普京反对在军工行业形成组装企业模式，反对用进口的零部件生产国外技术装备的仿制品，强调从研发到批量生产和零部件供应的整个流程都必须在俄罗斯开展，以保证国防技术安全以及国家安全。

新一届国防部领导层改变了谢尔久科夫时期倾向于购买西方军事技术装备的思路，仍将主要采购计划和经费放在国产武器装备上。但这并非意味着军工企业又回到了过去的好日子，因为绍伊古对军工生产质量的监督明显加强了。从苏联解体到 21 世纪前 10 年，包括谢尔久科夫时期，俄驻军工企业军代表的人数被大幅裁减，军代表的部分职能也转给了企业自身的相关部门。这样一来，对国防工业综合体生产质量的监督也就流于形式，致使产品质量问题频发，严重影响了俄罗斯武器装备的声誉和形象。从 2013 年起，军代表的人数重新上升，对军工产品质量的监管得到加强。绍伊古称，此后 6 年里，新生产的武器和技术装备的故障率下降了 63%。[①]

（三）“小马拉大车”“旧机载新弹”

一直以来，俄罗斯围绕武器装备发展存在着激烈的“平台和弹药”之争：一方主张多造坦克、大炮、飞机、直升机等新平台，另一方要求多造巡航导弹、弹道导弹和高超音速导弹等高精度武器。以往的国家装备计划侧重制造平台，对研制新型空袭武器的拨款就少得多。俄军在叙利亚军事行动的经验表明，先进的“口径”导弹不需要核动力驱逐舰、航母等特殊平台，在普通柴电潜艇和小型导弹舰上就能完成发射；发射 X－101 导弹也不一定要 ПАК－ДА 战略轰炸机，改造后的图－95МС 老式飞机也能投射高精度弹药和导弹。2017 年 12 月 22 日，普京在国防部会议上表示，国家武装计划的重点不是建造新舰艇和飞机，而是多功能、高效率、高精度的攻击武器。普京表态支持发展高精度武器，实际上为争论定了调，揭示了俄武器装备发展的新方向和迫切任务。

而实际上，这其中也隐含着很多无奈：俄罗斯的造船业不断衰落，现在只能造轻型护卫舰。虽然也想建造更大的驱逐舰，但舰艇发动机技术掌握在乌克兰人手里，对方不出售给自己也是没辙。所以，将远程巡航导弹装备在小型舰艇上就成了“俄罗斯特色”：管它是不是“小马拉大车”，只要数量够了，照样能把航母击沉。俄罗斯已开始批量生产由海上发射的“口径”巡航导弹。

不只是舰艇，作战飞机也是如此。新型巡航导弹已在战场上得到检验，远程航空兵部队却还没有足够先进的战略轰炸机。图波列夫设计局的研发资源也远逊于苏联时期，新一代战略轰炸机 ПАК－

---

① 根据绍伊古在俄国家杜马国防委员会扩大会议上的报告，РИА Новости 11 марта 2019 года。

ДА 的首飞日期一拖再拖。因此，俄罗斯空天军在数年内只能“旧机载新弹”，对年迈的图－160 和图－95MC 进行改进，使老旧的发射平台能在敌防区外发射导弹，以维持空基核打击能力。

（四）以更新技术取代改装升级

2011 年公布的《2011—2020 年国家军备计划》正在按计划实施，俄军装备现代武器的水平 2019 年应达到 67%，到 2020 年底将达到 70%。为实现这一目标，俄罗斯政府总共将拨款 23 万亿卢布（7730 亿美元）。可见俄罗斯更新武器装备的决心之大。2018 年 12 月 24 日，绍伊古在国防部社会委员会会议上表示，俄罗斯武装力量在现代武器装备方面取得了突破性进展，整体装备水平优于任何一个国家。“我们总共接装了 1500 种武器和 8 万个单位的军事装备。这是一个庞大的数字。我们整体上在武器装备现代化水平方面达到 61.5%。这种武器现代化的程度是目前任何一个国家军队都没有达到的。”[①] 但因经济衰退和西方制裁，一些武器采购计划推迟了拨款，23 万亿卢布开支计划恐难以兑现，可能会影响国家军备计划的完成。

但从武器列装结构看，俄军近年来列装的所谓“现代化装备”，多是旧式装备的深度改进型号，如 T－72BM3 主战坦克、苏－30M2 歼击机，真正如 T－14 主战坦克这样全新研发的装备相对较少。俄战略与技术分析中心专家维·采卢伊科指出：“我们没有考虑到，同一时期现代化装备占 60%～70% 的大国也在研发新式武器装备，以俄国防工业体系糟糕的基础状况，2020 年前列装俄军的新式装备比例可能不是 70%，而是更少，俄罗斯没有对战争转型期最新装备研制工作的长期预测。”由此不难看出，“新面貌”为俄军制定的装备现代化指标仅停留在“纵向比较”阶段，装备现代化程度虽然比 10 年前要强，但若与世界其他军事强国装备现代化水平做“横向比

---

① 俄罗斯卫星通讯社莫斯科，2018 年 12 月 24 日电。

较”则仍显不足。

改装升级的潜力是有限的，也不可能增加军队武器装备的数量，武器装备数量的增加靠的是采购新型装备。这就好比一个国家人口的增长，靠的是提高出生率，而不是治疗成年病患。梅德韦杰夫强调，必须摆脱对旧式装备“修修补补”的老模式。普京也提出“不允许军队变成过时的武器、技术及科学试验设计项目的销售市场”。俄军正逐步以更新技术取代改装升级。

五、反思与纠偏

“新面貌”改革是对苏联军事体制的扬弃，是对以往军事改革的深化，也是对西方军事体制的借鉴。改革10年的成就举世瞩目，与两任国防部长的努力密不可分。谢尔久科夫的最大成就在于“破”——打破了军队传统思维和固有模式，取消了苏联遗留下来的军队幽灵建制；绍伊古的突出特点则是“纠”——根据普京总统指示进行“抛光和微调”，在保留“新面貌"改革基本成果的同时，纠正前任一些盲目、过激和不切实际的做法，使改革进一步朝着正确的方向发展。“新面貌”军事改革至今还远非完美，存在问题依然不少，争议也一直不断。迄今改革已进行超过10年，军事专家纷纷发表反思文章，指出改革中存在的问题，俄国防部基于对前期改革中的问题也进行了“纠偏”。这些动态有助于从多维角度思考和理解这场改革。

（一）盲目推崇引进美军经验，导致出现“排异反应”

缺乏军队经历和军事教育背景的前国防部长阿纳托利·谢尔久科夫，十分推崇美军的体制和经验。俄军事科学院院士安·德·齐加诺克认为，谢氏在未对俄格冲突的教训作出深入分析的情况下就匆忙启动改革，盲目引进美军经验，致使俄军在指挥体制、部队结构和保障体系等方面均出现了明显偏差。[①]

在指挥体制方面，谢尔久科夫和总参谋长马卡罗夫将俄格冲突的教训归结为俄军原有的师-团体制僵化落后，给作战和管理造成了很大障碍，因而主张学习被当成“典范”的美军体制，将俄陆军作战部队全部改编为旅-营制结构，却又没有建立起与美军类似的战区保障系统，改革方案制订过于草率，改革实施过于迅猛。新型陆军旅的编制显著降低了陆军部队原有的火力和机动能力，后勤保障能力也普遍下降，“一刀切”建立起来的旅级编制部队也难以适应俄军在远东、北极、高加索和中亚等战区环境迥异的地域进行作战的需求。

马赫穆特·加列耶夫大将曾对此抨击道：“我丝毫不反对学习美国的有益经验，但学习别国经验、放弃自己经验前应反复权衡利弊——比如放弃‘集团军-师-团’而采用‘军-旅-营’体制是否正确？毕竟美国人从来没有像我们这样打过仗，不可能成为我们组织战斗的榜样。”[②]

在部队结构方面，谢尔久科夫等人从俄格战争中俄军机械化部队的表现不力出发，草率地认为大规模机械化部队“繁琐”且无用，因而大量裁减重型机械化部队，尝试建立多种新型作战部队。此举虽然有利于强化俄军的多样化作战能力，但也导致俄军作战力量大幅缩水，而新建部队难以弥补对战斗力造成的损害。谢氏推行的合同兵役改革在俄军内部也长期存在争议。

在保障体系方面，谢尔久科夫将原来全部由俄军自行负责的油料供应、装备人员运输、装备维护和被装食品供应等保障工作悉数“外包”给私营承包商，却没有认真研究美军在军事保障外包领域积累的多年经验和成熟的体制，没有注意到大量美国私营企业早已稔熟美军事务的现实。那些不熟悉军队需求且资质能力有限的俄罗

---

① 马骐騑：《专家盘点俄军十年改革：盲目崇美不可取》，参考消息网8月16日。

② 正文、秦思：《俄罗斯军事改革启示录》，北京：解放军出版社，2008年第1版，第140页。

斯私营企业，不仅没有提高俄军的后勤保障效率，反而浪费了更多的军事经费，还造成了一定程度的腐败。谢尔久科夫在2012年去职，与其涉嫌国防部的服务外包腐败有关。

谢尔久科夫主导的改革措施并非全然不可取，但借鉴他国先进经验必须立足本国国情军情。在没有认真研究俄军实际情况、缺乏全面认真的顶层设计和科学论证的情况下，就盲目推崇美军经验，部分改革措施和规划显得草率而急于求成，仅能解决一时所需而缺乏长期建设性，致使俄军在改革初期就已表现出强烈的“排异反应”，许多机关和部队在一段时期内陷入混乱，对军队的战备状态和军心稳定产生了影响。当然，俄军在借鉴西方国家建军经验的过程中也有保持自己特色的地方。比如在将军区改造为联合战略司令部时，就保留了军区原有的地区军事行政和防卫功能，没有照抄西方模式。而出现问题最多、不得不“返工”的现象，多是因为照搬西方做法、脱离俄罗斯基本国情军情所致。

（二）思想僵化和部门利益固化是改革的最大掣肘

俄军改革面临的最突出问题，不是资金，不是装备，也不是编制，而是观念和利益。俄军内部，特别是高级将领中间，“打大仗”的传统观念和“苏联式”的建军理念普遍存在且根深蒂固。虽然前几任国防部长也都提出了自己的改革方案，都对军队系统的若干方面进行了改革，也取得了一些成就。但这些改革基本都不到位，没能改变俄军的整体架构和战略态势。谢尔久科夫主导的军事改革，果断放弃大战体制，打破以往的方面军、集团军、师、团建制，向小型化、轻型化、模块化方向转变，可以说是对二战以来的传统体制编制进行的颠覆性改变。只是，谢尔久科夫不顾俄军实际“一刀切”地推行“师改旅”，又迅速滑向了另一个极端。

俄军如此重大的军事变革，竟由这样一位几乎毫无军人背景的文职国防部长主持完成，令人惊叹。谢尔久科夫在担任国防部长之前，除服过兵役以外与军队再无瓜葛，也没有表现出对国防问题的任何兴趣。他曾是一位家具商，当过俄税务总局局长，却意外地成为俄罗斯军队现代化的设计师和操刀手。或许高层正是看中了这一点，认为他可能给军队改革带来最为可贵的公平性：与军方任何单位和部门都没有利益樊篱，避免了诸多前任防长们在改革过程中有意无意偏袒照顾部门私利的现象，利于铲除苏联时期遗留的大量问题，打破军队长期以来固化了的利益格局。看看这几位国防部长的做法就不难理解了：飞行员出身的沙波什尼科夫主张重点建设空军，空降兵出身的格拉乔夫主张建立以空降兵为核心的机动力量并使之成为一个独立军种，装甲部队出身的罗季奥诺夫把防务重点放在传统的陆军重型部队上，导弹部队出身的谢尔盖耶夫重点加强战略火箭军的建设……

也正因此，谢尔久科夫改革触动了军队最庞大群体的利益格局，多次受到包括许多高级将领在内的反对派和军工企业的猛烈抨击，被批不懂军事，只是一个“家具贩子”而已。一些人对改革不理解，更多的人则担心这场改革可能对自身利益造成损害。尤其是在传统观念与集团和个人利益相互作用的情况下，从高级将领到普通军官都有大批人辞职抗议。这与当年苏军总参谋长奥加尔科夫元帅主持战区指挥机构改革时遇到的问题如出一辙：只要问题不涉及到自己的部门，大家都表示应该“进行坚决彻底的改革”；而一旦触及部门和个人利益，人们就会毫不犹豫地走向反面。[①] 如果没有最高统帅和决策层的高度信任和全力支持，谢尔久科夫大概早被赶下台了。可见，和平时期虽是改革的战略机遇期，但恰恰又最难下决心改革。由于没有战争等外来压力的直接冲击，军队现有的权力和利益格局往往会成为改革最强大的阻力。改革者如果瞻前顾后、遇挫而返，就不可能实现真正伟大的改革运动。换装备易，换脑筋难。思想观念问题得不到根本解决，即便实行了新编制、列装了新

---

① 马赫穆特·加列耶夫：《杰出的军事统帅——奥加尔科夫》，［俄］《红星报》2002 年 10 月 17 日。

武器，最终的改革效果如何也成疑问。

叙利亚军事行动是俄罗斯近三十年来首次在中东地区用兵，意义重大，由谁担任最高指挥官，不仅事关指挥官本人的前途，也关乎其所属军兵种的声誉和威望。那些因改革丧失了战场指挥权的军兵种司令，将此视为权力回归和翻盘的不二良机，其中尤以空天军总司令邦达列夫上将呼声最高——在叙利亚的主要打击行动将由刚刚成立不足两个月的空天军承担，熟悉空军的邦达列夫理应获得这一职位。然而普京明白，一旦邦达列夫就职，就等同于“复辟”军兵种司令的战场指挥权，这将是对“新面貌”最大的否定。基于上述考虑，普京毅然放弃邦达列夫，将指挥权交给了时任中部军区参谋长的亚历山大·德沃尔尼科夫上将。德沃尔尼科夫果然不辱使命，前线捷报频传。此人随后升任南部军区司令。普京也用事实让军兵种司令们无话可说。

（三）强力推行成果显著，长远规划不足，“后遗症”多

普京和梅德韦杰夫启用没有军方背景的谢尔久科夫担任国防部长，主持几十年来规模最大的军队改革。当改革受到军内高级将领的反对和抵制时，俄罗斯国家领导人及时出面给予坚定支持，使改革得以强硬推行。2009 年，谢尔久科夫在要求军兵种司令交出战场指挥权问题上遭到了空军司令亚历山大·泽林、海军司令弗拉基米尔·维索茨基上将的强烈抵制。对此，时任俄罗斯总统梅德韦杰夫坚定地站在谢尔久科夫一边，通过高层换血的方式强行推进改革，解除了反对者的职务，同期 31 名俄军主要高级将领中也有 23 人被撤换，保证了改革的顺利推进。

在如此强有力的支持下，谢尔久科夫改革追求一步到位，打破以往先试点再推广的习惯。他曾对媒体称：“以往改革都要先进行试点，试来试去结果不了了之。这次我要用最简单的办法解决最复杂的问题。”“新面貌”改革见证了俄军大刀阔斧的改革道路，改革动作既大又快，全面铺开，成果显著。以“师改旅”为例。该计划

原准备用四年时间完成，事实上仅用了一年时间就匆匆完成了所有部队的整编。这剂“猛药”至少解决了“架子部队”的沉疴痼疾，从而腾出了宝贵的经费为“幸存”部队集中换装、解决待遇，尤其是俄陆军单兵装备得到了集中换新。

但毕竟谢氏出身外行，主导推行如此大刀阔斧的激进改革，既有可能迅速使军队获得脱胎换骨的新生，也有可能造成伤筋动骨的破坏，留下严重的“后遗症”。谢氏不顾地域条件和用兵性质在全陆军范围搞“一刀切”，而且提速过猛：到2010年初，除驻守南千岛群岛的第18机炮师外，俄陆军已全部完成了“旅化”，几乎在一夜之间从一支以全面战争为目标、依靠动员体制的本土防御型部队，转型成为齐装满员、编小质精的快反干涉型部队。谢尔久科夫虽然保证了陆军兵团和部队的基本满编，但并没有考虑到俄武装力量在各方向所面对的不同军事政治形势，以及庞大的需要防御的国土，俄陆军面临着能力不足带来的空前危机。[①] 俄军事政治分析研究所副所长亚历山大·赫拉姆奇欣抨击谢尔久科夫的“师改旅”存在着“瘦身过度”的风险，造成区区27万人的部队保卫世界上领土面积最大的国家及最长的边境线，难度可想而知。[②] 而且，那些新成立的作战旅也多数处于实际上的“半瘫痪”状态，因为这些旅基本由来自陆军不同兵种的部队杂糅而成，多数官兵没有接受相应的训练。没有高素质的常备军人做支撑，仅靠形式上的编制调整，这样的部队即使满编也不会自动就变得“常备”、有战斗力，不可能实现真正的“常备化”。再比如，为达到军官比例占15%的西方标准，曾强令大批军官退役。其造成的严重后果是：20万名官兵被解职（其中超过2/3是陆军），10个军事单位被解散，大量人才流失，基层一线指挥员和专业人员出现严重短缺。

---

① Владислав Шурыгин, “Военная реформа Сердюкова,” Аналитический Клуб, 12. 03. 2010, http://www.analysisclub.ru/index.php?page=putin1&art=2700.

② Александр Храмчихин, “Ликвидация считается реформой,” Независимая газета, 13. 02. 2009, http://nvo.ng.ru/forces/2009-02-13/1_liquidation.html.

一场伟大的改革，离不开先进、科学的顶层设计。顶层设计缺乏全局考量和长远规划，部分决策和计划缺乏科学论证和长期建设性规划，是“新面貌”屡经波折的直接原因。俄军事专家巴维尔·帕夫诺维奇指出，改革中的问题“不得不采取脱离军事科学依据的折中解决方案，就是先由军队官员做决定，再由学者来论证这一决定是正确的”，“军师们”无法向上级提供决策建议与事实支撑，而只能作为总结和阐释政策的工具。[①]

2015 年 8 月将航天部队并入空军成立空天军，被认为科学依据不足，更多是体现了随机应变的“现实”色彩。俄地缘政治问题研究院院长康·西夫科夫指出，航天部队向各军兵种提供情报却不直接参加战斗，如果航天部队能和空军合并，那也可以和海军合并。空天合并或许正是出于俄军高层的真实考量，即动用一切可能的战略资源优化空军以用兵叙利亚，从而达到维护俄罗斯国家利益、实现战略破局的目的。空天军成立不足两月即投入到叙利亚的空袭行动就是最好的说明。这表明俄军高层并非真的有清晰的空军、航天部队长期发展规划。

将俄海军舰队编入联合战略司令部序列，也引发了关于如何执行独立海上作战条令的忧虑。有人担心，这可能会使海军沦落到仅仅担负支援地面作战的配属职能，而不再具有独立的军种地位。哈佛大学俄罗斯问题专家德米特里·哥仁堡称，在可预见的将来，俄海军“在很大程度上已经在担负海岸防卫力量的角色”。然而，即使改革者已经对俄海军的新角色有了定位，也从未在官方文件中提及，从而进一步增加了俄海军战略作用的不确定性。

对于这些问题，俄军高层暂无明确结论，可能还需进一步探索。针对俄军改革顶层设计存在的问题，普京明确要求加强对国家安全威胁的预测性研究，“要预测国家未来 30～50 年的威胁”，将俄军

---

① 知远战略与防务研究所：《“新面貌”十年：回顾与反思》，凤凰新闻网 2018 年 7 月 13 日。

的改革成本降低，避免或减少在改革中走弯路。

（四）试错与纠偏仍将继续，改革基本成果得以保留

即便进行了充分论证、科学设计，改革过程中仍会遇到各种问题，错误难以避免。更何况如俄前总参谋长马卡罗夫所称：“俄格冲突暴露出俄军的一系列深层次问题，并没有为我们留下进行试验的时间，需要尽快带领军队走出危机。因此我们不得不在没有足够科学理论论证的情况下进行彻底改革。”如此，积极试错和完善纠错机制就显得更为重要。在改革中发现并及时纠正错误，不断积累经验，完善改革思路，才能最终达到目标。

绍伊古接任国防部长后，军内守旧势力对其将谢尔久科夫的改革翻盘抱有很大希望。绍伊古进行了一系列纠偏动作。比如在俄军中央率领机关方面：一是纠正国防部过度文职化倾向。国防部军官曾被裁减约2/3，大量职位改由文职担任，10个副部长中仅有2名军人。现在则是5+5。大多数机构也达到了相对平衡。二是恢复了一批军事院校，并向军兵种司令部归还院校管理权。谢氏将65所院校裁并为10所综合院校，军兵种院校一律由国防部教育司直属，带来了很多问题。绍伊古恢复了一批军兵种院校，并将他们重新转交军兵种司令部。三是增加军兵种司令部编制员额。军兵种司令部机关编制遭大幅压缩，造成军官从过剩变成了不足，机关难以正常运转。为缓解矛盾，重新扩大了机关编制，平均员额增加了近一倍。对军－旅制改革的调整也带有明显的纠偏色彩。

在俄军区改革中，还面临着跨军种指挥人才严重短缺的问题。新上任的联合战略司令部司令要指挥诸军兵种联合部队，将掌管空军、海军及所有其他部队，这是从来没有过的。他有多大的把握指挥？该怎么做谁都不清楚。一些军区司令可能知道直升机怎么升空，但对诸兵种合成防空战就一窍不通了。更没人能回答如何指挥舰队的问题。因为在俄罗斯军队还存在着军种文化障碍。俄罗斯陆军、海军不只是不同军种问题，在历史上甚至就是两支军队。亚历

山大二世曾有句经典名言："俄罗斯只有两个盟友，一个是陆军，一个是海军。"其实这并非其语言表达上的幽默。在俄罗斯，陆军和海军要分开说，包括苏联时期的军队也要叫成红军和红海军。军种文化不同，使用的术语也不一样。其他军种，甚至就连其他强力部门的军队，都与陆军文化传统一致，联合相对容易，但与海军的联合却困难得多。目前俄陆军指挥员难以担负跨军种指挥的重任，有联合指挥经验的多是海军将领。而俄罗斯长期的大陆军传统，使其很难接受海军将领担任战区指挥员的现实。迄今为止，只有东部军区司令由太平洋舰队司令齐坚科担任过，在他退休后，四大军区又都是清一色陆军出身的司令员。俄军种指挥学院和总参军事学院都没有开设联合职业教育专业，中高级军官特别是陆、海军军官交叉任职并不普遍。可以说，俄军新的指挥机构的确已经建立并开始运作了，但要完全发挥作用，则需要十年以上时间的不懈努力。俄政治和军事分析研究所所长沙拉温指出："每个司令部都要解决十分广泛的问题，这需要有专业技能的干部，许多问题将是第一次出现，而我军几乎没有具备跨军兵种指挥经验的人。要拥有这种经验，需要不只一年，需要让新一代军官成长起来。"① 俄军必须结合演习不断修正、磨合，积累经验，而且前提是改革必须顺利进行到底，不出现任何意外波折。俄军过去的改革经常是半途而废或出现反复。

俄军十年改革实践呈现出曲折、反复和螺旋渐进的过程。尽管其中积累的矛盾和问题有些至今还未得到很好的解决，但俄军改革过程中及时纠错的勇气和决断力难能可贵，改革正日渐走上促进军队转型和良性发展的正轨。

---

① ［俄］伊利亚·克拉姆尼克：《联合战略司令部：接触未来》，俄新社，2010 年 10 月 25 日。

第五章　战火淬砺

俄军因认识到在俄格冲突中存在的不足而发起“新面貌”改革，克里米亚事件和出击叙利亚的行动则检验了军改的成果。2008年俄格冲突中的俄军反应迟滞、机构臃肿、指挥不畅，作战效能与其军事大国地位极不相配。五年多后，在克里米亚半岛上的俄军已面目一新，不仅军事反应速度明显提升，而且指挥更加高效、编制更加合理。一年多后，再次领受任务的俄军以装备精良、行动高效的卓越表现让世界惊叹。据俄罗斯国防部的统计，在三年的叙利亚行动中，6.3万军人获得了战斗经验，2500多名校尉军官和434位将军实际参与了作战指挥。[①] 在实战的考验下，俄罗斯军队取得了丰硕的战果，证明其转型是成功的。

一、出兵叙利亚

2015年9月30日，应叙利亚合法政府请求，在征得俄联邦委员会同意后，普京总统做出了一项震惊世界的决定，果断出动空天军飞机，对叙利亚境内“伊斯兰国”、“努斯拉阵线”组织及其设施实施精确打击。这是自苏联解体以来，俄罗斯历史上首次在远离本土的境外——中东地区展开高强度军事行动。俄罗斯在面临内忧外患的情况下，打破常规，反其道而行之，显示了俄军的过人之处，

---

① 《战胜恐怖主义、装备测试和战斗经验》，“今日俄罗斯”电视台网站，2018年8月22日。

其动机、行动特点与结局令世界瞩目。

（一）决策背景

叙利亚国内冲突起始于2011年3月的西亚北非局势动荡，此后乱局愈演愈烈，逐步发展为教派对抗和地区战乱。美国借机对中东国家进行“民主化”改造，突尼斯总统本·阿里、埃及总统穆巴拉克、也门总统萨利赫相继下台，利比亚领导人卡扎菲暴尸街头，叙利亚阿萨德政权摇摇欲坠。

2013年以来，来自欧亚许多国家的数万名极端伊斯兰组织的追随者通过土耳其、约旦、黎巴嫩、伊拉克进入叙利亚，加入“伊斯兰国”和“努斯拉阵线”等伊斯兰恐怖组织阵营。2014年夏，恐怖分子占领叙利亚和伊拉克大片领土。当年9月，美国及其盟国在未经叙利亚领导人允许的情况下对叙境内的极端分子阵地实施空中打击，但并未取得特别的成绩。海湾君主制国家和土耳其对叙利亚境内某些伊斯兰集团的支持，使战争具有了国际性质。2015年之前，俄罗斯主要通过提供武器弹药的方式支持叙利亚政府。巴沙尔·阿萨德政权面临存亡危机，仅有8%的叙利亚领土在政府军控制下，其余地区皆被恐怖组织和其他武装组织瓜分，包括“伊斯兰国”组织、“征服阵线”“叙利亚自由军”和库尔德人部队。① 叙政府军已被持续数年的武装冲突拖得疲惫不堪，无力收复失地。

作为叙利亚的传统盟友，俄罗斯对叙局势恶化没有置身事外。俄罗斯加强了在叙的塔尔图斯海军基地，并在拉塔基亚附近筹建赫梅米姆空军基地。但因俄罗斯介入力度不够，阿萨德政权形势危急。动乱之初，在美国等西方国家以及沙特、卡塔尔和土耳其等地区大国和富国的支持和资助下，形形色色的叙反对派势头凶猛。及至2015年9月俄出兵前，叙政府军人数已从内战前的30余万锐减到不足10万。

---

① “今日俄罗斯”电视台网站，2018年8月22日。

俄罗斯正值内外交困之时。在国际上，因乌克兰与克里米亚问题，俄罗斯陷入与欧美严重对立之中。俄罗斯针对乌克兰的一系列动作引发美欧强烈反应，俄罗斯与美欧关系开始陷入冷战结束以来最严重的危机。在国内，由于国际石油价格急遽下降、西方经济制裁加剧、俄国内经济结构一时难以改善等原因，经济继续呈现下滑态势，经济与社会发展面临重重困难。但由于国内爱国主义和民族主义高涨，执政的统一俄罗斯党在地方选举中独占鳌头，加之亲西方的体制外反对派受到严厉打击，俄罗斯国内政治和社会基本保持了稳定。鉴于叙利亚在中东的重要地缘战略地位，捍卫叙利亚就是捍卫俄罗斯自身的战略利益。俄《观点报》文章指出：在叙利亚问题上俄罗斯别无选择，如果阿萨德政权倒台，俄在叙利益将无法得到保障。

俄当局希望借出兵叙利亚轰炸恐怖分子及反政府武装行动实现以下目标：一是支援正统的阿萨德政府，扶持西亚地区的俄罗斯战略盟友，用强硬的军事力量展现俄罗斯对阿萨德的政治态度；二是转移世界的视线，改变因乌克兰问题造成的孤立局面，进而希望解除自己受到的国际制裁，并恢复以往的国际地位；三是挤压美国控制中东西亚的控制力，夺回俄罗斯在西亚地区的部分控制力和影响力。从两伊战争到美国和西方国家联合发动“沙漠风暴”行动，及2003年美国直接入侵伊拉克以来，俄罗斯在西亚中东地区的势力和影响力一直是被西方国家压制着的。俄罗斯世界经济和国际关系研究所欧洲政治研究部主任阿尔巴托娃认为，“叙利亚危机为改变俄罗斯与西方的博弈规则提供了契机”①。俄果断决定出兵叙利亚。

（二）行动实施

2015年8月6日，俄罗斯强力部门代表与叙利亚同行在莫斯科

---

① 《俄罗斯军事干预叙利亚引出的五个问题》，［法］《费加罗报》2015年12月15日。

召开打击恐怖主义会议。叙方转交了巴沙尔·阿萨德关于对在打击恐怖集团的斗争中俄方向叙政府军提供军事援助的正式请求。8 月 26 日，俄叙双方在大马士革签署《关于俄罗斯联邦武装力量航空部队在叙利亚阿拉伯共和国境内部署的协议》，规定允许俄方无限期无偿使用赫梅米姆机场及其全部基础设施和拉塔基亚省的毗邻区域，用于驻扎空军集团，该空军集团的编成由俄罗斯确定，俄罗斯军人拥有豁免权和治外法权，无须履行海关和边防检查程序。俄罗斯独立制定空军集团作战使用及与叙当局的协同计划。

1. 第一阶段（2015 年 9 月 30 日—11 月上半月）

2015 年 9 月 30 日，俄罗斯联邦委员会批准了普京总统关于在境外使用俄罗斯联邦武装力量的请求。在后苏联历史上，俄罗斯第一次在远方战场展开了包括混合航空兵团、特种作战部队、海军陆战队、空降兵、陆军分队和防空兵力及装备（包括海基和陆基）、装甲战车、火炮、通信和指挥系统、无线电电子战系统、侦察和物质技术保障等分队在内的跨军种集团联合作战。俄罗斯空天军集中力量摧毁非法武装的武器和技术兵器、支撑点、训练营、通信枢纽和指挥所、军械库、弹药库及油料库、军事工业和修理基地。俄空天军总司令维克多·邦达列夫上将称，俄罗斯空天军飞机向“伊斯兰国”恐怖分子的目标投掷的全部炸弹和导弹都命中了目标，“叙利亚境内没有一处民用设施遭到我们飞机的打击”①。

2015 年 10 月 7 日，俄海军里海区舰队的“达格斯坦”号、“格拉德·斯维亚日斯克”号、“大乌斯秋格”号和“乌格利奇”号战舰用 26 枚“口径 - NK”巡航导弹突击了叙利亚境内非法武装的目标。

从 10 月—11 月前半月，驻叙俄罗斯空天军加大了对“伊斯兰国”目标的打击强度，有效摧毁了非法武装的轻武器和榴弹发射器弹药。

---

① Сирийский гамбит，［俄］《国防》杂志 2016 年第 3 期。

到2015年10月30日之前，俄罗斯飞机共完成1391次战斗出动，摧毁1623个恐怖分子的目标，包括249处指挥所和通信枢纽、41处恐怖分子训练营地、35家工厂和恐怖分子用于制造汽车炸弹的车间、131处弹药库和油料库、371个支撑点和加固的枢纽部、786处野战营地和各种基地。非法武装在数年间建成的指挥和补给系统遭到破坏，主要的指挥所和通信枢纽瘫痪，一些最大的武器、油料、弹药补给基地被摧毁，用于训练新恐怖分子的基础设施被破坏。“伊斯兰国”和“努斯拉阵线”丧失了主动权，被迫转入全线防御。

2. 第二阶段（2015年11月17日—2016年3月14日）

这一阶段，俄航空兵、海基和空射巡航导弹的战斗出动次数和打击强度成倍增加，消灭目标数量与战斗出动次数的比值增加到3以上。11月17日，俄空天军远程航空兵部队开始对叙利亚境内的“伊斯兰国”恐怖组织目标进行轰炸。战略轰炸机从俄本土起飞进行轰炸，目标范围扩大到“伊斯兰国”用来开采和运输石油的基础设施和交通工具。俄空军集团在48昼夜内共完成2289次战斗出动。

11月20日，里海区舰队的战舰对位于拉卡省、伊德利浦省和阿勒颇省的7个目标发射了18枚巡航导弹。在空中行动过程中，战略和战役战术飞机共出动522架次，发射海基和空射巡航导弹101枚，投掷1400吨各种炸弹，摧毁敌人826个目标。

俄罗斯注重集中破坏“伊斯兰国”的金融经济基础，到11月中期共摧毁了15处石油储存和加工设施、525辆油罐车，造成恐怖分子每天的财政损失达150万美元。在一架苏－24飞机被土耳其击落后，在赫梅米姆空军基地部署了C－400防空导弹系统，加强了对空防御。

12月，124座城市和村镇的非法武装被驱逐，217个居民点被解放。叙利亚政府军控制了超过1040平方千米的领土，得以扭转战略形势，并转入积极进攻行动。

2016 年 3 月 14 日，普京总统发布驻叙俄军集团主力自 3 月 15 日起撤出叙利亚的命令。撤军命令涉及大部分兵力和装备。全部苏－25СМ 和苏－25УБ 强击机、苏－34 轰炸机、部分苏－24М 轰炸机撤离了叙利亚。飞机被编成多个空中梯队（伴航军事运输机）从赫梅米姆空军基地转场飞回其俄罗斯境内常驻地。陆军航空兵和保障分队则用军用运输机和海上运输船转移。俄罗斯航空兵战斗出动强度下降到每昼夜 20 架次～30 架次。包括 С－400 防空导弹系统和“铠甲－С1”弹炮结合防空系统在内的防空兵力和装备全部留下。

（三）主要亮点

出兵叙利亚，称得上是自阿富汗战争以来俄罗斯规模最大、距离最远的一次空中军事行动，其作战的复杂程度与高强度，对俄罗斯（苏联）空军而言几乎是没有经历过的。作为军事斗争的试验场，俄军新的作战理念在此得到探索应用，信息战手法日臻娴熟，同时拓展了军队维和、人道主义救援等使命任务。俄军出兵 5 个半月，共完成超过 9000 架次突袭任务，首次用分散配置的空基和海基巡航导弹对距离超过 1500 千米的目标进行了密集打击；摧毁 209 个石油生产设施以及大量石油运输设备，成功阻断了叙利亚境内恐怖分子的物资与资金保障，切断了恐怖组织人员与武器补给的主要路径；将恐怖分子驱逐出拉塔基亚，恢复了与阿勒颇的交通，肃清了哈马省和霍姆斯省的大部分，解除了恐怖组织对克瓦伊莱斯空军基地已持续三年的封锁；在叙利亚境内消灭非法武装分子 2000 余人，包括 17 名野战指挥官；在俄军航空兵支援下，叙利亚军队解放了 400 个居民点和超过 1 万平方千米地区，使反恐形势出现重大转折。俄军则仅有 4 人丧生，除被土耳其偷袭损失一架战斗轰炸机和一架直升机外，连发生机械故障的情况都未见有报道。而在 2008 年仅持续 5 天的俄格冲突中，却有 64 人丧生、283 人受伤、3 人失踪，至少 4 架苏－25 和 1 架图－22 战略轰炸机被击落。通过叙利亚反恐作战行动，俄军充分展示了武器装备效能与部队的战斗力，检验了近年来军队建设与改革的成果，全面摔打锤炼了部队，展示了俄军特别是空天军全新的时代风貌。

1. 作战准备充分，行动出其不意

出兵叙利亚行动是在远离俄罗斯边境的地区实施的。普京于2015年9月底在联合国大会上宣布打击叙利亚“伊斯兰国”的决定后，西方军事观察家断定，俄罗斯在10月底之前能采取军事行动就已属不易，因为俄军缺乏将大部队投送到遥远战场上的兵力兵器。结果，普京30日返回当天便召开联邦安全会议，定下出兵决心，4小时后获得议会全体赞成，6小时后空袭开始，俄军在叙利亚已经展开了一个近4000人的作战集团，包括一个编有50架作战飞机和直升机的混编航空兵旅。从决策到行动之快，大大出乎西方预料。美国驻欧洲军队司令说：“我一直困惑不解，俄罗斯何时具备了远距离快速调动大规模兵力兵器的能力？”

其实俄军早有准备。早在2013年4月26日，俄罗斯就组织了一次“叙利亚战争对俄罗斯的教训”圆桌会议，关注和研究叙利亚内战模式以及叙政府军打击非法武装和外国雇佣军的作战经验。行动发起前，俄罗斯对地中海南段的叙利亚塔尔图斯港实施改建，完善补给、技术维修与防御功能，使其两个浮动码头分别具备接纳巡洋舰、驱逐舰、护卫舰以及大型登陆舰的能力；加强空天军驻叙利亚赫梅米姆空军基地建设，短时间内建立了数十处基础设施，部署了机场工程、技术与生活等保障系统；组建空军突击编队，进驻赫梅米姆空军基地——这一系列措施使俄军“在必要的地方、必要的时间内集中了足够的兵力、兵器和弹药”。

为了达到先发制人、致恐怖组织措手不及的效果，在行动前，俄在叙利亚的一系列动作成功地掩饰了真实意图。一方面，俄罗斯于2015年6月高调宣布，在西部军区新组建第1坦克集团军、将第20集团军从穆利诺向西迁移1000千米至距离乌克兰更近的沃罗涅日、在克里米亚部署更多陆海空兵团，以及“伊斯坎德尔-M”战役战术导弹等武器，将美欧的注意力吸引到俄罗斯西部。另一方面，俄军于9月中旬在中部地区举行有10万军人参加的大规模突击战备检查和年度战略大演习，又将美欧的注意力引到中部。9月中旬，俄军组织了以反恐为主要内容的年度最大规模实兵演习，出动9.5万人，以便熟悉打击“伊斯兰国”等恐怖组织的程序。期间普京还向记者证实，俄罗斯正向叙政府军提供重要培训和后勤支援。在其掩饰下，国际主流声音都始终认为，俄叙间频繁的机舰往来，是俄方向叙当局提供的军援物资。

借助大规模突击检查和演习的“烟幕”，俄军将兵力通过海路和空路调集到叙利亚塔尔图斯港和拉塔基亚空军基地。按照任务分工，精心挑选战机，组成包括苏－24M和苏－34前线轰炸机、苏－25强击机、苏－30CM歼击机以及米－35突击直升机和米－171多用途直升机在内的打击编队，隐蔽进驻叙利亚基地。在普京宣布军事行动之前，没有人注意到，一支由俄空天军50多架飞机和直升机组成的空军突击编队已悄然抵至叙利亚。这些行动达成了突然性，让西方来不及掣肘，为成功发起军事行动奠定了必要基础。俄军总参谋部作战总局局长卡尔塔波洛夫事后称：俄军利用各种方式，在最短时间内，高效、隐蔽地完成了向叙利亚转运武器装备的任务。就连美国也未提前发现俄军将在叙利亚作战。美国议会指责美军情报部门工作不力，没有发现俄军在叙作战的任何征兆。

2. 在实战中检验新装备，展示俄式武器威力

自海湾战争以来，西方一直怀疑俄罗斯老旧的军备是否还有战斗力。普京宣称：让西方专家知道我们曾计划研制这些武器是一回事，而让他们看到我们的国防工业真的在生产、这些武器真的存在则是另一回事。同时还要让他们看到，俄罗斯已经准备好在涉及自己国家和人民利益的场合使用这些先进武器。俄军在展示实力方面毫不吝惜，将叙利亚变成了其新式武器装备的实战演练场，不仅要动用武器库中最重的大锤来砸坚果，同时也注重在实战中检验高科技军事装备的性能。尽管其唯一一艘航母“库兹涅佐夫”号拖着黑烟参加这场战争受到西方媒体嘲笑，但俄军在行动期间展示的大批最新武器装备及其优异表现还是令美欧印象深刻。

俄空天军远程航空兵现役的三大远程战略轰炸机图－160、图－95MC和图－22M3等均参加了作战行动。在完成空袭任务过程中，图－160和图－95MC战略轰炸机被用于投放少量先进弹药打击高价值战略目标。图－95MC携带X－555先进巡航导弹，图－160战略轰炸机则搭载了X－101隐身巡航导弹。该两款轰炸机分别持续飞行8小时20分钟和9小时30分钟，总航程6566千米，空袭行动当天就摧毁了恐怖分子7个据点、4个指挥所、5个大型弹药库和5个地面基础设施。图－22M3远程轰炸机飞行中队连续飞行5小时20分钟，航程达4510千米。俄战略核力量部队自苏联解体以来首次用于实战，对于一般认为既没有多少重武器、也没什么防空能力的恐怖分子来说可谓“杀鸡用牛刀”，一来是猛击穷寇，以其强大威力向全世界展示了俄罗斯打击极端势力的决心；二来是利用战场实地检验新装备性能，同时也意在警示西方。

在空袭中使用巡航导弹，显示了俄罗斯的常规战略打击能力。俄军首次用轻型水面舰艇从里海发射常规巡航导弹，经过伊朗、伊拉克领空，准确击中位于叙利亚境内“伊斯兰国”的重要军事目标。这是俄海军首次在实战中使用舰射巡航导弹攻击远距离地面目标，在俄罗斯海军发展史上有着里程碑式的意义，也显示出其强大的系统支撑能力和高精度的测绘水平。2015年12月8日从地中海一艘“基洛”级潜艇发射的巡航导弹，则表明俄罗斯已成为既美国和英国之后第三个具有潜射巡航导弹发射能力的国家。俄罗斯最先进的苏－57第四代战机首次投入实战，与苏－34、苏－35C等各类新型战机展开空中精确打击，展示了自己的新军事能力，包括精确制导武器和实施夜间出击的能力。米－28HM和卡－52武装直升机、“口径”巡航导弹、T－90坦克等各类装备也展现出很强的实用性，能够出色完成作战任务。俄军在叙利亚战场实际投入作战的武器超过200种，在两年多的作战过程中共发现702处武器装备缺陷，99%的缺陷被排除。

叙利亚的作战行动，也是为俄罗斯军火做的最好广告。苏－57成为除美国隐形战斗机外唯一获得实战现场洗礼的隐形战斗机，这个噱头实属难得。C－400防空导弹随着俄式武器在叙地盘大展身手而人气暴涨，现在已经成为全球军火市场爆款。德媒《世界报》表示，C－400防空导弹能够打击400千米范围内目标，而美国爱国者防空导弹只能防范100千米范围目标。买了俄罗斯C－400防空导弹，就能在一定程度上免受华盛顿威逼——仅此一个理由就足以让不少国家对拥有俄C－400趋之若鹜。何况，俄式武器还在叙地盘真刀实枪展示着实战能力，甚至略显过时的苏制武器装备在作战行动中也表现良好，再次证明了其高度的作战性能和出色的可靠性，为俄武器赢得赞誉。近两年，俄武器对外销售额处于增长态势，2016年比2015年增长5亿多美元，达150多亿美元。俄罗斯稳居世界第二大武器销售国的地位。

3．部队和指挥员轮战上前线，经历实战锤炼

据俄罗斯官方说法，2015年9月30日—2017年3月份，俄罗斯军队介入叙利亚军事行动的花费高达4.64亿美元。普京声称这笔钱其实花得很划算。因为这笔军费全部从俄罗斯军事训练预算中支出。换言之，就是拿着训练经费派遣俄罗斯军队上实战现场演练。在普京眼里，用训练费用体验真枪实弹训练洗礼，真的是给俄罗斯省了不少钱。毕竟花多少钱都换不来实属难得的实战经验。

俄罗斯媒体报道，俄罗斯各大军区首脑轮番赴叙指挥作战，指挥能力得到实战锤炼。在俄罗斯四大军区中，南部、西部与东部三大军区司令均已出任过驻叙俄军司令，南部军区参谋长兼第一副司令茹拉夫列夫也任过该职。从近年俄军提拔的高级将领的履历来看，驻叙俄军的高级指挥员职务已成为俄军将领晋升的必经之路。俄罗斯《独立军事评论》刊文称，只有通过指挥叙利亚战事的考验，俄军将领才被认为适合担任高级指挥职务。这使俄军仅付出较小代价就使全军获得实战经验，并为研究和贯彻新战法战术奠定了较好基础。其实早在20世纪五六十年代的朝鲜战争和越南战争中，苏军就已在派遣至境外作战的航空兵和防空兵中实施轮战措施。在叙利亚对前线部队和指挥员实施轮换的行为，体现了俄军对自身历史经验的汲取，使一线将领和部队得到广泛的锻炼，获得了宝贵的实战经验，战斗力有明显提升。入叙作战三年来，几乎所有俄罗斯军官，包括军校教官，被陆续派往叙利亚亲历战场环境。已有80%的战术航空兵飞行员和95%的直升机飞行员具有实战经验。

叙利亚的军事行动，也为俄军发展其武装力量运用模式与理论提供了充分的机遇。在俄军介入叙利亚内战时，叙利亚政府军在反对派武装和“伊斯兰国”武装的夹击下岌岌可危。在任务繁重且局势复杂的情况下，俄军需要以有限规模的兵力，实施对盘踞在城镇、沙漠和山地等多种地形的多股敌军的打击，支援和掩护叙政府军的地面作战，并提防土耳其、美国和以色列等国的军事行动。在俄战机被土耳其战机击落后，驻叙俄军地面防空力量得到明显加强。在复杂的局势中，俄军分阶段对各反对派武装和“伊斯兰国”武装的目标实施逐次打击，帮助叙政府军稳定战场形势，随后以在单个重点进攻方向集中兵力的方式协同叙军将对手各个击破，逐渐夺取了战场主动权。而在不同类型的作战中，俄军也适时根据任务需求，不断修正部队编成和战法，以提高作战效能。例如：最初主要是以作战飞机为平台，对目标发射导弹、投掷炸弹。当侦察发现恐怖分子一批重要设施（弹药厂、指挥所、弹药油料库以及训练基地）急需摧毁时，在不便调动空中力量的情况下，断然决定动用本土海上力量，从军舰上发射巡航导弹实施跨境打击，自此开启了海空配合作战。俄军还首次使用了“战斗机器人部队”。2015 年底，叙利亚政府军在俄罗斯战斗机器人的支援下展开了清除“伊斯兰国”据点的作战行动。俄罗斯媒体骄傲地宣称，这是世界上第一场“以战斗机器人为主的攻坚作战”。

5 个半月的军事行动表明，俄罗斯在后勤保障、情报研判保障、目标识别和空地支援上的卓越能力已非昔日可比，不仅全方位展示了俄军改革成果，也令西方震惊不已。当然，对付小而散的恐怖武装，如果有强大的无人机打击力量，可能效果会更好，成本会更低。但是从俄军行动上仍然沿用传统的空中打击方式，并没有看到无人机的大规模使用，仅仅在侦察和情报保障方面有无人机辅助使用。这也暴露出俄军新武器方面的短项和弱点。

4. 适时回撤，收放自如

与2015年9月30日出兵叙利亚时的情形类似，普京在2016年3月14日突然宣布从15日撤军。从发起作战行动到宣布主力部队撤出，包括行动的节奏和强度，俄军全程都掌握着主动权。当公众意见已经习惯了俄罗斯部队在叙利亚的存在，西方已经开始谈论起把俄罗斯拖入“第二个阿富汗”之际，普京总统突然下令“从叙利亚撤出俄罗斯主要军事力量”（普京宣称，希望该决定对叙利亚各方是个良好的信号，能够提高叙利亚政治进程参与者的信任水平，有助于叙利亚问题的和平解决）。这意味着俄罗斯懂得，应该不仅善于成功地进入，而且要学会及时地退出，“见好就收”，避免重蹈阿富汗覆辙。没有人知道普京投进去多少人，也没有人知道他会撤出来多少人；既不存在奥巴马式的撤军时间表，也没显露多少预先征候。这也符合俄罗斯人一贯特立独行、不按套路出牌的行事风格，保证了进退自由。德国《时代》周报称之为普京的“地缘政治特技表演”。

“悄悄的我走了，正如我悄悄的来”。实际上，俄军“潇洒进出”的背后，也有其不得已的苦衷：来的时候，阿萨德政权大厦将倾，所以不能不来；走的时候，各派正在谈判，谁都知道在谈判时保持军事行动的压力会对自己有利，但是不能不走——因为国内的经济形势比叙利亚局势更让普京焦虑不安。在受到西方制裁、卢布疲软（自2014年以来贬值已超过50%）、国际油价不断下跌三重打击下，俄罗斯在2015年经济萎缩了3.7%。为了平衡赤字，俄2016年军费预算也不得不削减5%。这是普京自2000年上台以来第一次削减国防开支。这对于一个倚仗军事手段维护强国地位的政治强人来说是痛苦、纠结的。俄罗斯自2015年9月出兵参加叙利亚轰炸行动以来，平均每天花费 250 万美元，投下了 9000 多颗导弹，炸死了 900 多名“伊斯兰国”武装分子和反对派武装分子——平均每 10 颗导弹消灭一个恐怖分子。何况叙利亚的主要战场还不是隐蔽的山林。由此可见，反恐战争代价巨大。普京深知，中东乱局对于区外大国不仅仅是泥沼，更是旋涡、坟墓，而美国正巴不得俄罗斯陷入没有前途的长期军事冲突。如果行动持续下去，或美国加大资源投入，两国在这里对抗升级，不堪回首的苏联版阿富汗战争就有可能重演。在中东这个地方，既要关心还能拿到多少利益，更要时刻想着全身而退，避免卷入长期战争。而且俄罗斯依然保留了部分军事存在，其战略轰炸机也随时可以“应邀”再次飞临叙利亚上空。

二、“混合战争”理论的实践运用

“混合战争”这一概念首次出现在 21 世纪初美国和英国的军事文件中，指在一体化战争中使用军事和非军事工具以达成突然性、夺取主动权并获得在外交活动中可利用的心理优势，大规模急速的信息、电子和计算机控制操作，掩护和隐瞒军事和情报活动，并配合以经济压力。[①] 俄罗斯对“混合战争”（гибридная война）的定义是：联合实施的公开的和秘密的军事行动、挑衅和破坏活动，并因否认自己参与而使人对其难以作出全面回应。[②] 俄罗斯在研究美国发动低强度战争和推动“颜色革命”特点的基础上活学活用，将其发展为俄式“混合战争”理论，并在乌克兰和叙利亚战场付诸实践。北约虽然在常规军事力量上占据明显优势，却一再陷入被动。

（一）“混合战争”与“格拉西莫夫学说”

乌克兰危机重新唤起世人对“混合战争”的兴趣，但这并不是

① 伦敦国际战略研究所：《Military Balance 2015》年刊。

② http：//chtooznachaet. ru/gibridnaya – vojna. html.

一个新概念，世界历史上将常规性的国与国冲突与非常规性战争相结合的通常做法其实已经流行了数个世纪。即便人们想要避免老生常谈般地援引中国古代军事战略家孙子的理论，这个概念也在越南战争、苏联入侵阿富汗以及真主党2006年对以色列发动袭击时展现过。当然，这也不是关于战争的古老概念第一次因为形势发展而重新获得重视的案例。2007年，美国军事专家弗兰克·霍夫曼提出，由于全球化影响和技术扩散等原因，传统的“大规模正规战争”和“小规模非正规战争”逐步演变成界限更模糊、作战样式更趋融合的“混合战争”。混合战争是一种将常规性与非常规性战争手段结合运用的战争样式。它首先需要混合部署常规部队和非常规部队，以供特定参与者实现其政治目标。此外，它还包括大范围运用情报、宣传和外交手段，以说服敌人投降。

在俄罗斯看来，“混合战争”早就开始了。乌克兰政权危机与其说是“颜色革命”，不如说是“混合战争”，是美国及其欧洲盟国策划实施的。普京多次表示，他坚信在乌克兰东部的顿巴斯地区进行的战斗是俄罗斯与西方的一场“代理人”战争。美国和欧洲试图通过把俄罗斯的关键盟友乌克兰拉入他们的势力范围来削弱俄罗斯，普京的目标是不让基辅有机会与欧盟和北约结交。由此可见，俄罗斯是在研究美国发动低强度战争和推动“颜色革命”特点的基础上接受了“混合战争”概念，并将其发展为俄式“混合战争”。

2013年2月，俄军格拉西莫夫总参谋长在《军工信使》周刊发表《科学在预见中的价值》一文，提出要学习使用一种军事、经济、科技、媒体、政治和情报策略多管齐下的“21世纪闪电战”，用最少的成本打乱敌人的阵脚。格拉西莫夫表示，未来战争中非军事手段和军事手段所占比例可能是4∶1，前者包括造成不利政治和社会局面的手段，比如颠覆、刺探、宣传和网络攻击等。“使用非军事手段实现政治和战略目标被证明远比使用武力更加有效。广泛使用的不对称手段可以帮助中和敌军的优势，包括使用特别行动部队、利用敌国内部不愿建立从上至下永久战线的对立，以及利用宣传工具的力量。”他的文章列举了西亚北非局势动荡后利比亚和叙利亚的无政府和混乱状态，证明在压力和干涉的双重夹击之下，一个“欣欣向荣的国家可以在数月，甚至数日之内沦为激烈武装冲突的战场和外国干预的受害者，滑向混乱、人道主义灾难和内战的深渊。”格拉西莫夫还写道：“混合方式可以暗中使用武力，没有混合方式的传统军事行动将不复存在。”在21世纪，战争与和平的界限是流动的。与此相对应，战争的逻辑和实践也会发生改变，将没有开始也没有结束。武力仍是基本斗争手段，而政治、经济、信息技术和其他非军事手段的支持愈发重要。利用非军事手段实现政治和战略目标，这种作用不断得到加强，在很多情况下，非军事手段的效果已超过使用军事力量。

俄国防部于2014年12月26日公布的《军事学说》指出，当代军事冲突的特点是，这是一种复杂的综合性行为，既涉及动用军队，也涉及使用政治、经济、信息等非军事手段，同时还要广泛挖掘发动民众抗议的可能性并动用特种部队。这种表述完全符合俄罗斯插手乌克兰问题的模式。

2016年5月，格拉西莫夫在俄罗斯军事科学院大会上做了题为《混合战争需要的高科技武器和科学理论》的报告，指出混合战争的核心思想就是以最小程度的武力介入达成政治目的，其重点是破坏敌人的军事和经济潜力，施加信息和心理压力，支持敌国内反对派，实施游击战和破坏战术。他认为，利用混合式的手段不仅可以填补传统力量的差距，而且更容易达到使用武装力量的目标。在作战单元上，突出特种部队、非正规武装和私人军事公司等力量的综合使用；在手段运用上，注重军事手段的同时，突出政治、经济、信息等非军事手段，特别是通过资助、控制某些政治力量或社会组织、利用民众抗议活动达成其军事政治目的的做法；在行动方式上，更加突出行动的非对称性和间接性。格拉西莫夫要求军事科学院的专家把研究混合战争作为军事科学院研究的重点方向，特别是总结在乌克兰和叙利亚战场上的战斗经验，把混合战争完全体系化、制度化，打造独具俄军特色的“混合战争”。

鉴于格拉西莫夫提出了该战争理论的一些关键内容，在 2014 年也正是他指挥俄罗斯武装力量发动强大信息——心理攻势，出现了克里米亚事件，这一理论在非正式场合也被冠以“格拉西莫夫学说”的称号。

（二）俄式“混合战争”的实践探索

在近年来的几场危机和军事行动中，俄罗斯以政治、经济、外交、军事为根基，加强信息网络的建设和运用，探索出一条行之有效的关于“混合战争”应对与应用之策。特别是在“新面貌”改革之后，俄罗斯军事实力明显上升，同时凭借在车臣、格鲁吉亚、乌克兰和叙利亚的军事行动中积累的经验，完善了自己的新型“混合战争”理论与实践。俄罗斯综合调动和使用国家战略资源，给美国等西方大国制造了一系列难题，俄式“混合战争”初显威力，让西方感到难以判断和应对。对以“协商一致”原则为基础的北约决策体制来说，此举更显“杀伤力”。

早在俄格冲突中，俄军就已首次综合运用网络、媒体与外交等手段，为快速取得战场上的胜利和达成最终政治目的发挥了重要作用。当格鲁吉亚坦克和俄罗斯坦克对峙时，俄罗斯国家媒体第一个到场，关于格鲁吉亚攻击俄罗斯的叙述快速传播。

俄罗斯在克里米亚的行动更是高度遵循了这一模式，彰显了其综合利用包括紧急部署、电子战、信息战、特种战和网络通信等手段来面对国内和国际社会的能力。美国驻欧洲陆军司令部指挥官弗雷德里克·本·霍奇斯认为，“这正是混合战争的本质”，其“目的在于设立模棱两可，给那些对此不愿意相信的人们一个借口。或还在于制造足够多的不确定因素以便让各种回应显得缓慢、落后、犹豫不决”。[①] 霍奇斯表示：“当一页虚假信息像大炮和导弹一样被投

---

① 阿兰·巴尔吕埃：《西方人面对混合战争的挑战束手无策》，［法］《费加罗报》2015 年 2 月 12 日。

入使用时，西方民主国家找到了在信息空间中经受考验的办法。俄罗斯总统和外交部长没有说明真相的负担。他们一开始就宣称，在克里米亚半岛上没有主权标志的‘小绿人’就不是俄罗斯士兵。这是无耻的谎言，并声称俄罗斯士兵在假期中自愿逗留在乌克兰东部同样是可笑的闹剧。这很狂妄，表明了对西方政府首脑的蔑视。”①

叙利亚是俄罗斯实施“混合战争”的又一试验场。出兵叙利亚，俄罗斯仅在空袭前1小时才电话通知美国方面，称俄空天军针对“伊斯兰国”恐怖组织的空袭行动即将开始。而美国中情局事先竟没有得到俄罗斯即将出兵的相关情报，令美国参议院情报委员会和众议院很不满，甚至着手调查美国情报机构的失职。以打击“伊斯兰国”恐怖组织的名义出兵则让美国无法公开反对，俄罗斯的飞机和防空系统也使美国在叙利亚设立禁飞区行动变得不可能。俄罗斯还利用西方在伊拉克、利比亚发动战争导致更大乱局的现实，抨击美国推翻现有政权只会让国家陷入混乱，作为保护阿萨德政权的理由。美国最终不得不与俄罗斯协调反恐行动，容忍阿萨德政权继续存在。俄罗斯还成功推动了“什叶派之弧”的出现，同叙利亚、伊拉克、伊朗组建国际反恐联盟，协调中东地区反恐军事行动，同时利用欧洲发生的恐怖袭击事件和难民问题拉住欧盟，分化美欧阵营，打破了美国在中东“一家独大”的局面。立陶宛维尔纽斯大学教授玛格丽塔·塞西利基特指出，“这场冲突，重要的不是传统军事力量，而是俄罗斯人运用的混合战争模式。俄罗斯灵活运用军事、政治、信息等工具，既打击现实敌人的弱点，又捆住‘潜在敌人’的手脚”。

这种将常规力量与非常规力量相结合实施的“非战之战”，一度让西方难以找到应对之策。北约虽然在常规军事力量上对俄罗斯占据明显优势，但因缺少应对“混合战争”的理论与实践而总是被动。

---

① 弗·本·霍奇斯：《削减军备只会鼓励普京这样的人》，［奥］《新闻报》网站2015年6月24日。

第六章　守卫与拓展战略空间

在俄罗斯国家安全战略中，通常将周边的原苏联地区、亚太地区和中东、南亚地区看作是具有重要战略价值的利益区。根据对上述地区战略价值判断的差异性，又形成了以己方为中心，以原苏联地区为核心层，以东欧地区、中东地区和亚太地区为重要利益层的双圈层结构。其中，处于内层核心层的原苏联范围地区与俄传统关系密切。针对西方的战略企图，俄罗斯强调原苏联地区的特殊性，在许多问题上持强硬立场，迫使西方国家做出让步，承认俄罗斯在该地区的特殊利益。而处于外层的东欧、中东、亚太以及北极地区，则是俄罗斯的战略发展方向，也是与西方争夺的主要地区。

一、辽阔疆域离不开强大陆军

提起俄罗斯陆军，令人印象最深刻的当属巅峰时期的苏联陆军，拥有由数万辆坦克构成的“钢铁洪流”，号称具备一周内完全碾压北约，占领整个欧洲的能力。在苏联解体后，其大部分为俄罗斯所继承。“新面貌”改革裁减到百万员额后，俄陆军编制员额降到了27.8万人，占武装力量总员额的27.8%，无论数量还是占比都比过去大为缩减，但在俄军当今五大军兵种中仍是人数最多的一支。强大的陆军，是维持庞大的国土空间和大陆型国家地位所必需的。

（一）古老军种获得新生

陆军在各个时代都扮演着开疆扩土、巩固国防、抵御外侵等重要角色。很长时间里，俄罗斯陆军部队都是三军的中坚力量，主要任务是遂行地面作战。

陆军是世界上最古老的军种部队。俄罗斯陆军的历史可以追溯到13世纪。1550年10月1日，俄第一位沙皇伊凡雷帝颁布法令《关于在莫斯科及其周边县安置千人规模的服役人员》，从此开启了俄第一支常备陆军部队的历史，后被命名为正规军。10月1日从此成为俄罗斯陆军成立纪念日。

随着火药在军事上的应用，使用火药射击的步兵团应运而生。在俄罗斯陆军逐渐建立起一支独立兵种——炮兵部队。到16世纪末，沙俄射击部队人数已经达到2万至2.5万人的规模。平时他们主要进行警卫工作，保卫国家边境，战时就是重要的征战力量。射击部队的第一次作战，是在1522年，俄军包围并歼灭喀山之敌。彼得一世登基后，决定扩建和优化陆军，并从1699年11月8日宣布采用征兵制度，这意味着一支新型的沙俄陆军组建完成。19世纪下半叶至20世纪初，俄陆军武器装备质量有了飞速提升，部队装备了滑膛枪，出现了机枪，为士兵发放了新式服装，更新了军事行动条令，同时建立了新的军事指挥体系。第一次世界大战开始后，俄国陆军根据战争经验进行了一次军事体制改革，变为“大本营—方面军—野战部队”模式。1917年十月革命推翻沙俄帝国后，组建了新的苏维埃工农红军，俄陆军以新的面貌被投入到内战和对外作战之中。

第二次世界大战是俄罗斯（苏联）陆军发展的又一个里程碑。作为抗击敌人的主战力量，陆军充分运用步兵、装甲兵、炮兵和其他部队的特点展开协同作战，取得了良好的作战效果，积累了丰富的作战经验。二战结束时，苏联陆军仍然是数量最多、兵种最多的军种，人数在最后阶段达到近1000万人。到1948年作战人员复原后，陆军服役人员降至250万人左右。

1991年苏联解体后，新独立的各个国家分割苏联军队的过程持续了大约3年，俄罗斯联邦也开始重建自己的国家军事系统。这种转变是痛苦的。俄罗斯继承的苏联陆军的基础主要是简编部队与兵团（补充率50%）及基干部队与兵团（补充率10% ~20%），在作战行动开始时都需要通过动员人员补充到战时编制（齐装满员）。失去了大量资源的获得渠道，包括政治影响力以及人力。曾为红军提供支持的军工行业渐渐萎缩，俄陆军部队还使用着大量老化且缺乏维护的武器和技术装备（诸如T-10M、T-62、T-55和T-54，以及三四十年代的野战火炮等）。由于存在大量各种各样的武器和军用技术装备以及奉行动员方针，从苏军到俄军长期保留大量物资器材、武器和技术装备的储备仓库，以便用于补充动员展开的部队和兵团，补给和补充正在作战的部队。平时，所有这些储备应保存和更新，而武器和技术装备需要维护人员。因此1991年在苏军340万从役人员当中，有将近120万人在看管武器装备仓库和储存基地（约占1/3），几乎没有齐装满员的常备兵团和部队。1994年为组建赴车臣作战的军队集团，国防部和总参谋部不得不从所有军区调遣兵力，并从储存基地和仓库调动人员加以补充。俄陆军在第一次车臣战争（1994—1996年）中表现出来的虚弱无力令人瞠目，士气下降，在车臣及其他地方艰难地与非正规军进行战斗，在付出2万人伤亡的代价后仍未能打垮叛军，使车臣一度获得非正式的独立地位。在遭受了不应有的战争损失以及签署“哈萨韦尤尔特和约”后，俄军受到了来自各方最严厉的批评。虽然在1999年8月打赢了第二次车臣战争，恢复了俄罗斯对车臣的控制，但仍付出了数千人伤亡的代价。

普京就任总统后，开始大力整顿军队，以纠正在车臣战争中暴露出来的错误和不足，首当其冲的就是关系国家命运的陆军。俄历任国防部长都推出自己的改革措施，诸如扩充常备部队与兵团员额、解散一些简编和基干部队、常备部队与兵团转为合同兵役制等等。俄罗斯经济好转，使军队获得了更多投资。但这些改革并未真正解决俄军在动员展开、指挥体系等方面的主要问题。

2008年8月8日俄格冲突爆发后，进入南奥塞梯和阿布哈兹的俄罗斯作战部队又暴露出指挥系统困难、武装力量兵力兵器大规模远程机动能力低下等问题。一个月后，俄当局宣布军队要向“新面貌”转变，开启了一场规模空前的改革计划。俄军的战备重点，从与几个对手进行一场大规模战争，转为参加在俄罗斯边境和独联体国家境内以及邻近的外国发生的局部冲突。陆军是改革力度最大的军种之一。鉴于对大规模战争概率的重新评估，俄陆军决定放弃继承自苏联的大战动员展开体制，保留和完善常备兵团和部队，撤消简编部队和基干部队，将武器装备储存基地上交军区管理。同时，改革还着重简化武装力量指挥体制，减少中间指挥环节，压缩了军区数量，削减了负责动员展开的指挥系统，摒弃臃肿的师、团编制，组建起机动性更高的独立旅和营。谢里久科夫担任国防部长期间，大刀阔斧对俄军进行改革，推行陆军作战部队师改旅以及部队院校的整合合并。绍伊古主政国防部后，因担心部分地区俄军地面部队的控制能力太弱，开始陆续恢复师级编制，还加强了陆航作战力量。这主要因为俄罗斯土地辽阔，各战区情况不同，有的战场环境需要高机动的旅级规模，而有的战场则需要师级规模。由此可见，俄陆军部队的规模和结构一直在改变，根据各个时期不同的国际形势和任务需要等综合因素，不断进行着优化。

俄罗斯陆军原来分布在 6 个军区，分别是列宁格勒军区、莫斯科军区、北高加索军区、伏尔加河沿岸—乌拉尔军区、西伯利亚军区和远东军区。改革后调整为东部、西部、南部、中部 4 个军区，高效整合了作战力量。到 2015 年底，俄罗斯陆军部队人数已减少到 30 万以内。过去的军区更多是节制陆军部队，改革后的新军区则统率辖区内除核力量外的海陆空三军部队，其职能更接近于西方军队中的“战略司令部”。这标志着俄军从体制上放弃了长期以来的“大陆军主义”。

俄罗斯陆军有过辉煌的历史，在经历冷战后一段时间痛苦的转变后，随着经济的好转和一系列改革措施的展开，这支军队正在获得新生。在 2008 年的俄格冲突中，俄军尽管还有种种不足表现，但还是展现出了作战部署上的能力，特别是地面部队，通过内部的直达“势力范围”的沟通线路，迅速击败了格鲁吉亚，[①] 赋予了俄罗斯发挥强大地区影响力的实力。这些军事行动被西方媒体称为“重整俄罗斯的战争”[②]。俄陆军今后依然会在俄罗斯对周边国家的管理中发挥核心作用，尽管过去几年它已经退让了一些空间给海军和空军。

（二）围绕陆军地位问题的争论

在冷战后的几场地区战争中，美军都是使用远程精确制导武器从防区外对敌目标实施突击，使对手只能被动防护而无还手之力。在海湾战争中，虽然有100小时的“沙漠军刀”地面作战行动，伊拉克军队又是在被多国部队狂轰滥炸40多天后的残兵。即便如此，在地面作战中多国部队大量的战斗轰炸机、攻击机和武装直升机依然击毁了众多伊拉克坦克，其摧毁数量要远远超过多国部队地面部队的战绩。而在1999年科索沃战争中，地面部队甚至没有上场的机会，北约对南联盟的空袭直接迫使对方屈服了。这使得长期以来陆军“老大”的地位受到了严重冲击，由此也引发了俄军内部的激烈争论。

以斯里普琴科少将为代表的俄激进派军事学者提出了“第六代战争”思想，声称陆军作为一个军种将退出历史舞台，“非接触战争”将成为未来战争的基本形态。强国以大量高精度武器摧毁敌方全纵深内重要的经济、能源和交通设施，使对方丧失抵抗能力，政治制度也将不攻自破，其结果导致攻击一方占领对方已失去经济实力的领土的必要性也随之减弱。伊拉克战争之后，斯里普琴科对自己的观点进行了一些修正，认为美陆军进行的是“接触—非接触作

① 亚历杭德罗·麦金利：《俄罗斯军事重新崛起》，西班牙埃尔卡诺皇家研究所网站2009年4月16日。

② 罗伯特·法利：《到2030年这五国将拥有全球最强陆军》，［美］《国家利益》网站2018年3月25日。

战行动”，他们以接触的形式包围了敌人，却把敌人限制在不利于进行近战的距离内，并以精确打击消灭被包围的敌人，这与传统的接触作战有着明显的区别。

斯里普琴科的观点因过于激进，很快遭到俄军一些将领学者的批驳。虽然他们不得不承认陆军在当代局部战争的作用有所下降，但主流观点还是认为，俄罗斯与美国这种以遂行海外作战任务为主的海权国家不同，尽管夺取制空权和密集使用高精度武器对武装斗争的结局有着决定性影响，陆军“打头阵”的固有思维模式必须改变，但俄罗斯国土辽阔、边境线漫长，因而仍有必要以陆军兵力实施大规模地面作战。在可预见的未来，陆军作为“第一军种”仍然是武装力量的基础。俄军事科学院前院长加列耶夫大将曾指出，就连美国都保留着陆军并在加强质量建设，对于俄罗斯这样的大陆型国家来说，陆军就更为重要了。俄前陆军总司令科尔米利采夫也强调，在与强敌作战时，仅想通过实施空天战役就取得战争的胜利是不切合实际的。伊拉克战争的经验证明，陆军在战争中的作用仍将不可或缺。在伊拉克战争的第三日，美国陆军不待30万人的集团全部展开，即以当时9万人的部队展开了行动。由此，美军在两周内基本上控制了伊拉克全境。不使用陆军和不实施高强度的大纵深战役是不能遂行这一任务的。指挥员应善于利用空天战役的结果彻底粉碎敌军，而攻占重要地域和地区还是要靠地面部队。只要士兵的皮靴还未踏上土地，就不能认为领土已被夺取或解放。

同时，加列耶夫大将认为，接触战并没有完全“让位”于非接触战。近期所谓的“非接触战争”都是在实力相差悬殊的对手之间进行的，反映的是美国倚仗技术优势力求避免陆军卷入地区冲突，以达成“少流血”的目的。但即便如此，也未必能完全不接触地实施战斗行动。技术装备程度相当的对手之间进行的战争更不可能仅限于非接触行动。[①] 前国防部长伊万诺夫也称：“绝对的非接触战争

---

① 加列耶夫：《21世纪的威胁与战争》，［俄］《红星报》2003年2月14日。

今天是不可能有的……在非接触行动之后，接触行动迟早都会接上来。”同时俄军认为，决不能按照敌人设计的套路打，要设法变被动为主动，利用远程精确制导武器和其他手段，将战斗行动直接引向敌方境内，将“非接触”战变为“接触”战，把敌人想避免的东西强加给敌人，增大其伤亡和损失，迫使其改变战争决心。伊拉克和南斯拉夫都曾有过这样的机会，只是没有下决心去实施。为此，俄军集中力量发展集侦察、控制和通信系统于一体的远程高精度武器，如陆军的侦察－突击综合系统（PУK）和侦察－射击综合系统（POK），将其集中使用在主要方向上，作为最重要的突击力量，提升俄军远程精确打击和远程奔袭能力，增加其遏制和打赢战争的筹码和手段。俄军强调，在发现敌军的早期，应主要使用远程打击兵器给予敌方毁灭性的打击，即利用各种高精度武器的最大射程，在尽可能远的距离上消灭对方。陆军担负着守疆卫土的艰巨任务，应与边防军一起，阻止敌人对俄罗斯领土的入侵，保障局势的稳定，保障其他军种采取行动，保障国土纵深交通线的安全。俄军要求预先建立足够强大和有效防护的地面军队集团，使其不仅能在敌实施密集航空兵突击之后击退敌进攻，而且能随时准备在与侵略者及其盟国陆军直接接触的情况下立即实施进攻行动。

为适应未来战争的要求，俄陆军将趋向于着重提高其信息化作战能力、远程精确打击能力、机动作战能力、联合作战能力和特种作战能力，传统的机械化装备也正在向信息化过渡。

（三）地面部署原则

俄罗斯是世界上国土最辽阔的国家。以陆军现有规模，平时已不可能在所有战略方向都保持大规模的常备军队集团。实际上俄军也早已放弃了沿边界和各战略方向全面布防的做法，由强调在既定方向作战转为强调高度机动和“全方位作战”，实行“前轻后重，重点设防”的方针和“机动防御”原则，力求建立攻防兼备、能应付各种武装冲突和战争的作战部署。

一是在大部分边境地区，通常只部署一定数量的掩护部队，有效应付地区规模的武装冲突，在遇敌大规模入侵时，在一定的纵深逐次防守，消耗敌人并等待增援部队到达，同时兼顾对核工业、能源燃料工业、基础工业和军事指挥机构等要地的防护。陆军、空降兵是常备部队的主力，主要部署在俄罗斯的欧洲部分。

二是在内陆腹地重要的战略地区部署大量机动部队，以便“在最短时间内调到规定地区”支援常备部队，抗击中等规模的侵略，保障最高统帅部预备队的展开。

三是强调不同战略方向之间快速机动支援作战，遇有突发情况，必须迅速向作战地区投送部队。俄罗斯将中部军区作为主要战略预备力量使用，扩大了常备机动部队的规模，在应对中亚方向威胁的同时，准备支援其他战略方向的作战。在危机严重时或战争过程中，其余各军区实际也都有向其他战区提供支援的任务，包括组织实施远距离投送和机动作战。

总体上，俄罗斯陆上部署已大大收缩，但传统的“西重东轻、南密北疏”基本态势仍未改变。俄军西部、南部、东部、中部四大军区（联合战略司令部）实际上分别对应着欧洲、高加索、远东和中亚这四个最为主要的安全挑战方向，相当于北部军区的北方舰队司令部则是在加强对北极地区的控制。这种力量部署符合威胁性质和未来军事任务的需要。

依据作战目的和作战任务，俄罗斯陆军的使用可区分为三个不同时期，即和平时期、紧急状态下和战争时期。在和平时期，俄罗斯陆军主要完成保持部队高等级的战备水平，展开经常性的作战准备、演习和战争动员活动，建设后备力量，进行战时的物资和技术储备；在紧急状态下，俄罗斯陆军主要进行人员扩编，为战役准备创造条件，完善即将参战的装备和武器，展开一系列防御性措施，扩充后方备战人员规模；在战争时期，陆军作战力量的主要任务是抗击和歼灭侵略者。

今天俄罗斯的陆军已不足30万人，没有作战后备人员。在俄罗斯边界发生任何突发情况时，俄陆军可以在很短时间内部署一支4万至5万人的部队，包括空降、装甲、机械化合成步兵特战队。此外，俄罗斯地面部队被设计用于单独作战，并装备有用于对抗西方空中优势的强大机动防空系统。俄罗斯陆军之所以装备强大的火炮和防空武器，主要是考虑到西方国家具有空中的相对优势，使俄陆军部队可能无法指望空中支援。俄军投入巨资购置先进的防空武器系统，从而形成了俄罗斯地面部队自己的特色——都装备了系统的区域防空武器，目前威力最大的是C－400防空系统。俄罗斯计划部署56个C－400导弹营和38个C－500导弹营。C－500一旦部署，可能成为有史以来最强大的防空和反导系统。[①]

俄罗斯地面部队自冷战结束以来积累了丰富的作战经验，包括20世纪90年代在车臣、2008年在格鲁吉亚和2014年以来在乌克兰东部的作战。俄地面部队的装备可算是相当精良并实现了全面机械化。它的主要问题在于兵员数量：俄罗斯没有苏联当时拥有的那种真正大规模部队。相对于其庞大的国土面积，俄罗斯地面部队的人数实在是太少了——平均一个军人守卫60平方千米领土。这种比例显然已严重失衡。在其边界突发紧急情况时，确实能够果断进行干预，并速战速决，击败原苏联范围内的任何邻国，正如其在乌克兰、格鲁吉亚和其他地方所展示的。但它很难维持一场持久战，更没有占领这些国家所需要的部队。美国学者认为，俄罗斯军队并没有被配置去占领大量土地或补充进攻行动中的作战损失。这种教训是通过在乌克兰的战斗行动吸取的，给俄军在整个顿巴斯战争中换防产生了压力。[②]

俄陆军的编制序列比较复杂。就旅级部队来说，现有30～35个战斗旅（如坦克旅、摩步旅和步兵旅），以及30～35个支援旅（炮兵旅、防空旅、后勤旅、保障旅、侦察旅、特种作战旅及其他支援

---

① 戴夫·马宗达：《俄罗斯军队的崛起》，［美］《国家利益》网站2018年6月19日。

② 同上。

旅），这些旅主要编入集团军。俄陆军目前共有11个集团军，其中西部军区3个、中部军区2个、南部军区2个、东部军区4个；按功能组建了113个常备旅，计划在2020年前将常备旅数量增加至125个。但并非所有的旅都隶属于集团军，俄陆军中保留了相当数量的独立旅。而且，各集团军的作战力量也没有统一的标准，在人数、装备和能力方面差别很大。例如，隶属于南部军区的第58合成集团军包括6个前线旅，而隶属于东部军区的第29“红旗”合成集团军则只有1个旅，即第36独立近卫步兵旅。虽然大多数旅的人员和装备水平都相对较低，但俄罗斯拥有一些能力出色的“精锐”部队，如第2和第4近卫师。他们是俄军地面战斗力量的精英部队，拥有最好的装备和训练水平，并且兵源大多是合同制志愿兵。许多部队还在乌克兰、格鲁吉亚和高加索的军事行动中积累了作战经验。

显而易见，以目前俄陆军部队数量和编制员额，尚不足以满足主要战略方向上的战备需求。而且，“旅”作为战术兵团取代传统的“师”级编制，打破了60多年来俄军所奉行的大纵深作战理论及与之相应的体制编制，对陆军整体战斗力产生了深远影响。从作战能力上讲，“新面貌”旅作战人员仅有3000～4000人，其战斗力不可与1.3万多人的师相提并论，这导致俄军在一些重点战略方向上的防御力量明显不足。如仅在西部一个战略方向上，俄军就面临北约27个国家（不含美军）24个师、254个旅及各种独立团，共约1.3万辆主战坦克、2.5万辆装甲车和1.55万门各式火炮的地面作战力量的威胁。虽然从目前国际形势看，大规模地面战争的形态已经不大可能出现，但北约国家并没有大规模裁减常规兵力，仍然保持着强大的陆军地面作战力量。一旦国际局势风云突变，以俄陆军现有实力可能无法应对北约强大地面作战力量的威胁。这也是俄国防部决定率先恢复莫斯科地区2个王牌师，并在一些潜在重大威胁方向陆续增加师级编制的重要意图所在。

二、坚守周边传统安全

苏联解体、冷战结束后，在北约、欧盟的轮番围攻和渗透下，俄罗斯所能控制的传统势力范围越来越小。俄罗斯今后若要继续做强国，必须守住传统安全底线，恢复向周边辐射实力的传统趋势。

（一）周边安全的“红线”

华约解散后，俄罗斯曾试图建立以原华约国家为中间缓冲地带、以独联体国家为前沿的战略防御纵深。但这一安全战略构想很快被北约接纳波、捷、匈三国的首轮“东扩”所破坏。北约第一次东扩后，俄罗斯曾把原苏联西部的加盟共和国视为战略防线。但随着2004年波罗的海三国（立陶宛、拉脱维亚和爱沙尼亚）加入北约，这一防线再次被突破。对波罗的海方向失去“保护层”的现实，俄罗斯虽难以接受，但也只得默认。美国通过科索沃战争等军事行动，进一步撬动了俄罗斯在巴尔干地区的重要利益。因体系崩塌、实力下降，俄罗斯不得不一忍再忍、一退再退。但当触及安全利益底线时，俄罗斯认为将是退无可退的。

安全底线在哪里？由于历史和现实的原因，俄罗斯将原苏联地区（包括俄罗斯和其他14个加盟共和国）视为至关重要的战略空间，称之为“利益攸关的地区”。这些地区既是俄罗斯长期以来的势力范围，也是俄罗斯维护其现实安全、实现经济发展和国家复兴的战略基础。其中许多地方早在18世纪就已成为俄罗斯控制的区域。苏东剧变之初，亲西方的俄罗斯领导人曾将这些地区视为包袱而忽视其战略价值。但自20世纪90年代中期以来，“近邻优先”逐渐取代“西方优先”，成为俄罗斯对外战略的重点，任何可能削弱或取代俄罗斯在原苏联地区主导地位的行为都令俄罗斯难以接受。

为遏制安全环境的进一步恶化，捍卫其“最后的战略缓冲区”

和国家安全屏障，俄罗斯将独联体国家加入北约或向北约和美国提供安全合作视为“不可逾越的红线”。《泰晤士报》文章称，面对欧盟和美国，今天的俄罗斯依旧坚持着不变的地缘政治政策，那就是邻国一定要听话，而不是被西方化。[①] 2006 年，普京专门提醒格鲁吉亚总统萨卡什维利，在俄罗斯与西方之间他只能选择一方的友谊，并明确阐述了与西方交好的后果。梅德韦杰夫也表示：“如同世界上其他国家一样，俄罗斯在一些地区具有特殊利益。”一些国家避开了红线，另一些国家则为此付出了代价。已有三个典型案例：格鲁吉亚试图收复分裂地区向北约示好的行为，导致 2008 年的“强制和平”行动；吉尔吉斯斯坦在马纳斯转运中心接纳美国军队的行为，导致吉总统巴基耶夫被驱逐；乌克兰推翻亲俄总统的政变行为，导致乌克兰东部陷入动乱。

虽然美俄当前的地缘政治角逐表现为美攻俄守的基本态势，但“红线”即底线，俄罗斯宁愿诉诸包括武力在内的任何手段、付出任何代价，也要保护已宣誓的核心利益不再受损。美国若继续坚持触碰“红线”，轻则会刺激俄罗斯的敌意，失去俄罗斯在反恐、防扩散和地区稳定等更为重要而紧迫问题上的合作，重则可能面临与俄罗斯兵戎相见。的确，俄实力与苏联相比已大为萎缩，但仍足具有给美国造成巨大麻烦甚至毁灭性打击的现实能力，这是美国决策者所不能忽视的。这正是西方对格鲁吉亚、乌克兰和中亚国家表现出两难态度的关键所在。

2008 年对格鲁吉亚的军事行动，首次展示了俄罗斯捍卫战略“红线”的决心，对美国的战略进逼和独联体其他成员中继续追随这一路线的政治势力具有敲山震虎的警示作用。同时，这次冲突也暴露了美国在这一地区战略能力和战略意志的局限性。美国时任国务卿赖斯说：“我们虽然尊重格鲁吉亚，但我们不会因为格鲁吉亚跟俄罗斯交战。”俄罗斯能够随时对这些邻近国家进行反击，而美

---

① 《环球时报》2010 年 7 月 6 日。

国却不能随时给他们提供充分的安全保障，更不会冒发生毁灭性核战争的风险为这些地区与俄罗斯进行直接军事对抗。

（二）抑制分裂与离心倾向

要求周边邻国不被西方化，是俄罗斯一以贯之的地缘政治政策。必须看到，俄罗斯在原苏联地区的传统影响尚存。这一地区的所有国家仍然存在一些共性问题，即苏联解体后遗留下来的根深蒂固的社会文化联系、实实在在的经济依赖性，以及普遍存在的军事安全问题。特别是这些国家曾长期处于计划经济的控制之下，在数十年里形成了密切的分工协作关系，独立后各国间的经济联系仍相当密切，有相互需求。在较长时间内，独联体的框架应能得以维持。但在西方的渗透和影响下，独联体内部的分裂趋向也日益明显。虽然以目前的综合实力和政策手段无法直接与美欧进行全面对抗，但俄罗斯必将尽其所能加大对独联体地区的经营力度，阻击离心倾向。

“颜色革命”首先发生在独联体地区，而且所发生的国家具有代表性：乌克兰在独联体国家中属于大国，是斯拉夫国家，对白俄罗斯甚至对俄罗斯具有示范效应；格鲁吉亚是外高加索国家，属于小国，是俄罗斯的邻国，又存在比较强烈的反俄情结，对外高加索国家有示范效应；吉尔吉斯斯坦地处中亚，紧邻哈萨克斯坦、乌兹别克斯坦和中国，既是俄罗斯的兄弟又有亲美情结，对中亚国家具有示范效应。此外，白俄罗斯、阿塞拜疆等国都出现过险情，就连俄罗斯也受到了“颜色革命”巨大的压力。实际上，“颜色革命”带有明显的争权夺利色彩和大国博弈性质，准确地说，它属于政治事变而不是具有积极意义的革命。尽管这些年独联体地区的“颜色革命”处于间歇状态，但独联体地区再次发生“颜色革命”的可能性并未消失，“颜色革命”的幽灵依然在独联体地区游荡，美国在独联体搞“民主改造”和遏制俄罗斯影响的战略意图从根本上没有改变。

面对西方势力日益严重的渗透策反，俄罗斯开始进行反击。

2005 年 4 月，俄罗斯成立联邦总统办公厅对外地区间联系和文化联系局，负责对付独联体境内的“颜色革命”。2012 年普京再次担任总统后，决定停止美国国际开发署代表处在俄罗斯的活动，加强对俄罗斯境内的外国非政府组织活动的管理和监控，反对美国干涉俄罗斯的内政。与此同时，俄罗斯重新调整对独联体政策，巩固俄白联盟和加强集体安全条约组织，并通过深化一些次区域组织推进独联体经济一体化。在此基础上，普京提出了建立“欧亚经济联盟”的思想，在独联体地区推进经济一体化进程。

此外，独联体国家的亲美倾向虽不断加强，但这些国家与俄罗斯存在千丝万缕的传统联系，短期内不会完全倒向美国及西方，总体上还会努力保持外交平衡。特别是一些独联体国家政权对美国借大选策动“颜色革命”已颇为警惕。如在白俄罗斯，美国称卢卡申科为“欧洲最后的独裁者”，推翻卢氏政权的指向明显。卢卡申科要保住自己的地位，只有投向俄罗斯这一个选择。哈萨克斯坦和乌兹别克斯坦出于类似担心，禁止索罗斯基金会活动，哈萨克斯坦甚至已做好武力镇压政变的准备。

苏联解体的直接后果，是在这一地区分解出了 15 个独立国家，而同时还伴生了一些“碎片”，即宣布独立但未被国际社会承认而与国家政权长期对峙的地区，它们是原苏联地区的“黑洞”国家。比如格鲁吉亚位于黑海沿岸的阿布哈兹和北部的南奥塞梯、摩尔多瓦与乌克兰之间狭长地带上的德涅斯特河左岸（东岸，以下简称“德左”）等。因为都与俄罗斯关系密切，有媒体形象地称之为亲俄地区的“武装割据”[①]。另外，在爱沙尼亚靠近俄罗斯边境附近还有数十万俄罗斯族人，他们觉得自己受到了歧视，其情形和“德左”地区相似。这些分离地区的幕后其实都有俄罗斯因素，有的分离地区还提出了加入俄罗斯的申请。但俄方没有答应，它很清楚：收了是“包袱”，还会在国际上留下恶名；留着则恰恰能对相关国家形

---

① 社评：《乌克兰或因动荡丢掉克里米亚》，《环球时报》2014 年 2 月 28 日。

成牵制；需要时便可将这些处于“冻结”状态的“碎片”激活。

俄罗斯还从法律上扩大了境外用兵权限。2009 年 8 月 10 日，正值俄格“五日战争”爆发一周年及两国关系再度紧张之际，俄罗斯总统梅德韦杰夫提出了修改俄罗斯《国防法》的要求，为日后在独联体国家用兵提供法理依据。修改后的《国防法》将俄军出兵事由从原来的 3 个增加到 7 个。在“反击侵略行为、捍卫领土完整和主权不可侵犯、执行国际（维和）义务”的基础上，新增“反击对驻扎在境外的俄武装力量和其他部队的攻击；反击或防止对盟国的侵略；保护境外的俄罗斯公民；打击海盗和保障本国船舶航行安全”。

俄格冲突是俄罗斯决定修改《国防法》的原因之一。2008 年 8 月 8 日格鲁吉亚军队进攻南奥塞梯后，俄军奉总统令进入冲突地区。由于联邦委员会（议会上院）成员当时正在休假，无法召开紧急会议，导致俄军“强制和平行动”的合法性受到质疑。梅德韦杰夫指出，鉴于“去年 8 月那起事件”，海外用兵应有明确的法律依据。新《国防法》从法理上将俄罗斯使用军事力量的范围无限扩大：任何与俄罗斯签订了同盟义务的国家发生武装冲突，俄罗斯都可以干预；身处世界任何地点的俄罗斯联邦公民受到威胁时，俄军都可以前往救助。俄罗斯《生意人报》指出，修正案将大大扩展俄军行动的地理范围，俄罗斯今后可以向全球任何地区派兵。但最有可能成为俄军演练场的还是前苏联地区，因为那里一贯被俄罗斯视为自己的“影响范围”。俄罗斯在该地区很多国家都部署有维和部队和军事基地，俄罗斯主导的集体安全条约组织快速反应部队的大部分行动范围也在这一地区内。同时，俄罗斯也是在向西方表明姿态，将不惜使用武力捍卫其在原苏联地区和其他地区的利益。

2010 年版《军事学说》也扩大了境外用兵权限。在“俄联邦的军事政策”第 26 款规定：“为了维护俄联邦及其公民的利益，为维护世界和平与安全，根据公认的国际法准则、俄联邦签订的国际条约和联邦法律，俄联邦有权在境外有效使用武装力量。”第 34 款还规定："应完善武装力量和其他军队的部署（驻泊）体系，包括根据俄联邦签订的国际条约和联邦法律规定驻境外军队的部署（驻泊）体系。"允许本国军队在外国驻扎和行动的条款，2000 年版《军事学说》也曾提到，但附加的限制是：为保持稳定和保障对出现外部威胁的对等反应。而新的《军事学说》在这方面取消了任何限制。拓展对外用兵的事由，也是基于俄格冲突中的因素考量，以便为日后类似 2008 年 8 月出兵南奥塞梯的行为披上合法外衣。

保护境外俄罗斯人的安全也成为境外用兵理由。俄罗斯族在乌克兰 4500 多万人口中占 20%，他们在克里米亚近 200 万人口中约占 60%。为了说明"收复"克里米亚行动的合法性，普京总统宣布了一项内容广泛的命令，以保护其"同胞"（暗示属于一个共同的祖国）、"俄罗斯人"（俄发给护照的任何人）和"讲俄语的人"[①]（可能是其他国家公民）。这项命令使其可以对任何一个原苏联加盟共和国，包括波罗的海诸国，实施军事干涉，以制止其滑出俄罗斯轨道，并证明自己行动的正当性，认为这是对民族迫害的一种反应。由此还出现了许多段子，说的是讲俄语的以色列和美国纽约居民请求普京派兵保护他们。这些笑话背后的含义是：在俄方看来，乌克兰的讲俄语居民和俄罗斯公民与布鲁克林或阿什杜德的讲俄语居民迥然不同——他们虽然不生活在俄罗斯，但也不是真的生活在外国。西方媒体称，俄罗斯是透过帝国时代的胜利、失败和屈辱来看待乌克兰的，这也让其他有着大量讲俄语人口的邻国领导人感到不寒而栗。[②] 目前在爱沙尼亚就有数十万俄罗斯族人，住在俄罗斯边境附近，觉得自己受到了歧视，其情形和德左地区正变得很相似。白俄罗斯和哈萨克斯坦也有大量俄罗斯族人口，两国由此也担心俄罗斯有可能会像在乌克兰那样利用这些人口来施加影响。在生

---

① 杰弗里·曼科夫：《俄罗斯的最新抢地——普京如何赢得克里米亚和失去乌克兰》，［美］《外交》（双月刊）2014 年 5 - 6 月号。

② 玛莎·格森：《瓜分乌克兰之后，普京接下来会转向哪里?》，［美］《华盛顿邮报》网站 2014 年 5 月 10 日。

活着大量俄语居民的哈萨克斯坦北部，顿巴斯式的分裂情绪在2014年也有所抬头。

这些法律条款、用兵原则和干预借口，明显放宽了俄罗斯武装力量在境外行动和驻扎的限制条件，扩大了在境外使用军事力量的范围，显示其对外干预的决心明显增强。

新的用兵原则也适用于周边地区的能源争夺战。《2020年前国家安全战略》已明确提出可以使用军事力量解决能源资源争端。此外，俄罗斯还于2009年3月出台了《2020年前及长远未来俄罗斯北极地区国家政策基本原则》，宣布要使用包括军事力量在内的一切手段来"可靠保障俄罗斯在北极的国家利益"。这表明俄罗斯准备使用武力捍卫能源利益的提法已经有了实质性内容。

（三）地区集体安全进程

俄罗斯一贯重视围绕国家战略利益缔结军事同盟，认为这对于一个幅员辽阔、防御方向众多的大国来说尤其必要。考虑到其目前实力及未来10年的潜力，它也需要伙伴来推动自身利益和防御外敌。

在原苏联传统势力范围地区，虽然11个前加盟共和国在独立后不久就成立了"独立国家联合体"，但其成立的初衷主要是为了"和平分家"，之所以能存在到今天，正如哈萨克斯坦总统战略研究所首席研究员康·瑟罗耶日金所言，因为它还能"为独联体各国领导人提供一个会面和磋商的平台"。独联体成员国间貌合神离，独多于联，一直处于"独"与"联"两种力量的角力。先是格鲁吉亚、乌克兰、阿塞拜疆、摩尔多瓦和乌兹别克斯坦五国另起炉灶成立了"古阿姆"集团。2005年8月，发生过"颜色革命"的乌克兰、格鲁吉亚又与摩尔多瓦一道发起成立"民主选择共同体"，公开地在独联体内搞分裂。乌兹别克斯坦也一度对独联体若即若离。格鲁吉亚和乌克兰则在与俄罗斯发生冲突后相继宣布退出独联体。可以说，独联体徒有组织形式，功能和效力几乎可以忽略不计。

俄罗斯看重的是独联体内成立的集体安全条约组织。这一地区安全组织是在2002年在独联体集体安全条约基础上建立起来的，目前由俄罗斯、白俄罗斯、哈萨克斯坦、亚美尼亚、吉尔吉斯斯坦、塔吉克斯坦及乌兹别克斯坦7个国家组成，具有军事同盟性质，俄罗斯对盟国负有保护义务。《军事学说》明确指出“任何针对集体安全条约组织成员国的武装袭击均被视为对俄罗斯的侵略行为”。如果集安组织其他成员国遭受侵略，俄罗斯将根据集体安全条约履行其保护成员国的义务；如果与俄罗斯关系更紧密的白俄罗斯遭受侵略，俄罗斯将同白俄罗斯并肩作战，共同回击。

俄罗斯致力于推进集体安全条约组织内部的军事一体化。2009年2月，集安组织特别峰会决定组建集体作战反应力量，成员包括7个成员国的机动兵力和其他军事力量，其中大部分由俄哈两国军人组成。俄方提供一个空降旅和一个空降突击旅，哈方提供一个空降突击旅，其他盟国可能各派出一个营的兵力。目前，集安组织框架下共有三个集体安全区域，相应地组建三个联合部队集团，即东欧集团（俄—白俄罗斯），高加索集团（俄—亚美尼亚），中亚集团（俄与中亚地区的集安组织成员国）。和平时期，这支部队隶属各国军事机构指挥，集安组织联合指挥部只负责协调工作；出现入侵威胁或面临某种危机局势时，动用集体作战反应部队的决定将由集安组织集体安全委员会做出。近年来，俄罗斯已与白俄罗斯、亚美尼亚分别在东欧和外高加索两个战略方向组建了联合军事集群。在中亚战略方向，由于中亚各国分歧重重而始终未能建立一个类似的军事集群，但在2003年已组建了一支快速反应部队，包括俄军驻塔吉克斯坦第201军事基地和驻坎特第999空军基地、哈萨克斯坦的两个空降突击营、吉尔吉斯斯坦的两个山地步兵营，以及塔吉克斯坦的两个空降突击营，共有11个营。

集安组织从成立之日起，就被北约视为“小华约”，但其力量和职能都与后者有很大差距。俄地缘政治问题研究院院长伊瓦绍夫认为，集安组织亟须切实改革——转变为像华约那样真正的军事政治组织。“现在它还不是这样的组织，目标是什么并不清楚——不是为了打击小股匪帮，也不是为了应对重大入侵。2008 年 8 月的俄格战争显示，集安组织毫无立场。而前不久吉尔吉斯斯坦的事件又表明，它没有为解决成员国内部冲突做好准备。这一切显然促使成员国总统开始考虑修改组织章程，建立一个不只是能举行演习，还能成为实质上的军政联盟的组织”。[①] 美国学者詹姆斯·迈克哈菲认为，集体安全条约组织并不涉及政治或文化事务，而是作为一个“专门性的地区安全机制”，事实上为俄罗斯所控制。虽然俄罗斯的伙伴国军事力量相对较弱，但其作用在于精神价值，证明俄罗斯仍然是个大国，仍然有盟友，仍然需要重视。不管怎样，集体安全条约组织至少还能确保俄罗斯维持在原苏联地区的影响力，抑制西方国家（首先是美国）对集安组织成员国的影响，加强俄在独联体国家领土上的军事存在。

集安组织被俄罗斯视为安全利益关切的内环。2014 年 12 月推出的《军事学说》提出：“在独联体集体安全条约组织框架内，进一步夯实集体安全体系，增进其实力，在独联体、欧安组织、上合组织框架内，加强在国际安全领域的合作。”而遏制和防止军事冲突的措施，是扩大伙伴国的范围（包括金砖国家、集安组织、独联体、欧安组织和上合组织）以及与阿布哈兹和南奥塞梯协作。采取这些措施的目的是在欧亚安全领域确保共同防御，保持与欧盟和北约的平等对话。

三、坚守近海，挺进大洋

俄海洋政策的主要地区方向可分为大西洋、北冰洋、太平洋、里海和印度洋方向。而按地区配置的海军战略行动联合体，即北方

① 尤里·西蒙尼扬：《集安组织开始效仿北约》，［俄］《独立报》2010 年 8 月 23 日。

舰队、太平洋舰队、波罗的海舰队、黑海舰队以及里海区舰队，则是在相应地区完成国家海洋政策任务的实力基础。俄海军舰队的角色近年来发生了很大改变。除北方舰队外，其他舰队已分别转隶至新组建的西部军区、南部军区和东部军区，但保持着相对独立性。在国家经济复苏乏力、大型舰只发展技术与资金短缺、海区条件受限、海军战略调整等多种主客观因素作用下，今后一段时期内俄海军力量的主要职能将向守卫海疆、保护能源及海上贸易交通线转变，通过守护内海保卫国土空间免受军事威胁，同时积极争取地区传统空间利益，适时挺进大洋，显示世界大国地位。

（一）不懈的海洋追求

俄罗斯传统上是陆军强国，与海洋结缘至今只有300多年历史。但其海洋战略起着十分重要而独特的作用。彼得大帝有句名言："凡是只有陆军的统治者，只能算有一只手；而同时还有海军的统治者，才算是双手俱全。"①

18世纪以前的俄国，只是在其周围地区实行领土扩张，没有明确的战略目标，在国际政治舞台上也没有地位。18世纪初游历欧洲做过秘密考察的彼得大帝，深知海权对俄罗斯今后发展的重要性，上台后就确立了争夺出海口的战略目标，以改变内陆国的被动局面。此后，这一战略思想在俄历代皇帝中得到贯彻。俄罗斯帝国首先向西发动战争，与瑞典鏖战21年，夺取了波罗的海东南岸地区，创建圣彼得堡并将首都迁到那里，确立了波罗的海的霸权；随后又向南扩张，与奥斯曼帝国血拼200年，夺得克里米亚并建立黑海舰队，取得黑海的霸权；同时又向东扩张，从中国清朝攫取大片领土并获得了通向太平洋的出海口。在争夺出海口的过程中，逐渐形成了一个国土面积庞大、陆海军实力雄厚的帝国，与英法普奥等一起

---

① ［苏］谢·格·戈尔什科夫著：《国家的海上威力》，三联书店，1977年版，第3页。

跻身于欧洲强国之列。

沙俄通过出海口战略而成为世界强国，苏联更是通过远洋进攻而获得冷战的均势。苏联曾与美国展开全面争夺，其势力和影响遍及全球各大洋。全盛时期，在除中国和朝鲜以外的所有社会主义国家都有驻军，共拥有23个规模较大的海外基地，主要分布在东欧以及越南、蒙古、古巴、阿富汗、叙利亚等地区和国家。在亚洲，为经略波斯湾，掌控南中国海和印度洋全局，苏军在越南、阿富汗、也门、印度和叙利亚都留下了自己的足迹；在非洲，苏军以顾问团的形式在埃塞俄比亚、索马里、莫桑比克、刚果、马里、厄立特里亚、安哥拉、阿尔及利亚、利比亚以及埃及驻扎；在拉美，苏联的军事力量存在于古巴、尼加拉瓜和秘鲁等“反美前哨”国家。依托数量众多、分布合理和条件完善的海外军事基地网络，苏军具备了在全球遂行军事行动的能力。

如今的俄罗斯，由于国力衰落，不得不一再收缩实力，仅在部分独联体国家和叙利亚保持着海外军事存在。但自身的海洋条件依然十分优越：东濒太平洋、西接波罗的海、北临北冰洋、南到黑海之滨，周边领海达12个。俄罗斯的海岸线长达3.98万千米，占据了国家边界总长的72%。60%以上的人口居住在滨海地区，相当大一批工业基地也集中在近海地区，80%以上探明储量的石油和天然气集中在其大陆架。作为有着帝国追忆和海洋情结的大国，俄罗斯正在积聚力量寻求复兴，海洋仍然是其关注的重点。近年来，随着国力的增强，俄罗斯开始恢复和重建强大海军，全面保障国家海洋战略利益。2000年以来，俄罗斯先后制订了《2010年前俄海军政策要点》和《2020年前俄海洋理念》等中长期海军发展规划，将分阶段更新舰艇、武器和技术装备，建造新式战舰，恢复海军大国地位。普京在2012年2月发表的竞选纲领性文章中指出，俄罗斯国防下个10年的一项最重要任务是恢复海上大国地位，重建真正的“大洋”海军，尤其是在北部和远东地区。俄罗斯在军费分配上也向海军倾斜。2009年6月3日，俄罗斯主管军工的副总理伊万诺夫曾公开表示，俄罗斯40%的国防预算都投给了海军，比战略火箭兵、太空兵及空军所得的总和还要多。在2020年前俄军装备采购的详细计划中，海军装备建设也将得到重点保障。俄战略与技术分析中心主任鲁斯兰·普霍夫称："2020年之前政府将斥资19万亿卢布用于采购武器装备，而海军方面就分得5万亿，远远多于其他军兵种。"[①] 足见俄军高层对海军建设的重视，为其实现海洋大国梦注入了推力。

（二）海洋战略目标

一些军事专家认为，全球陆战时代在二战之后就已终结。而在21世纪，几乎所有的尖锐地缘政治冲突都必须借助海军来解决。特别是在以下四种情形下，传统陆军将无能无力，俄罗斯只能依赖海军力量实现以下4个目标：

——保卫海底石油和天然气管道，以及蕴藏在大陆架的油气资源；

——维护海上贸易交通线的安全（打击海盗）；

——维持俄罗斯在边境地区的军力均势，尤其是在远东方向；

——在俄利益攸关地区展示俄罗斯的存在，如拉美地区（委内瑞拉、古巴）、中东（叙利亚）和东南亚（越南）。

鉴于此，俄罗斯海军的战略目标可能有以下3个方面[②]：

一是海基威慑。俄海军需维持一支以高度战备性开展海上巡逻的可靠海基威慑部队。为俄罗斯提供及保护战略威慑核舰队并拒止敌人的自由活动仍将是俄海军的战略目标。为支持这一目标，俄罗斯当前正在对其弹道导弹潜艇部队进行现代化升级，并替换老旧的苏联时期攻击型潜艇舰队。

二是海上拒止。防御具有地缘战略重要性的海域，包含北冰洋、

---

① http://www.china.com.cn/military/txt/2010-12/01/content_21461938.htm.

② 美国战略与国际问题研究中心：《北欧水下战》2016年7月。

巴伦支海、波罗的海、黑海。俄罗斯已开始重建其海上拒止战略，通过从北大西洋到巴伦支海、北冰洋、波罗的海逐步靠近俄罗斯领海的分层防御方案，加强水面舰及潜艇的军事行动能力。潜艇战一直是俄罗斯海上拒止战略的关键内容，俄罗斯对其导弹核潜艇的重视最为明显地体现了这一点。与美国“俄亥俄”级弹道导弹核潜艇专门用于执行对陆攻击任务、不具备实质性反舰能力不同，俄罗斯的部分导弹核潜艇是为攻击敌海军水面编队而设计。

三是战略示意。俄海军力量也被用于向其他国家宣示俄意图，以实现其广泛的政治目标。使用潜艇作为俄军事存在和能力的“隐性示意”也是俄海军较为常见的方式之一。

（三）海区与舰队的困局

至少自彼得大帝时代以来，俄罗斯帝国向外扩张的一个重要目的就是寻求出海口以及不受束缚的海上通路。因为就出入开放海域的通路而言，俄罗斯周边海域通向大洋的出口几乎都像是被潜在对手的锁链锁住了。彼得大帝时期，夺取国家的出海口是俄罗斯帝国对外扩张的一个明确目标。经过与强邻瑞典拼杀了20多年的北方战争，才在18世纪初打开了通往波罗的海的出海口，俄罗斯自此由内陆国家变为濒海国家，大陆民族也因此走向海洋。彼得大帝迫不及待地下令在紧贴波罗的海芬兰湾的涅瓦河口建都圣彼得堡，反映出俄罗斯统治者主动学习西方、以海权立国的强烈诉求。在彼得一世以及此后的女皇叶卡捷琳娜二世等统治者大力支持下，在夺取出海口政策的驱动下，俄海军得到长足的发展，积极进行“海上远征”。不断扩张的历史使俄罗斯不仅获得了全世界最大的陆上疆域，而且濒临三大洋、13个海（湾）。但俄海军始终无法摆脱海洋地理条件的制约：虽然抢到了多个出海口，却没有一条通往大洋的通道是畅通无阻的。俄海军四大舰队长期被分割封堵在日本海、巴仑支海、黑海和波罗的海，4个海洋战区在地理上相互割裂，各舰队之间相距甚远，难以相互呼应，难以进行战略战役的协同，相互间的机动支援极为困难。而一支舰队的力量往往显得不足。俄海军在每个战区都处于弱势。

苏联解体对海军舰队造成严重冲击，造成各舰队机体撕裂和海上空间严重萎缩。苏联留下的舰队或者被瓜分，或者失去港口基地，海军的基础设施相当薄弱，海外的很多驻泊点、补给点都已丧失或破坏殆尽，叙利亚的塔尔图斯港作为俄罗斯海军在原苏联地区以外唯一的军事基地孤悬于地中海上。美国及北约的扩张也益发加剧了俄罗斯地理上的先天性不利形势。在俄海军四大舰队中，只有北方舰队和太平洋舰队的通用兵力尚能最低限度地保障战略核潜艇在近海的作战稳定性。而在波罗的海和黑海方向，波罗的海舰队和黑海舰队已无力对抗北约邻国的联合海上集团，封锁海峡更是无从谈起。

波罗的海舰队成立于彼得大帝时期的1703年，是原苏联争霸大西洋的主力，但该海域存在严重局限。当年彼得大帝夺得的仅仅是有限的海洋，即狭小的波罗的海，要想进入广阔的公海还需要跨过丹麦这个“守门人”。而在波罗的海三国独立后，舰队又失去了位于这些国家的基地，只剩下圣彼得堡、维堡（部分为芬兰使用）和加里宁格勒三个港口，连使用波兰和原东德的海军基地/机场的机会也丧失了。圣彼得堡已处于西方炮火射程内。位于挪威与丹麦之间的斯卡格拉克海峡和位于瑞典与丹麦之间的卡特加特海峡是波罗的海通往北海和大西洋的门户，也是波罗的海舰队出入大西洋的唯一通道。对手一旦控制了这两个海峡，就等于掐住了波罗的海舰队的命脉，迫使其成为一支内海防御型舰队。

而实际上，波罗的海舰队今天已经蜕变为岸防区舰队，所有大型军舰已经移交至塞瓦斯托波尔（黑海舰队），并开始接装轻护舰。和平时期，该舰队在波罗的海没有直接作战对手，只需做好保卫“北溪”管道的工作。因而特种兵人数将会有大幅增加。

当年就不甘心波罗的海出海口受制于人的俄国，继续向北抢夺瑞典人的地盘，开辟出了摩尔曼斯克这个不冻港，成立了北冰洋舰队，苏联时期改编为北方舰队，逐渐发展壮大为苏联海军规模和实力最强的舰队，现为俄罗斯最强大的舰队。北方舰队的活动范围涵盖整个北极圈、北大西洋以及加拿大周围海域。但从冷战期间俄罗斯人就发现，这个港口依然无法摆脱被敌国封堵的命运。因为作为北约重要成员的挪威领土深入北冰洋，最北端的斯瓦尔巴群岛配合斯堪的纳维亚北端的挪威本土，彻底封死了苏联的巴仑支海出海口。英吉利—多佛尔海峡是北方舰队进入大西洋的必经之地，美军在其附近建有多个大型海、空军基地，战时可以有效地封锁俄北方舰队，使其很难进入大西洋。这让苏联在美苏争霸过程中一直处于被动状态。1932 年，苏联为了解北极水域通航大吨位军舰的能力，在北极圈内的浮冰上建起世界上第一座北极考察站。气象学家巴巴尼、什尔索夫和地球物理学家费得罗夫随冰飘移了 2500 千米，一直到达丹麦治下的格陵兰岛附近，获取了该水域至今仍属绝密的气象和水文资料。2010 年 7 月下旬，俄北方舰队旗舰“彼得大帝”号就是依照当年巴巴尼等人绘制的航线，从北冰洋开到北太平洋，与太平洋舰队会师并共同参加了俄武装力量“东方 - 2010”的演习。

北方舰队集结着俄罗斯所有的重型海上兵器，包括“库兹涅佐夫海军元帅”号航母、“彼得大帝”号导弹巡洋舰以及 80% 的核动力战略潜艇，未来仍将是俄战略核潜艇的两大主基地之一，还将增添 2 ~ 3 艘护卫舰和 5 ~ 6 艘轻护舰。“彼得大帝”号将主要遂行对友好国家进行访问的任务。“库兹涅佐夫”号航母正在进行维修改造，将于 2021 年重返舰队。《劳动报》称其在北方海域无所作为，[①]其他舰队却不具备泊靠航母必需的海岸基础设施。此外，为了保护巴伦支和喀拉海域的油气田，已开始给北方舰队建造加护防冰的中小型舰船。

---

① 海军总司令韦索茨基上将的意见则与之完全相左。他在 2010 年海军节之际强调，“如果我们在北方没有航空母舰，那么北方舰队导弹核潜艇在这些地区的战斗稳定性第二天就会化为乌有，因为潜艇主要的敌人就是航空兵。”参见《俄罗斯航母发展前景展望》，《欧美防务评论》2010 年第 39 期。

也正是由于波罗的海海口地形，以及北极圈以北的冰层成为其北方的严重束缚，俄罗斯人开始向南寻求通路。俄罗斯与土耳其大战200年，付出了数十万俄罗斯士兵生命的代价，终于在叶卡捷琳娜二世时期将克里米亚半岛纳入了大俄罗斯版图，获得了第三个出海口，建立了黑海舰队。温暖的黑海海水和宽阔的海岸线，让俄罗斯第一次找到没有被空间束缚的感觉。西方史学家一致认为，得到乌克兰的俄罗斯自然而然就会成为超级大国，因为这里带给俄罗斯不仅仅是取之不尽的资源和一望无际的肥沃土地，还有贸易和殖民扩张的出海口。克里米亚半岛还是个易守难攻的半岛，非常适合作为俄罗斯南大门。黑海舰队的活动范围为黑海和地中海。然而，苏联时期的最高领导人赫鲁晓夫却在1954年2月19日做出了一个在俄罗斯人今天看来非常荒唐的决定——将克里米亚州划给了乌克兰加盟共和国，理由是“克里米亚同乌克兰苏维埃社会主义共和国之间经济上有共同性、地域接近、经济和文化关系密切”。当然，赫鲁晓夫赠地给乌克兰是限定在“统一的和牢不可破的苏联”框架之中的。他不会想到，37年之后苏联会解体，乌克兰会变成独立国家。1997年，原苏联黑海舰队被俄乌两家海军分割，俄黑海舰队原苏军良港尽失，只剩下诺沃罗西斯克和图阿普谢两个港口，不得不向乌克兰租用塞瓦斯托波尔海军基地和克里米亚半岛上的其他基地，每年要向乌克兰缴纳近一亿美元租金，才能继续使用半岛上的塞瓦斯托波尔军港，即便如此还要看对方是否情愿继续出租给它。

然而，这种自由可能也仅限于和平时期，因为它和圣彼得堡在波罗的海的命运一样，只能进入面积狭小的黑海。要想进入公海大洋，必须经过另一个守门人——土耳其。博斯普鲁斯海峡就像一把铁锁，通向地中海的锁钥一直掌握在土耳其手中。1853年，俄国发动克里米亚战争以期控制土耳其海峡，被英法识破企图，联合其他国家将其击败，俄向地中海的扩张没有成功。黑海舰队至今一直无法摆脱沦为“澡盆里”的巡航舰队命运，难以真正走出黑海。一旦俄罗斯与北约发生冲突，作为北约成员国的土耳其仍随时可以封锁黑海海峡，将黑海舰队困在黑海以内。当然，即便黑海舰队通过了博斯普鲁斯海峡，也只是进入了地中海，仍不是真正的大洋。

黑海舰队的战力仅有苏联解体时该舰队的1/4，由不同级别的单舰组成的30多艘战舰在数十年间几乎没有任何更新，不少战舰老旧到可以直接驶入博物馆。如今，获得新生的黑海舰队正在陆续接收新装备，计划列装18艘新型舰只，包括6艘“拉达级”和“华沙女人”级柴电潜艇以及12艘轻护舰和登陆舰，但其作战半径都不大。“莫斯科”号导弹巡洋舰仍将是该舰队的主要打击力量。目前，黑海舰队主要担负震慑格鲁吉亚和保护天然气管道两大重任。

里海则完全是一个大湖，没有进入大洋的可能。里海舰队的历史可以追溯到1722年彼得大帝时期，苏联解体后为周边的俄罗斯、乌克兰、阿塞拜疆，哈萨克斯坦和土库曼斯坦的海军所分割。俄海军在此仅保留了一支区舰队的规模。

当家门口能吞并的土地全部收入版图后，俄国人又开始向遥远的东方寻找新的出海口。俄国侵占了海参崴，将其改名为符拉迪沃斯托克，在这里建立了太平洋舰队，将其视为保障俄罗斯在亚太地区利益的主要工具。但是，这里同样没有直面大洋，而只能进入日本海这个狭小的海域，而且这里也有一个“守门人”，即日本。日本和土耳其、挪威一样，都是俄罗斯对手阵营的。而且这里还有冬季结冰的麻烦。在俄罗斯现有四大舰队中，只有太平洋舰队完好无损，但苏联解体后多年来的大幅削减，使远东军港十室九空。这里的船坞原本可容25艘潜艇大修，20世纪90年代以来仅剩下10条潜艇，航空母舰码头也已废弃多年。更糟糕的是，俄造船中心大多在西部的波罗的海和北冰洋沿岸，建造的军舰要想到达远东，不得不绕过大半个地球，只有极少数小吨位舰艇能经西伯利亚大铁路抵达符拉迪沃斯托克。这种支援方式在全面战争中是不可想象的。1904年－1905年，为援助遭日本围攻的太平洋舰队，俄国在波罗的海拼凑了庞大的第二太平洋舰队，用6个月的时间航行了1.8万海里，结果被以逸待劳的日本海军在对马海峡围歼。

关于太平洋舰队的实力，俄军事分析家马基连科曾悲观地指出，它只有美国驻亚太海军实力的1/3、日本海上自卫队的1/2。如果不进行大规模补充，不消十年就可能退化为一支“海岸警卫队”[①]。但该舰队的重要性已受到俄领导人的重视。在海军未来列装计划中该舰队接装的大型水面舰只最多，还将接收占总量一半的核动力潜艇，或将一跃成为俄海军实力最强舰队。

根据日本媒体引述《独立军事评论》2009年12月24日一期提供的资料，俄罗斯海军在各海域与其他国家的力量对比分别如下：俄罗斯：对瑞典＋芬兰＝1：2，俄罗斯：德国＝1：3，俄罗斯：土耳其＝1：2，俄罗斯：英法＝1：5至1：6，俄罗斯：美国＝1：20至1：30，俄罗斯：日本＝1：3。[②] 由此可见，俄罗斯海军力量明显处于劣势。雪上加霜的是，北约扩张一再挤压俄战略空间。近年来，美国一直在积极推进北约东扩，全面挤压俄罗斯的战略空间，企图把俄罗斯彻底挤出传统海洋势力范围，防范和遏制俄海军东山再起。北约东扩突破了俄军从波罗的海到黑海一带的传统势力范围，使俄西北部陆地边界直接暴露在北约面前，俄海军传统的大西洋势力范围和战略空间受到空前挤压。

鉴于俄舰队发展及海区方向困局，以及舰船制造业的窘境，俄罗斯更注重守护近海，同时极力发展对可能威胁其陆地安全的国家进行破坏的一切手段，以阻止敌人抵达俄罗斯领土。美国军事专家认为，这就是俄罗斯在建造潜艇而不是航母方面拥有如此丰富的历史记录（在某些案例中是惊人的技术能力）的原因，也是其制造远程反舰导弹而不发展任何哪怕是稍稍近似于海上补给或修理体系的设施的原因。他们在一个世纪前就放弃了正宗的战列舰。因为他们知道，自己永远也不可能从两处极其重要的水面海军基地冲出去。作为替代，他们把重点放在了研制可以阻止美国及其盟友打到欧洲

---

① 俄新网2010年3月6日报道，引自《欧美防务评论》2010第23期。
② 《独立军事评论》2009年12月24日。

并通过欧洲陆地打到俄罗斯的武器。要做到这一点，需要的是潜艇，以及同样可以发射超远程反舰武器的远程攻击战机。所以美国更担心的是“与俄罗斯在空中而不是海上发生争执”①。

（四）舰船制造业窘境

算起来，俄海军仍拥有众多国家不敢奢望的强大军力，包括大约300艘战舰、潜艇、快艇和数百艘辅助船只。但上述数字还包含了那些处于维修或封存状态的舰船。就总体战斗力而言，俄联邦海军暂时仍保持着世界第二名的位置，但已数倍落后于排名第一的美国海军，而针对其他国家海军的优势却在缩小。俄海军舰队急遽衰落，在可预见的时间内难以恢复到冷战时期苏联海军的状态。

苏联解体后，因原有工业体系被肢解、几十年来资金不足以及俄乌关系破裂，俄舰艇更新和建造能力受到重创。除少量攻击和巡航导弹潜艇外，俄海军的战舰几乎都是在冷战时期建造的。在水面舰艇领域，现只具备建造4000吨级军舰的能力，甚至要依靠中国提供舰用发动机。前北方舰队司令维·波波夫证实，21世纪第一个十年接收的水上舰船仅有一艘2000吨级别的轻型护卫舰。“库兹涅佐夫”号航母正在大修中，此前在长期航行时经常要有拖船随行。不清楚在这些老旧舰船中到底有多少处于适航状态，在适航的舰船中又有多少具备战斗力。日本《经济学人》周刊称，由于燃料、资金和技术不足，苏联时期曾往返于世界各地的海军，如今正沦为单纯的“沿岸警备军”②。

俄罗斯大型航母建造技术在苏联时期就落后于美国。20世纪80年代，苏联海军希望发展一种排水量达9万吨的核动力航空母舰，装备类似于美国“尼米兹”级航空母舰用蒸汽弹射器的设备。但由

---

① 罗伯特·贝特曼：《我们为什么与俄罗斯在空中而不是海上争执》，［美］《大众机械》（月刊）网站2017年6月30日。

② 丸山浩行：《俄罗斯新军事学说言及“国家生存危机”》，［日］《经济学人》（周刊）2010年3月16日。

于费用和技术问题最终失败，航空母舰的设计方案被改成了排水量为6.5吨的常规动力航空母舰，苏联海军称其为“重型载机巡洋舰”。俄罗斯虽然还具备航母设计能力，拥有世界一流的航母设计局——圣彼得堡的涅瓦设计局，但由于苏联时期的航母建造设施集中于乌克兰的尼古拉耶夫造船厂，以前所有航母都是在那里制造的，俄军事造船业本身缺乏组装航母船体所需的设备和经验。近20年来大型军舰的国防订单缺失，更使俄军事造船业流失了大批熟练工人。对俄造船业而言，建造航母特别是大型航母基本是从零开始。多年来也只是为印度改装过一艘航母，而且工期还一再拖延，暴露了俄罗斯的技术短板和制造工艺问题。俄罗斯国防产品出口公司总裁伊赛金曾用“非常艰难”来形容俄北方机器制造厂为印度改装“戈尔什科夫海军元帅”号航母的合同，因为这相当于在一个旧船体上建造一艘新航母，也是俄罗斯造船史上首次建造航母。改装合同签订于2004年，当时约定价格是15亿多美元，计划2008年交付印方。但最终交付日期推迟到2012年—2013年，价格也飙升至23亿美元。印方对此极度不满。

除与乌克兰中断军事技术合作后俄航母制造技术面临的一系列难题外，俄方最大的困难就是资金不足。俄军需要用钱的地方太多，而打造一支航母编队也实在太“烧钱”：建造一艘核动力航母至少要花费45亿至70亿美元，购买与之配套的舰载机和护航舰艇更是天文数字。不仅如此，由于航母编队通常都是在远离本土的公海上执行任务，为保证能顺利完成作战任务，还需在岸上甚至太空投入巨资建设必要的指挥和通讯设施。单是开启一次岸基跟踪系统追踪潜艇发射的弹道导弹，20分钟就要花去50万美元，更不要说与千里之外的航母编队保持实时通讯的花费了。

苏联鼎盛时期拥有5艘航母，如今在世界各大洋上已经难觅俄罗斯航母的踪影。与美国海军、英国海军，甚至同样仅拥有一艘航母的法国海军相比，“库兹涅佐夫”号的远洋航行少之又少，俄方正在对这艘1991年服役的航母进行大修和现代化改装，使其再服役 20 年。这期间没有任何一艘战舰能担当其海空一体化作战平台的重担，单航母窘况突显。而美国海军却拥有 11 艘现役航母，还有 3 艘正在建造当中。俄罗斯国内对发展航母呼声很高，希望俄海军重返大洋，成为“货真价实”的蓝色海军。因为没有航母编队，任何时候都无法真正重返大洋。俄造船项目研究计划中心主任鲍里索夫表示，根据俄罗斯新版《军事学说》，俄海军必须回到世界大洋中，其四大舰队中的每一支都要拥有至少一艘航母。2007 年底，俄海军司令马索林上将提出了在 20 年内打造 6 支航母编队（北方舰队和太平洋舰队各拥有 3 支）的计划。2010 年 3 月，在纪念苏联海军元帅谢尔盖·戈尔什科夫百年诞辰的会议上，俄海军再次提出 10 年内造 4 艘航母、20 年内造 6 艘航母的目标。普京在 2012 年 2 月会晤俄军事专家时说：“我们想拥有航母，但它尚不在计划之中，不过我们会考虑此事。”① 2019 年 5 月 7 日，俄罗斯塔斯社又放出消息称，2023 年将开始研发第一艘核动力航母，并称该计划已被列入俄罗斯 2027 年前国家武器装备发展计划中，但却未说明航母的具体建造经费和预计完工日期。

和苏联一样，俄海军力量的优势在于其潜艇部队。但苏联解体 20 年里，俄罗斯海军没有接收过新的弹道导弹核潜艇，最近的一艘苏制导弹潜艇（667BДPM 型 K－407“新莫斯科夫斯克”号）还是 1990 年服役的。理论上，俄罗斯拥有 15 艘攻击型核潜艇、16 艘常规动力攻击潜艇、6 艘巡航导弹潜艇和 9 艘弹道导弹潜艇。这些潜艇都是冷战时期生产的，战备水平不详。9 艘弹道导弹潜艇代表俄宝贵的二次核打击能力，而且很可能是俄罗斯舰队中战备水平最高的。②

直到 2012 年底，才有新的弹道导弹核潜艇加入海军战斗序列，

① 安德烈·列兹奇科夫：《普京解释俄武器相较美国的优势所在》，［俄］《观点报》2012 年 2 月 24 日。

② 凯尔·沟上：《纵横世界海洋的五大海军》，［美］《国家利益》（双月刊）网站 2017 年 7 月 28 日。

即955型“北风之神”级的首艇——1996年起建造的“尤里·多尔戈鲁基”号。该艇成为俄罗斯更新海基战略核力量的第一步。原计划打造10艘甚至12艘，但2020年前国家军备计划只为8艘潜艇拨了款，虽然这并不代表该计划完成后没有继续造艇的可能。现役的3艘667бдр型“枪乌贼”级和6艘667бдрм型“海豚”级弹道导弹核潜艇总共可携带相同数量的导弹。“北风之神”的服役，渴望弥补“枪乌贼”逐渐老化退役导致的数量下滑，同时提升弹道导弹核潜艇的性能指标，增强俄海基核力量的攻击力。

哈佛大学教授德米特里·哥仁堡指出：“俄罗斯海军发展的真正障碍在于造船工业，这并不仅仅是简单地喊几下建造舰船的口号而已。俄罗斯的造船工业工艺与技术均已落后很多，且基础设施非常陈旧。俄罗斯海军期待的新锐战舰中，没有哪一艘是按时建造完工的。”由于所有造舰计划都出现了推迟的情况，现有的舰船在达到预期服役年限的时候很少有新舰来替换它们，哥仁堡推断，“另一个10年后，俄罗斯海军大部分远洋舰船将不能出港”①。如果真的如此发展下去，到2020年—2025年，俄海军将既不能在远洋战区独立行动，也无法保障俄罗斯经济利益和在海上热点地区的存在；既不能支援近岸部队，也无力在遭遇强敌时保护本国海域；一些重要任务能否完成，如确保战略导弹潜艇的行动，也要打上一个问号。

（五）“水面狼群”守近海

根据新的海军发展构想，俄罗斯舰队发展将以近海防御为主。

冷战时期，面对美国及北约国家在航母等水面舰艇方面拥有的绝对优势，苏联海军主要依靠核潜艇、导弹巡洋舰与美国海军在大洋争雄，驱逐舰与巡洋舰是其水面舰艇的中坚力量：“现代”级驱

---

① 奥托·克莱舍：《俄海军复兴计划被泼凉水 目标与现实间距离过大》，中国网2010年4月27日。

逐舰与“光荣”级巡洋舰主要依靠大威力远程反舰导弹对敌方战舰发动饱和攻击；“无畏”级驱逐舰主要负责远洋反潜作战；“基洛夫”级核动力巡洋舰则是一种可执行多种任务的大型平台；而一些护卫舰主要负责近海巡逻或是反潜等任务，作战能力相对有限，主要充当“辅助兵力”。现在，这些苏联时期留下来的家底大多已不适应新世纪的近海作战任务和打击海盗等非传统作战任务。例如“彼得大帝”级核动力巡洋舰和“光荣”级常规动力巡洋舰虽然火力超强，甚至具备同航母较量的实力，但用这些巨舰长期巡航成本太高，而且由于海军技术能力和建设预算不足，大型战舰的建造实际陷入停顿不前的窘境。俄海军暂时让少数大型战舰在远洋“示威”，同时从建造轻型、小型多用途舰艇入手，逐步恢复水面舰艇建造能力和规模，既可满足现实需要，又能兼顾成本，拥有可近守远攻的多用途平台。因此，俄罗斯海军的现代水面舰队主要是在小型、装备精良的护卫舰基础上建立的。他们不仅能保护通往俄罗斯海岸的海上通道，而且能从黑海和波罗的海打击欧洲和中东各地的目标。在打击叙利亚的目标中，俄罗斯已充分展露了这种能力。

2010 年 10 月下水、2018 年 7 月编入战斗序列的 22350 型护卫舰首舰“戈尔什科夫海军元帅”号，是一种性能优异的远洋多用途护卫舰，装备了先进的“口径”巡航导弹，其火力可与大型驱逐舰甚至是巡洋舰一较高下，已经具备替代“现代”级、“无畏”级舰的潜力。从多方面指标来看，22350 型护卫舰可成为守护俄罗斯海疆的利器，并能大幅提升俄海军的远洋活动能力，十分适合在印度洋的反海盗任务。俄海军提出，其四大舰队共需要 20 艘 ~ 30 艘该级别护卫舰。可见，22350 型护卫舰将成为俄罗斯海军未来水面战舰中的主力。

近年来，俄罗斯还相继推出“守护”级、“轰鸣”级、“无理”级、“布扬”级、“布扬”M 级（21631 型）、22800 型、22160 型轻型护卫舰。其中，由于“布扬”级、“布扬”M 级、22800 型排水量不足 1000 吨，建造数量多，被称为俄海军新一代“水面狼群”。“布扬”M只有950吨的排水量，适合在俄罗斯近海或里海这类海域长期部署，执行日常巡逻任务，但在舰首安装了一具隐身化的AK－190型100mm单管舰炮，火力强悍，是典型的“小艇扛大炮”。射程近2500千米的“口径”巡航导弹使该型舰拥有了战略威慑打击能力。在叙利亚反恐作战行动中，就有多艘“布扬”M级护卫舰从里海发射数十枚“口径”巡航导弹，精确命中了数千千米外的目标，令全世界为之瞩目。这也表明，并非万吨级战舰才有能力发射战略性武器，几百吨的小型舰艇现在也可以做到。22800型绰号“欧洲黑寡妇蜘蛛”，逆“世界战舰大型化”潮流而动，个头虽小但机动性强，航行稳定，适航能力强，尤其值得称道的是还可遂行远洋作战任务。

俄罗斯海军真正的战斗力在于其潜艇编队。尽管从1991年约有250艘潜艇的庞大苏联海军力量缩减到最多大约50艘潜艇的规模，但俄罗斯这支水下舰队仍是一支不容小觑的力量。除新型的“北风之神”级核动力洲际弹道导弹潜艇外，俄罗斯正在建造新一代称为885M型“白蜡树”级核动力制导导弹潜艇。俄罗斯正在建造多达8艘“白蜡树”级潜艇，美国海军官员认为，它是有史以来最强大的敌方潜艇。出于经济考虑，俄罗斯也在研制成本较低的“哈斯基”级核攻击潜艇，以补充造价高昂的“白蜡树”级潜艇。与此同时，继续升级其较老的潜艇。这支强大的核攻击潜艇编队肩负的任务不仅是保护俄罗斯的战略核导弹潜艇部队，还要与敌方海军作战，并用“口径”巡航导弹打击陆基目标。“北德文斯克”号和其他的“白蜡树”级攻击型核潜艇静音性能极好，可以用40枚核或常规弹头的“口径”巡航导弹，深入打击美国大陆腹地而令对方几乎无法预警。就连常规动力的“基洛”级潜艇也装备了“口径”导弹。曾多次打击叙利亚恐怖组织目标的这些潜艇，自然也可以用于打击欧洲任何地方的目标，因此对美国盟国的海军力量构成重大威胁。只是最大的问题是潜艇编队太小，大约只有原苏联编队规模的1/5。尽管它可能具有战斗力，但规模不够。

（六）境外军事基地

20世纪七八十年代苏联强盛时，其军事存在遍布世界各地，在欧洲、南美洲、非洲和东南亚一些地区都设有军事基地。到苏联末期，开始在全球范围进行战略收缩。俄罗斯独立以后，进一步压缩境外驻军，其海外军事基地已由苏联时期的100余个缩减至目前的20余个，大不如前。最窘迫的时候，俄罗斯海军几乎成为一支只能停在港口内的“存在舰队”。即使后来俄罗斯经济情况有所好转，舰队活动有所增多，也主要限于在俄罗斯周边海域。所以像越南、古巴、埃塞俄比亚这样远离俄罗斯本土的基地也没必要继续保留。而在波罗的海方向，随着华约解体、波罗的海三国先后独立，原来在这些国家的基地自然也一个不剩，即使俄罗斯想保留这个方向的基地，早就反目成仇的东欧各国也不可能同意。相反，美国海外军事基地却增至800余处，遍布全球。此消彼长的海外基地布势，反映出俄美全球战略思维的调整和国家综合实力的差异，同时也折射出大国战略博弈的轨迹。

而对原苏联地区，尤其是独联体地区——俄罗斯《军事学说》称之为“次地区”，俄罗斯不仅从未放弃，近年来还加强了军事存在。由于美国军事势力的渗透以及北约东扩对俄罗斯战略空间的蚕食挤压，俄罗斯这一传统“后院”已经变成俄美战略对抗的前沿，俄军部署的军事基地则是坚守“后院”绝地反击的先锋。①

俄罗斯海外军事基地按性质大体可分为以下两类：

一是地区维和类。每逢独联体国家间出现冲突，俄罗斯常以“大家长”身份派兵调停并在冲突地驻扎。如驻阿布哈兹的第7军事基地和驻南奥塞梯的第4军事基地。俄格冲突后，俄罗斯公开承认阿布哈兹和南奥塞梯独立，并在两地分设常驻军事基地，基地租

---

① 王春生、王睿：《俄海外军事基地只剩25家》，《环球军事》2010年4月上半月版。

期都是49年附加自动延长15年的条款。驻塔吉克斯坦的第201军事基地以及驻亚美尼亚的第102军事基地也属此类性质。此外，在摩尔多瓦长期处于分裂状态的俄罗斯族聚居区德涅斯特河左岸地区，俄军常驻有2个摩托化营、1个后勤保障营和1个直升机中队，共1000多人，以维护本民族利益。

二是自我保障类。此类基地事关俄罗斯国土防御和军队发展命脉，如驻白俄罗斯的伏尔加雷达站以及驻阿塞拜疆的甘巴拉雷达站均作为俄罗斯国家反导预警系统的重要组成部分，驻哈萨克斯坦的拜科努尔航天中心则是俄罗斯当前三大航天发射基地中纬度最低、最适宜大型航天器升空的发射基地，类似的还有驻哈萨克斯坦的929号国家飞行试验中心、“埃姆巴”靶场、“萨雷—沙干”武器试验场、第四号国家中心靶场，驻塔吉克斯坦的“窗口”光电中心（俄太空监控系统的重要组成部分），驻吉尔吉斯斯坦的海军反潜试验基地、国防部地震试验室等。[①]

在西部地区，推动与白俄罗斯建立军事联盟。在独联体各国中，俄白两国的军事关系最为密切，加强在白俄罗斯的军事存在意义重大。根据1999年10月两国签署的《组建两国地区联合军队集群协定》，俄白双方开始建立联合作战部队和相应指挥机构，首先是统一防空系统。2006年11月23日，两国国防部长签署协议，正式建立俄白地区统一防空系统，俄罗斯4个C-300防空导弹营部署在白俄罗斯西部，纳入新组建的白俄罗斯空军与防空军第115防空导弹旅，由俄白统一防空系统指挥。白俄罗斯空军与防空军司令帕菲罗夫中将指出，统一防空区司令有权自主、灵活地决定使用俄白两国的兵力兵器，不需事先征得两国最高领导层的同意。[②] 俄军事专家称，统一防空系统建成后，俄白西部战略方向防空边界向北约的东欧盟国方向推进了400千米，空中目标拦截边界推进150千米。

① 李佑任、马建光：《从布局全球到回归周边》，《解放军报》2015年3月27日。
② 石纯民：《俄战略空间要西进400公里》，《中国国防报》2006年12月7日。

C－300防空导弹系统主要用于反击敌方密集空袭，除常规目标外，还可拦截巡航导弹、隐形飞机以及射程在1000千米以内的弹道导弹。俄罗斯还准备在白俄罗斯建立新的军事基地。

在外高加索地区，有驻亚美尼亚和南奥塞梯、阿布哈兹的军事基地。苏联解体后，俄罗斯根据《集体安全条约》，以原苏军外高加索军区驻亚美尼亚第127摩步师和驻格鲁吉亚第145摩步师、第147摩步师为基础，于1992年5月分别组建了俄驻亚美尼亚久木里军事基地、驻格鲁吉亚巴统军事基地和阿哈尔卡拉基军事基地，共驻有俄军6000余人。目前，俄罗斯与亚美尼亚仍维持着稳固的盟国关系，俄罗斯在亚美尼亚的第102基地驻有2990名军人，俄亚联合防空部队按照苏联时期制定的模式行事，即共同监控南方空域（针对土耳其及北约集团）。2008年，在格鲁吉亚强烈要求下，俄罗斯从该国两个军事基地撤出。俄格冲突后，俄罗斯宣布承认南奥塞梯、阿布哈兹的独立国家地位并与之建交。2009年9月15日，俄罗斯与南奥塞梯、阿布哈兹签署军事技术合作协议，将在这两个地区拥有军事基地，每个地区驻扎1700名俄军官兵，有效期49年。为应对从格鲁吉亚撤军后在外高加索地区可能出现的复杂局面，俄罗斯在加强南部军区实力的同时，建议与里海周边五国组建里海海军联合舰队，构建地区新安全机制，抵制西方国家向里海地区的扩张。

在中亚地区，有驻吉尔吉斯斯坦和塔吉克斯坦的军事基地。中亚地区是俄罗斯的传统利益区，也是俄罗斯的“软下腹”，战略位置十分重要。“9·11”事件后、俄为改善对美关系，全力助美打击恐怖主义，同意美军进驻中亚地区，使美获得了在乌兹别克斯坦汉纳巴德、吉尔吉斯斯坦马纳斯、塔吉克斯坦库里亚布等多处军事基地的使用权。但阿富汗局势缓和以后，美国却没有撤军的迹象，这引起了俄方的警觉。俄罗斯开始大力恢复和加强在中亚地区的军事存在，以抵消美军进驻中亚的影响。2003年9月，俄罗斯与吉尔吉斯斯坦达成协议，在原苏军训飞基地的基础上组建坎特空军基地。

这是苏联解体后俄罗斯在境外建立的首个军事基地。2004 年 10 月，俄罗斯又与塔吉克斯坦正式签署了建立军事基地的协议。以俄驻塔第 201 摩托化步兵师为基础，组建第 201 军事基地，成为俄罗斯在海外建立的第 2 个军事基地。2005 年 10 月，集安组织决定在中亚地区组建类似俄白军队集群那样的大规模军队集群。据该组织秘书长称，集群“并不像集安组织快速反应部队那样只包括几个营，而是包括整团、整师，甚至可能是几个兵团和军团”，即一旦爆发大规模战争，该组织成员国应将本国陆军或整个武装力量编入该集群。

俄海外海军基地数量有限，勉力支撑着“远洋存在”战略。自 2002 年 1 月俄罗斯宣布停止租用越南金兰湾海军基地后，俄军境外海军基地仅有 4 处，分别是位于白俄罗斯和吉尔吉斯斯坦的 2 个海军远程通信枢纽站，以及驻塞瓦斯托波尔港的黑海舰队基地和租借叙利亚的塔尔图斯港基地。作为“远洋存在”战略的重要力量支撑，上述基地已属最低配置。俄罗斯在其可能达到的最西端——白俄罗斯租用了维列伊卡基地、在其可能达到的最南端——吉尔吉斯斯坦租用了卡拉巴尔特军事基地，并在上述基地建设了 2 个对海远程通信枢纽站，与俄罗斯境内最东端和最北端的对海通信设施联网，保持着俄全方位对海远程通信能力。在黑海—地中海—大西洋这一海上战略通道，俄海军主要凭借克里米亚半岛上的塞瓦斯托波尔港和叙利亚的塔尔图斯港。塞瓦斯托波尔港位于黑海战略要冲，能够扼控整个黑海。塔尔图斯港位于叙利亚的地中海南端，作为黑海舰队在地中海的物资技术保障站，由浮码头、仓库等设施组成，是俄罗斯在原苏联疆界以外国家所设的唯一军事基地。俄军已将该基地扩建并增加了驻军。

航天基地主要建于苏联时期，俄空天军继续向独联体国家租用、构建和提高太空作战能力。俄空天防御兵租用了 6 个海外军事基地，旨在构建太空作战能力。为提高反导预警能力，俄航天兵于 1994—1996 年先后租用了离其本土尽可能远的 4 个原苏联军事基地，组建早期预警雷达侦察网，搭配部署各型主战早期预警雷达，于2000年后相继建成驻阿塞拜疆加巴拉“达利亚尔”雷达枢纽站、驻白俄罗斯巴拉诺维奇“伏尔加”雷达枢纽站、驻哈萨克斯坦古利沙德“第涅伯河”雷达枢纽站、驻塔吉克斯坦努列克“窗口”光电子太空监测系统枢纽站。其中，“达利亚尔”早期预警雷达侦察范围为6000千米、“伏尔加”型4500千米、“第涅伯河”型3000千米、“窗口”型4万千米。上述预警雷达枢纽站组网后，可初步形成俄反导早期预警雷达网，向西可监测到美国本土、欧洲全境及大西洋海域，向南可监测到亚洲及印度洋海域，向东可监测到太平洋海域，能够对上述地区的空间目标实施连续跟踪监测，大大提高了俄反导预警时间。为提高航天发射能力，俄罗斯租用哈萨克斯坦境内的原苏联拜科努尔航天发射场中心。俄哈两国于1994年签署了为期20年的发射场租借合同，又于2004年协议将租期延长至2050年。拜科努尔航天发射场是俄罗斯纬度最低的航天发射场，也是俄罗斯唯一可实现载人航天发射的航天中心，约有军人3000名，是俄航天兵轨道航天器的主要发射场。俄罗斯在哈萨克斯坦境内租借的另一处航天设施是卡拉甘达航空场站，主要负责拜科努尔航天发射中心发射和回收航天器时的后勤保障和搜索疏散工作。

总体上看，虽然俄陆军、海军和空天军部队均在境外建有一定规模的军事基地，但除在叙利亚的军事基地外，其余基地均分布于原苏联地区。绍伊古于2014年2月底表示，俄打算增加在海外的军事基地，正在与一些国家谈判，包括古巴、委内瑞拉和尼加拉瓜。[①]俄方人士指出，这里指的不是美国式的真正基地，而只是海军的物资补给和维修站。即便如此，美国将俄罗斯在美洲地区的任何军事存在都视为“刺刀”。俄军海外基地的战略布势基本上呈现出收缩防御的总体格局，保持着支撑军事战略的最低配置，并且面临着布局欠合理、受困于经济实力发展艰难和与北约对抗激烈等特点。俄

① ［俄］《生意人报》2014年4月29日。

罗斯《生意人报》指出，俄驻海外军事基地已不具有原来的军事意义，而只在一定程度上具有政治意义，其目的是保持俄罗斯在所驻地区的军事存在。基地驻军只适合参加局部战争，未必能抵御正规军的大规模进攻。

（七）强化在大洋的存在

为了克服各方向海区被陆地分割、各自为战的弱点，苏联曾大力发展远洋海军，到 20 世纪 70 年代中期，苏联已经建成了一支进攻型的远洋导弹核舰队，发展海外军事基地，成为世界上唯一可以向美国海军发起挑战的力量。苏联解体后，俄罗斯海军部署全面收缩，仅在黑海沿岸的塞瓦斯托波尔和地中海沿岸的塔尔图斯保留了基地。俄罗斯媒体称，不管感情和习惯上如何难以接受，俄罗斯的远洋力量将只具有显示力量存在的政治意义，已经不可能完成任何实质性的战略对抗，当前“库兹涅佐夫”号航母和个别大型舰已经处于这一境地。零星的兵力远航行动，就像是 21 世纪的“波将金村庄”①。普京担任总统后，俄罗斯逐渐恢复了元气，开始把更多注意力放在发展海军上，海军的建设与训练不断提速，海军的目标重又转向了世界大洋。

让俄海军重返大洋，不仅关系到俄罗斯作为大国的脸面，也是俄罗斯拓展战略空间和增强威慑力的保证和体现。2001 年，俄罗斯颁布《2020 年前俄罗斯联邦海洋学说》并成立了海洋委员会。此后十多年里，又相继出台《2030 年前俄联邦海洋工作发展战略》《2020 年前俄联邦海洋学说》《2020 年前俄罗斯联邦海洋政策》以及《2020 年前国家海洋军事活动政策基本原则》等多份海洋战略指导性文件。2015 年 7 月 26 日推出的《俄联邦海洋学说》明确指出，俄海洋利益涵盖大西洋、北极地区、太平洋、印度洋、里海和

① 波将金为女皇叶卡捷琳娜二世的宠臣和亲信，陆军元帅，曾经为取悦女皇而下令在她巡游经过处搭建外观悦目的假村庄。“波将金村庄”被用来形容虚幻的繁荣——作者注。

南极地区等六大区域，海军是俄海洋实力的基础，是维护其在全球范围利益、巩固海洋强国地位的重要保障。文件详细规定了俄罗斯在北极和南极地区的任务，为波罗的海、黑海与亚速海、地中海三大区域的发展提出了详细的长期任务。俄副总理罗戈津表示，随着北方航路的意义凸显，为方便海军自由出入大西洋和太平洋，北极将是俄罗斯海军的优先方向，俄罗斯有必要重建核动力破冰船舰队。2017 年 7 月 20 日出台的《2020 年前国家海洋军事活动政策基本原则》指出，武力在争夺远洋和近海主导权上的作用显著增强，海军强国可改变武装冲突进程和结果。海军是战略威慑工具之一，尤其可有效防范“全球快速打击”。因此海军须拥有战略核力量和常规力量，可在世界大洋任一海域发挥战斗力，在短时间内向冲突地区派遣兵力以及在不侵犯他国主权的前提下常驻，能迅速、隐秘地在世界大洋偏远地区部署军队和进行物资补给。俄罗斯要求建立海外物资补给站，完善后勤保障系统，以使海军长期驻扎在世界大洋的重要战略海域，尤其是近中东、北极、里海、南亚、非洲、几内亚湾、印度洋和太平洋等地区。

近年来，随着国力军力的恢复，俄罗斯在外部海域活动的数量不断增多，并且任务时间也在变长。2007 年 8 月，普京宣布恢复已中止 15 年之久的战略轰炸机的飞行巡逻，俄罗斯战略轰炸机开始在太平洋、大西洋和北冰洋和黑海等海区巡航。俄海军自 2006 年恢复全球巡航，尤其是“新面貌”改革后，俄海军舰艇远洋部署呈现逐年增多趋势，活动区域涉及大西洋、太平洋、印度洋等海域，期间主要进行外访、远海演练、与外军联演等活动。2008 年，俄罗斯舰只访问了叙利亚、葡萄牙、法国、挪威、土耳其、日本、中国、韩国、委内瑞拉、巴拿马、尼加拉瓜、古巴。在访问期间，俄罗斯海军还与一些国家进行协商以获得使用它们的基地，如寻求获得对也门科特拉岛、叙利亚塔尔图斯和利比亚的黎波里的使用权。海军舰只开展港口访问提升了俄罗斯的声望及影响。2010 年俄军“东方 - 2010”演习期间，俄海军北方舰队导弹巡洋舰“彼得大帝”号和黑海舰队导弹巡洋舰“莫斯科”号远洋航行区域涉及大西洋、印度洋、太平洋以及地中海、红海、亚丁湾、南海、东海、日本海等广大海域，此次远航活动是近年来俄海军不同舰队首次实施跨区联合训练，也是俄海军北方舰队及黑海舰队舰艇首次前往西太地区活动。2013 年 7 月，俄海军三大舰队组建由导弹巡洋舰“莫斯科”号率领的舰队间联合舰艇编队遂行跨大西洋巡航部署任务，期间在大西洋海域与俄空军战略航空兵和北方舰队潜艇实施系列联合演训，并先后访问葡萄牙、古巴、尼加拉瓜、委内瑞拉、佛得角和西班牙等国港口。2011 年 8 月 30 日—9 月 20 日，俄东部军区在日本海、鄂霍次克海和堪察加半岛以东地区举行大规模首长司令部带实兵对抗演习，太平洋舰队派遣舰船 25 艘前往堪察加地区，这是近年来该舰队首次出动大批舰艇实施跨区远海航渡，旨在提升部队远海集结、投送及作战能力。此后，太平洋舰队在 2012—2014 年先后 6 次派遣舰艇编队经日本海东北部海域穿越宗谷海峡至堪察加，甚至是楚科奇海区域，举行大规模演练，显示其演练模式有固化和加强趋势。2012 年 6 月 1 日，俄海军恢复核潜艇远洋战备巡逻活动。同年 8 月和 10 月，俄海军先后 2 次派遣“阿库拉”级、“塞拉 – II”级攻击型核潜艇前往墨西哥湾、美国东海岸等海域实施战备巡航和反潜盯梢活动。俄海军计划大力加强战略导弹核潜艇在大洋的巡逻活动，扩大航海和战斗巡逻强度，恢复其在南半球的巡航。随着“北风之神”级战略核潜艇的列装，俄海军不仅仅限于继续在北冰洋、大西洋及太平洋水域巡逻，而且要在诸如早在 20 世纪 90 年代末因苏联解体而中断活动的那些海洋水域恢复战备巡航，遂行作战任务。2014 年 7 月份以来，俄海军 4 大舰队先后派遣“南方”级、“莫马河”级、“克雷洛夫院士”级和“西伯利亚科夫”级 4 个级别 7 艘测量船，赴南海、地中海、西太平洋、大西洋及北极各重要海域遂行远洋水文测量工作，旨在获取详细水文地理数据，为俄海军恢复“全球存在”提供保障。2011 年和 2016 年叙利亚局势紧张之际，俄罗斯派出以“库兹涅佐夫”号航母为首的舰艇编队两次出访叙利亚等国，彰显大国实力和立场。

俄罗斯一直抱有大国雄心，不甘心沦为二流国家。参与叙利亚战争并取得巨大战果，增大了俄罗斯在国际上特别是中东地区的影响力，并进一步激发了其大国雄心。然而对这一雄心的现实掣肘是极度缺乏大型军舰。苏联解体之后20多年只建造了20艘轻型和少量中型军舰，只能在近海活动，对远海施加不了影响，装备齐全、可在远洋地区航行的舰艇明显不足。《观点报》文章指出，俄海军舰队中目前具备远航能力的舰艇事实上只有4艘，分别是黑海舰队的“佩列科普”号训练舰、波罗的海舰队的“智者雅罗斯拉夫”号护卫舰以及太平洋舰队的“特里布茨海军上将”号和“维诺格拉多夫海军上将”号大型反潜舰。[①] 俄海军拥有约10艘战略导弹潜艇，但要真正回归全球大洋，这个数量仍是不够的；还有10艘多用途核潜艇，但技术装备状况并非完好；柴电潜艇则完全无法完成远航任务。俄海军可以在国际事务中发挥影响力，却不足以威胁更强大的对手。

到2020年前后，俄海军将获得8艘“北风之神”核潜艇和8艘“白蜡树”级核潜艇，该两型潜艇所携带的远程巡航导弹都可以打击陆地和海洋目标。只是由于人们看不见水下的潜艇，它们很难代表俄海军在全球大洋的存在。要让俄罗斯海军重新常驻世界大洋，需要改造100多艘第1级和第2级舰艇，改造数百艘保障船、油船及运输船。[②] 在当前情况下，也只能对苏联时期建造的一些大型军舰，如“库兹涅佐夫”号航母、“基洛夫”级巡洋舰、“光荣”级巡洋舰等，进行现代化改装，以期在未来较长时间内作为海军主力，彰显俄罗斯在国际政治上的影响力，维持其大国地位。此外，可能还需要在叙利亚、越南和古巴重建临时基地。毕竟，让（需要维修的）舰艇绕着欧洲返回北方舰队基地，与用浮动船坞对舰艇进

---

① 《俄罗斯要成为真正的全球大洋海军还缺少什么》，［俄］《观点报》网站2018年7月29日。

② 同上。

行维修是完全不同的事情。今天要重建一支海军，远比 1990 年时摧毁一支海军复杂得多。

四、重返中东阵地

1988 年苏军开始从阿富汗撤军，苏联从此告别了中东政治舞台的中心位置。在中东沉默近 30 年后，俄罗斯借叙利亚危机这一契机，于 2015 年 9 月 30 日以支持叙政府反恐的名义出兵，再次“杀入”中东，在有限战略资源的支持下在中东重新站稳了脚跟，重新获得了在中东的安全利益和地区影响力。

（一）与中东的历史渊源

俄罗斯与“中东”（俄罗斯称其为“近东”）的关系发展由来已久。历史上，俄罗斯曾长期扮演着中东地缘政治的关键角色。沙俄曾在数百年的时间里对奥斯曼土耳其用兵，图谋控制黑海和东地中海。19 世纪，沙俄又在中东和中亚与英国“大博弈”，寻求通往印度的通道。

冷战时期，中东成为苏美全球争霸的重要舞台。受到意识形态以及与美国领导的西方联盟之间敌对关系的驱动，苏联开始插手中东事务，建立起包括叙利亚、埃及在内的同盟体系，与也门、利比亚、伊拉克的世俗政权也有着紧密的联系。叙利亚阿萨德政权奉行亲苏政策，是苏联在中东的坚定盟友，也是苏联打入中东与美国争夺对抗的重要依托。伊朗在伊斯兰革命之后将苏联视为一个没有信仰的共产主义国家，但是苏联与伊朗依然保持着联系。苏联也与以色列正式建交。直到“六月战争”，苏联才逐渐向巴勒斯坦解放组织靠拢。苏伊士运河危机导致了西方支持的黎巴嫩和约旦等国家与苏联支持的埃及、叙利亚和新生的巴勒斯坦解放组织反目。

1991 年苏联解体后，俄罗斯开始全面收缩在中东的力量，在中东的影响力急遽下降。叶利钦政府一度实行亲西方的政策，同时也因受困于国内政治经济危机，无意加强在中东地区的影响力。在整个 90 年代，俄罗斯在除以色列、土耳其和伊朗外的中东地区的参与度都较低，导致部分地区出现了力量真空。

2000 年以来，在普京总统的领导下，俄罗斯开始逐渐投身全球事务，并开始重建在中东的影响力。在不断改善经济的支持下，俄罗斯开始将自己定位为一个全球参与者，并将中东视为可以展示其能力和全球影响力的地区。因此，俄罗斯转向南方，干预叙利亚，并加强与埃及的关系。2003 年，美国发动伊拉克战争，俄罗斯则积极地与所有主要中东国家建立外交关系，甚至与相互敌对的两国建交，如以色列和一些阿拉伯国家。俄罗斯成为了阿以和平国际问题四方成员之一。随着国力的日渐恢复，俄罗斯进一步提升对中东的重视度，越来越多的人开始讨论“俄罗斯重返中东”话题。俄罗斯出兵叙利亚及其后局势的发展，更展现了俄罗斯对中东举足轻重的影响力，甚至占据了主动地位。俄罗斯正在重新成为与美国不相伯仲的“中东巨人”。

（二）“重新格式化”中东格局

俄罗斯重返中东的直接诱因，是 2011 年席卷几乎整个阿拉伯地区的局势动荡和随后的叙利亚内战。俄罗斯认为，美国支持西亚北非局势动荡，破坏了中东的稳定。通过打击伊拉克、利比亚和叙利亚等地区盟友，美国不仅会削弱俄罗斯在该地区的影响力，而且也是在煽动和鼓励俄罗斯人反对普京政权。同时一些俄罗斯专家认为，阿拉伯地区动荡是由美国精心策划的，目的是加大美国对能源储备和管道的控制，最终吞噬俄罗斯的利益。由于多年来受到西方的排斥，俄罗斯开始调整其以西方为中心的战略。俄美都放弃了修复双方关系，在北约东扩、俄格冲突、乌克兰危机引发的冲突以及在叙利亚内战问题上的分歧日益扩大。在不断复苏的经济支持下，俄罗斯开始将自己定位为一个全球参与者，并将中东视为可以展示其能力和全球影响力的地区。这也昭示着，国际舞台缺少俄罗斯这个世界大国的时代结束了。

2015 年 9 月 30 日普京总统宣布出兵叙利亚的时候，几乎没有人看好俄罗斯在叙利亚的前景，因为俄罗斯正因其遭受西方制裁而困难重重。更多的人认为它将重陷当年的阿富汗陷阱。数年之后人们才逐渐意识到，这是俄罗斯在中东重新崛起的标志。

普京并非第一个认识到中东对俄罗斯重要性的政治家。曾任苏联驻中东记者及在叶利钦时期担任过对外情报局局长、外长、总理等重要职务的普里马科夫就曾坚决反对俄罗斯放弃中东。这位中东问题专家认为，俄罗斯不应该把自己的外交定位为二流国家的外交，任何一个世界大国都必须在中东问题上有所作为。他对中东的重视让如今的俄罗斯受益匪浅。也正是由于普里马科夫力排众议，俄罗斯在叙利亚的塔尔图斯海军基地才得以保留，成为其在苏联解体后独联体范围以外唯一的海外军事基地，并在普京决定干涉叙利亚内战的时候发挥了重要作用。2015 年 6 月，86 岁的普里马科夫去世。3 个月后，以直接出兵为标志，俄罗斯重新"杀回"中东政治舞台的中心。

西亚北非局势动荡让俄罗斯经济受到重创，损失程度至今都无法估计。在卡扎菲政权被推翻后，罗斯波隆出口公司蒙受的损失估计至少 40 亿美元。俄罗斯是能源大国，与伊拉克、伊朗、沙特阿拉伯、利比亚、阿尔及利亚等地的石油和天然气项目有利益关联。同时，俄罗斯的中东政治也受到负面影响，卡扎菲政权的结束和阿萨德政权的前景可能会从根本上改变俄罗斯与利比亚和叙利亚的关系。叙利亚作为俄在中东和地中海地区的重要盟友，其政治生态明显涉及俄罗斯核心利益。俄罗斯全力支持阿萨德，是为了避免出现第二个"伊拉克"。但可能带来的负面影响是，支持阿萨德很可能在该地区穆斯林社区中引起激烈反应，使中东其他国家对其避而远之，减少合作。如果不能与中东伊斯兰宗教团体的领导人保持友好关系，俄罗斯的政治稳定也将变得难以实现。

俄罗斯关注中东局势发展还有一个原因，就是俄罗斯的穆斯林人数在不断增加。据估计，目前穆斯林在俄罗斯人口中约占12%，在1600万~2000万人之间。俄罗斯担心中东地区的极端思想可能会渗透到中亚和其南部边境地区，引发潜在的国内叛乱。俄罗斯认为，混乱的中东地区将可能成为伊斯兰“圣战”分子的训练基地并可能非法扩散武器和弹药。更让俄罗斯担忧的是来自伊拉克和叙利亚的“伊斯兰国”的直接威胁。俄语是“伊斯兰国”的第三大流行语种，“伊斯兰国”设有俄语广播，办有俄语杂志。据估计，“伊斯兰国”俄语人群多达5000名，虽然其中许多来自中亚，但俄方估计“伊斯兰国”中的俄罗斯人可能超过3000名。如果这些人回到俄罗斯，将对俄罗斯造成极大的威胁。

为了牵制西方势力，2012年普京再次当选总统后，开始更多地参与中东事务，与该地区武装联系愈加紧密，中东形势也变得更加复杂。一方面，俄罗斯势力不断渗入叙利亚、不承认过去伊朗的核能和导弹造成的威胁；另一方面，俄罗斯又在平复利比亚、伊朗、也门、叙利亚等国的冲突中发挥着积极作用。俄罗斯当局表示欢迎所有中东国家就当下情势前来谈判。

此外，美国和欧盟一直试图染指乌克兰政局。在与西方国家关系日益紧张的背景下，俄罗斯出于边境安全考虑也需要加强和中东国家的联系，主动出击以破解美欧遏制，同时向欧美证明俄罗斯在国际事务上依然发挥着积极作用。

普京从美国在近几场局部战争出兵模式的变化中早已敏锐察觉到，从阿富汗、伊拉克到利比亚和叙利亚这几场战争，美国介入中东的意愿和能力呈逐渐降低趋势。这意味着美国在中东整体战略的收缩与退却，也意味着俄罗斯重返中东的机会来了。美国的作用削弱，使俄罗斯有可能成为解决该地区问题不可或缺的力量，促使俄罗斯专家所说的“多中心世界”的出现，而这正是俄罗斯战略目标之一。在通过早期的谈判和外交较量没有换取美国的退让之后，俄罗斯毅然决然地选择参与叙利亚内战。事实证明，普京的判断是正确的：美国无心也无力干扰俄罗斯在中东的大跃进。

俄军进入叙利亚作战，巩固了自己在叙利亚的军事存在与势力范围，打破了战略僵局，扩大了国际影响。虽然承受了一些经济、军事上的损失，但仍不失为一场精彩绝伦的主动出击，在中东地区打入了楔子，加速了中东地缘政治格局的重新洗牌，以最低成本收获了最大的利益。俄军在叙利亚战场的强势存在，也为俄罗斯赢得了叙利亚问题的主导权。在美欧主导的国际磋商几乎停滞之际，俄罗斯组织的阿斯塔纳会议逐渐成为政治解决叙利亚问题的平台。

（三）中东火药桶的“底火”

2017 年 12 月 11 日，普京在访问叙利亚时宣布将从叙利亚撤军。但仅仅半个多月之后，普京又于 12 月 29 日签署法律，批准了俄叙两国扩建塔尔图斯海军基地协议。这一进一出的“腾挪转换”，把临时性的派兵变成了长期的驻军，显示了俄罗斯在中东和地中海地区站住脚的决心。

叙利亚虽然只是一个拥有 18 万平方千米国土、2000 多万人口的小国，但其战略地位极为重要。中东是连接欧、亚、非三个大洲的“十字路口”，而叙利亚又是中东地区的“心脏”。在古代，埃及和北非的势力要北上必然从此经过，两河流域的势力要西进或南下埃及也要从此经过，巴尔干和小亚细亚的势力要东征或者南下埃及还是要从此经过。控制叙利亚可以辐射整个中东。如果把地中海比作一个四边形，叙利亚就在右边角的地方。首都大马士革位于该国西南部，巴拉达河右岸，被考古学家认为是世界上有人居住的最古老的首都，其历史可以追溯到公元前 2500 年，古代有“天国里的城市”之美誉。阿拉伯古书中曾有这样描写：“人间若有天堂，大马士革必在其中；天堂若在太空，大马士革与它齐名。”

叙利亚特殊的地理位置和它肥沃的土地，千百年来一直吸引着征服者的脚步。正如英国《每日电讯报》所述，利比亚的危机只不过是一个“客串的小节目”，叙利亚才是中东冲突的核心。叙利亚是中东“火药桶”的“底火”，是世界关注的热点、焦点，更是大国博弈的要地。

对于美国来说，抓住叙利亚，中东“石油美元”的控制权就稳稳掌控在自己的手中。叙利亚问题不解决，“俄伊叙”联盟就会巩固，就会威胁美国“美元霸权”地位。中东地区的石油资源占全球总储量的61%以上。而石油贸易以美元结算，是美国在世界经济战场上取胜、获得丰厚利益的根本所在，没了“美元霸权”地位，美国全球霸权的金融基础就不复存在了。

叙利亚之于俄罗斯，有如以色列之于美国，是具有重要地缘战略利益、地区安全利益与经济利益的传统重要盟友，关系着俄罗斯在地中海乃至印度洋广阔空间的利益。叙利亚是俄罗斯立足东地中海的门户和前哨，对中东施加影响的最后“桥头堡”。有了它，既可抵挡北约势力接近俄罗斯南部边境，又可切断“颜色革命”的链条，还可阻拦恐怖组织向俄罗斯南部渗透，改善俄罗斯南部与地中海方向的安全环境；失去它，俄罗斯无疑就等同于被赶出了中东的“心脏”地带。如果说失去乌克兰会让俄罗斯变成一个实质上的亚洲国家；那么，失去叙利亚会让它变成一个实质上的内陆国。

叙境内的塔尔图斯港位于地中海东岸，基本上正对着塞浦路斯，从古罗马时期就已经是地中海重要港口之一，目前是俄罗斯在东欧以外唯一的海军基地，是俄罗斯进入地中海的唯一支点，对其在地中海东部和中东地区的地缘影响力至关重要。如果失去了在叙利亚的军事基地，唯一的一个战略支点也要失去了，那时俄罗斯海军将被迫彻底退出地中海。

苏联时期，为了在北约占据绝对优势的地中海地区打入一个楔子，打破北约通过土耳其海峡对苏联黑海舰队的封锁，苏联抓住阿萨德上台以后急于寻求外援的契机，于1971年和叙利亚签订协议，在塔尔图斯建设了一个物资技术保障站，用于为当时的地中海分舰队提供保障。冷战结束、苏联解体之后，苏联时代的诸多海外基地都被废弃，塔尔图斯是仅存的几个硕果之一，更是唯一的海外海军基地，但也长期处于荒废状态，最萧条的时候仅剩50余人看守设备。

2011年，随着经济状况的好转，俄罗斯开始着手恢复和扩建这一海军基地，重点是重整了锚地，可以锚泊包括航空母舰在内的12艘舰艇，俄罗斯现在仅存的“库兹涅佐夫”号航空母舰编队曾经在2012年到访该港。2017年初，俄罗斯与叙利亚政府达成协议，升级改装叙利亚塔尔图斯海军物资补给站，允许其停靠包括核动力舰艇在内的11艘舰艇。新协议对塔尔图斯基地做了重大的扩展，内容包括扩大俄罗斯海军在塔尔图斯港地区物资技术保障站及俄罗斯军舰获得进入叙利亚领海、内陆水域和港口的权限。叙方将塔尔图斯港地区的土地和水域以及不属于官方公布的不动产设施移交俄罗斯在整个协议期内免费使用，塔尔图斯海军基地的面积扩大到24公顷。该协议规定了与确定人员及其家属、船员、物资技术保障点司法管辖权有关的事宜。此外，还规定了有关使用和维护动产和不动产设施运行以及使用土地和水域条件的财产关系程序，物资技术保障点人员、船员以及保障点的动产和不动产都拥有特权和豁免权。而且，俄方可将任何武器装备通过叙陆地领土运进或运出这一基地，可在该基地内设置为俄舰艇提供保障服务的任何设备并实施相应的改扩建工程；基地的陆上区域周边安保由叙方负责，海上区域的守卫和防空由俄方负责。根据协议，俄罗斯将租借塔尔图斯海军基地49年，在协议到期前如俄叙双方均未提出停止履行该协议，那么协议将自动延期25年。俄罗斯计划在塔尔图斯港部分海域进行海底清淤疏浚，以便使俄海军所有类型的舰艇都能驶入基地。俄罗斯还将对码头进行整修，扩大其停靠能力，最终使得基地内能停靠11艘军舰，其中包括核动力舰艇或者航空母舰。

塔尔图斯将成为一个真正的、能独立运转的军事基地，俄罗斯也将在苏联解体20多年以后首次拥有一个完备、独立的海外海军基地。俄罗斯已经开始组建该基地的常驻部队，同时计划部署反导武器、车载岸基反舰导弹以及其他防卫设施。俄战略评估研究所专家科诺瓦洛夫认为，未来俄罗斯在塔尔图斯的海军基地和附近的空军据点将对周边形成强大威慑：俄战斗机只需要“1.5 分钟就能抵达特拉维夫，10 分钟就能抵达土耳其，20 分钟就能抵达罗马，30 分钟就能抵达直布罗陀”①。这是俄罗斯重拾远洋海军地位的重要标志。俄海军在地中海常态化部署后，不仅可以威慑地中海周边国家，增加俄罗斯在中东和北非地区国际事务上的影响力，还可将地中海作为突破美国导弹防御系统的一个战略方向。而且，塔尔图斯距离俄罗斯本土不过 1000 千米左右，完全在俄空军以及各种导弹的打击范围之内。俄罗斯从里海的军舰上发射巡航导弹攻击叙利亚反对派阵地的事实，表明其有能力从本土对塔尔图斯提供比较及时和足够数量的支援，这就让塔尔图斯基地能够在地中海东岸站住脚。叙利亚内战绵延至今，俄罗斯也有充分的理由利用这个基地，为俄罗斯海军提供难得的实战演练机会。

（四）再成中东政治主角

俄罗斯并不满足于成为叙利亚问题的主宰，还试图在中东与多方建立关系，并加强与中东地区的联系。随着美国近年来在中东的战略收缩，俄罗斯的中东外交更加游刃有余。伊朗、伊拉克与叙利亚等什叶派国家将中东北部“新月地带”连成一片，与俄罗斯共同撑起了中东半壁江山，让美国疲于应对。就连美国的一些地区盟友也纷纷采取外交多元化举措。近年来与俄罗斯关系日益热络的，就有土耳其、沙特、埃及、卡塔尔、以色列等美国的中东传统伙伴，他们越来越重视俄罗斯，折射出俄罗斯在中东的影响力日益上升以及中东格局出现变化的大趋势。美国《国家利益》杂志网站分析发现，阿拉伯世界的年轻人认同俄罗斯为主要盟友的程度从 2016 年的 9% 大幅提升至 2017 年的 21%，增幅超过一倍多，超过了美国的 17%。让俄罗斯一举成为中东地区红海的主要军事力量。这意味

① 《俄罗斯军事专家拆解普京的叙利亚战略》，[德]《焦点》（周刊）网站 2015 年 10 月 29 日。

着，凭借对叙利亚的军事干预，俄罗斯在阿拉伯世界的大国角色已经超越美国。

俄罗斯深度“重返”中东，不仅在军事上沉重打击了叙利亚反对派和极端组织武装，也提高了其在叙利亚问题上的话语权。2017年1月，俄罗斯同土耳其和伊朗一起，促成了叙利亚问题阿斯塔纳和谈机制的建立，并取得积极成果。在俄罗斯的建议下，经过六轮和谈，促成叙四个“冲突降级区”的设立，为巩固内战停火并最终政治解决叙利亚问题打下了坚实基础。随着政治解决叙利亚问题日益迫近，俄罗斯的重要影响显而易见。

中东地区大国伊朗是俄罗斯的重要合作伙伴，是阿萨德政权的支持者，也将“伊斯兰国”视为威胁，其什叶派信仰更接近于阿萨德政权信仰的阿拉维派。在伊核问题全面协议陷入危机、特朗普加大制裁伊朗力度之际，普京于2017年11月1日突访德黑兰，同伊朗总统鲁哈尼举行会谈并会见伊最高领袖哈梅内伊，以此力挺伊朗。

土耳其是俄罗斯新的合作伙伴。俄土双方曾因叙利亚战争问题上的立场截然不同，特别是2015年土耳其击落一架俄罗斯军用飞机，而一度处于困境。主体部分在亚洲的亚欧国家土耳其一直梦想加入欧盟（而不得），对美国也颇有亲近感。美国不仅在土耳其有军事基地，甚至有媒体披露其还在土境内英吉尔利克军事基地部署了50件核武器。然而，2016年7月的一场未遂军事政变一下子改变了土美关系走向。土耳其政府认定政变有美国背景，要求引渡涉嫌发动政变的居伦（长期生活在美国）却一直遭拒。这一切伤透了土总统埃尔多安的心。与此同时，有媒体称正是在俄方的通风报信下埃尔多安才躲过一劫，土耳其与俄罗斯的关系迅速回暖。2016年8月埃尔多安成功访俄并就“战机事件”诚恳道歉，双方冰释前嫌。从此土俄关系日益紧密，已接近全面恢复。2018年土耳其攻打叙利亚库尔德武装前，首先征求了莫斯科而不是华盛顿的意见。土耳其在对叙利亚动武前一天派总参谋长访问莫斯科，显然也是在寻求俄罗斯的支持。对比之下，土耳其人根本没有访问华盛顿，显然并不在意美国的态度。这在冷战结束30年时间里是不曾有过的。虽然战争爆发后，美国总统特朗普电话和土耳其总统埃尔多安进行了沟通，但是双方显然谈得不愉快。反倒是美国的态度在土耳其的威逼利诱下软化。这似乎显示出，俄罗斯正在超越美国成为中东第一主人。美国的中东政策已处于“临界点”，特朗普的全球战略本质是收缩，包括在中东和亚洲。尽管美国对俄罗斯、土耳其以及伊朗在中东的影响力不断增强充满敌视，但已无力、也无意再陷入一场中东军事冲突。在土军和叙利亚库尔德武装剑拔弩张之际，美国宣布不会与土耳其发生直接冲突。要知道，叙利亚库尔德武装可是美国在叙利亚的第一代理人。俄罗斯是这次土耳其出兵的最大赢家，因为土耳其此举沉重打击了美国试图重新夺回在叙利亚问题主导权的努力。

与此同时，俄罗斯也扩大了与海湾合作委员会尤其是沙特阿拉伯的联系。2017 年 10 月 4 日深夜，与俄罗斯鲜有交往的沙特国王萨勒曼到访莫斯科，成为新的中东战略平衡正在形成的重要标志之一。沙特阿拉伯王国是美国等西方国家的传统盟友。自 1932 年建国以来，沙特与西方国家一直保持着良好关系。但近年来，因对美国推行的“民主化”尝试造成中东全面混乱深感失望和不满，沙特出现了“向东看”、走多元化外交路线的倾向。萨勒曼国王破天荒访俄显然就出于这一考虑，将俄罗斯视为潜在的合作伙伴。萨勒曼国王与普京总统进行了富有成果的会谈，双方在军工、能源等诸多领域签署了一系列合作协议。沙特和俄罗斯似乎一夜之间从“宿敌”变成了“哥们”。俄罗斯直接投资基金和沙特阿拉伯的公共投资基金达成了一项投资协议：沙特将在俄罗斯投资 100 亿美元。

埃及是中东地区另一个有重要影响力的国家，与俄罗斯合作会让俄罗斯在中东更加得心应手。埃及向俄罗斯订购包括50 架米格 - 29M “支点” 改进型战机在内总值30 亿美元的军火，反映出俄罗斯在拉拢已让西方普遍不满的赛西政府。土耳其、埃及、叙利亚、伊朗、伊拉克以及不断动摇中的沙特，让俄罗斯在中东的势力范围继续扩大并逐渐连成一片，美国将越来越难插手。

遭遇“断交风波”的卡塔尔，外交天平也向俄罗斯倾斜。卡塔尔是美国和西方国家的盟友，卡境内还有美国在中东地区最大的军事基地和反恐指挥中心。然而，由特朗普访问沙特后诱发的“断交风波”及其持续发酵，使卡塔尔意识到必须在中东格局的重塑中寻找新的可靠伙伴，奉行多元化外交。“断交风波”发生后，多哈首先求助的就是莫斯科。俄罗斯也表示愿出面调解卡塔尔与沙特等断交国的关系。卡俄相互走近，为俄罗斯提升在中东的影响力又添筹码。

以色列也出现了试图与俄罗斯发展关系的倾向。2016 年 4 月和 6 月，以总理内塔尼亚胡两度访问莫斯科，同普京总统就双边关系、巴以问题、叙利亚局势、伊核协议等举行会谈。俄罗斯与以色列建立密切关系在一定程度上是出于安全方面的考虑。俄罗斯裔以色列人在俄罗斯开办了企业，俄罗斯游客也纷纷涌向以色列。两国间免签，并签署了一项军事技术协议。俄罗斯也曾试图将自己定位为以色列和阿拉伯国家之间的诚实中间人，但遭遇失败。在俄罗斯处理叙利亚危机和反恐问题上频频得手的情势下，以俄罗斯领导人频频聚首，显示出俄罗斯中东影响力的提升和中东政治格局的重塑。

从国际大势看，俄罗斯在中东的势力扩张确有国力恢复的因素，但更是美影响力退潮的自然结果。美国长期是中东地缘政治的主导力量，然而当前中东对其战略意义有所下降，因而开始减少投入。对于土耳其、伊拉克、埃及以及沙特阿拉伯来说，美国不再像过去那么“靠谱”，而此时俄罗斯恰好可以作出“外交多元化”的战术选择。然而，美国并不会甘愿放弃对中东局势的主导权，多数中东国家也不想和美分道扬镳。俄土关系转圜后，美国副总统拜登访问土耳其，土军还在美国的协助下进入叙利亚，与自己支持的叙利亚反对派并肩作战，这与俄罗斯利益背道而驰，引发俄方不满。伊朗在允许俄罗斯使用空军基地一周后又取消了授权，并指责俄罗斯有

“大国沙文主义”倾向。这些事实说明，俄罗斯无法说服盟友接受自己的主导地位，“挖美国墙脚”也难以成功。俄罗斯不可能在中东建立起苏联时期那种同盟体系，与美国平起平坐的实力还不够强。

五、强势守护北极

北极地区指北极圈以北的地区，包括北冰洋海域、边缘陆地海岸带及岛屿、北极苔原以及最外侧的泰加林带，总面积约 2100 万平方千米。北极地区岛屿主要有格陵兰岛、加拿大北极群岛、斯瓦尔巴群岛、法兰士约瑟夫地群岛、新地岛、北地群岛、新西伯利亚群岛和弗兰格尔群岛等；水域主要为北冰洋，约有 700 万平方千米终年被冰雪覆盖。北冰洋连接其他三大洋，沿岸的陆地、岛屿及其近岸海域和大陆架分别属于俄罗斯、加拿大等 8 个环北极圈的国家。北极地区目前已成为各国争夺的一个重要的新区域焦点。迄今还没有国际决议确定这片地区的归属，即北极主权诉求尚未厘清。俄罗斯作为北极地区最大的国家，十分关注自己在北极地区的战略利益。同时，鉴于美国及其盟国、准盟国从东部和西部方向形成的战略压力，俄罗斯正面临着冷战以来的战略威胁极值，“向北突围”也成为抗衡美国战略压制的可行选择。

（一）北极地带的战略价值

一是北极圈内拥有丰富的自然资源。据有关报告估计，北极圈内未完全探明、可用现有技术开发的石油储量估计达 900 亿桶，天然气储量估计为 47 万亿立方米，占全世界未探明的、可获取的油气资源的 22%。此外，北极地区还蕴藏着丰富的锡、锰、铁、金、镍、铅和钻石等重要的金属矿产，以及煤、磷酸盐、泥炭等资源。北极地区冰雪的融化，使开发北冰洋海底的石油、天然气和其他矿物资源将成为可能。俄罗斯将开发北极资源视为整体能源安全的保障，目前其20%的GDP和22%的出口产品都依靠北极地区。

二是北极航道具有可观的经济价值。随着北极地区冰盖的逐渐融化，北冰洋上将出现新的航海通道。北冰洋一旦通航，便可成为北美洲、北欧地区和东北亚国家之间最快捷的通道，例如欧亚间（从鹿特丹到东京）的航程将从2.1万千米缩短到1.4万千米，可以帮助运输公司减少最高可达40%的航运距离。沿着俄罗斯北部海岸线的北海航线在未来将会变得十分繁忙，全年货运航行时间和营业额都会快速增长。所以俄罗斯极度重视该航线的发展。在能源成本价格不断攀升的今天，这将意味着节省大量的运输费用，因而也蕴含着极大的经济利益空间。“到地球脑瓜顶上开船!”这是自彼得大帝创造俄罗斯海军以来俄罗斯人一直怀有的愿望。

三是北极战略空间具有极其重要的军事价值。在俄罗斯看来，北极地区兼有增大战略纵深和威慑其他国家两个方面的优势。冷战结束后，俄罗斯在中东欧地区的地缘政治利益丧失，战略生存空间不断受到挤压。俄罗斯尽管实施了反击，但收效甚微。因而，争夺北冰洋、扩大生存空间、寻求战略纵深和争取更大的回旋余地，成为俄罗斯维护国家安全及回应北约东扩的重要途径，面积广袤的北冰洋成为俄罗斯最后的战略空间。北极海域还是实施核威慑的理想阵地之一，因为对国际政治具有重要影响的世界大国均位于亚洲、欧洲和北美洲，北极地区是连接这三大洲的空中和水上捷径。如果控制了北极地区，那么，俄罗斯三位一体的战略核力量对其他大国的战略威慑成本最低而效率最高，俄罗斯战略威慑的有效性将会大大增强。为突破美国反导系统的包围，提高对美国的核威慑力度，俄罗斯将核威慑主要阵地转向北极海域，使俄罗斯潜艇部队在北极地区的活动更具有战略意义。俄罗斯《观点报》强调，俄海军至少能将核潜艇藏在大量冰块覆盖的北极海域水下，美国超地平线雷达和侦察卫星根本无法探测到北极厚达10米冰层下的核潜艇行踪。如果爆发核大战，俄潜艇完全可以在美国后院狠狠“放一把火”。俄罗斯计划将3艘“北风之神”级核潜艇放到筹建中的堪察加基地，明显表现出与美国争夺北冰洋及北太平洋的战略意图。

（二）积极主张主权诉求

目前，北极圈内8个国家均提出了自己的北极主权诉求，对这一地区的归属权争夺十分激烈。2004年，丹麦人曾尝试通过地理调查证明，距离哥本哈根约4000千米远的极地属于丹麦王国。丹麦人支撑其诉求的依据是：北极的海底山脉与在政治上属于丹麦的格陵兰是相连的。美国人、加拿大人、挪威人和丹麦人也纷纷要求在从其海岸线到北极的范围内“切分蛋糕”。

迄今，俄罗斯以令人印象最为深刻的方式表明了其主权诉求。2007年8月，俄国家杜马副主席奇林加罗夫率领包括100多名专家组成的北极科考队，进行了一次被俄罗斯媒体称作“史诗般宏大”的北极探险。他们乘坐潜水艇下潜到4261米深的北冰洋海底，在那里竖起一面钛制俄罗斯国旗。俄罗斯政府称，俄罗斯科考活动的目标是为证明北极的海底山脉与俄罗斯陆地相连搜集科学证据，北冰洋下的大陆架是欧亚大陆的延伸。俄罗斯所提出的北极领土主权，是罗蒙诺索夫海岭所延伸的部分地区。如果联合国承认俄罗斯对这一海域的主权权利，就意味着北冰洋包括北极点在内的120万平方千米海域将成为俄罗斯的辖区。这几乎接近于法国、德国和意大利三国领土之和，还将与丹麦的格陵兰岛、加拿大、或许还有美国的水下管辖区交界。据估计，俄罗斯所主张的北极区域中蕴藏着至少100亿吨石油和天然气，俄罗斯因此将成为世界上最强大的能源储备国。[①]

俄罗斯海底插旗的举动引爆了北极主权之争。“北极地区是加拿大的。它是我们的财产，我们的海”，时任加拿大外长彼得·戈登·麦凯激动地宣称，俄罗斯国旗“没有法律意义”，“人们今天不

---

① 余鑫：《俄罗斯的北极战略及其影响分析》，《俄罗斯中亚东欧市场》2010年第7期。

能随便在什么地方升旗，我们不是生活在14、15世纪”。不仅如此，加拿大政府还派出军舰到极地巡航。2008年5月，北极周边国家的政治家在格陵兰商议极地前途，最后5个与会国发表联合声明，声称愿意“以规矩和文明的方式”在国际法基础上厘清彼此冲突的主权诉求。此后，这5个国家都在北极开展了科考。加拿大人和美国人想通过回声和地震波反射来搜集数据，为其主权诉求提供证据并确定北美大陆的边界。尽管如此，北极地区及其200万到400万居民的政治命运依然悬而未决。根据《联合国海洋法公约》，所有国家都可以利用距其海岸线200海里以内海域的资源。各国在这一界线之外也可额外提出主权诉求，但必须提供有关证据。俄罗斯、加拿大、挪威和丹麦都在批准《联合国海洋法公约》后的10年内提出了扩大领土的申请，只有美国例外——因为美国并不承认1982年的《联合国海洋法公约》。

俄罗斯为了占据北极开发的先机，分别于2008年、2013年、2014年和2020年陆续发布了《2020年前俄罗斯联邦北极地区国家政策原则及远景规划》《2020年前俄罗斯联邦北极地区发展和国家安全保障战略》《2020年前俄罗斯联邦北极地区社会经济发展国家纲要》和《2035年前俄罗斯联邦北极地区国家基本政策》。以这四份文件为指导，俄罗斯的北极战略目标十分清晰，就是开发并利用北极地区自然资源，促进该地区经济发展和居民生活质量提升，并使北极航道掌控在俄罗斯手中成为有国际竞争力的国家运输动脉。

（三）组建北极部队

20世纪90年代，苏联解体之后由于经济衰退，俄罗斯将北极地区的武装部队全部撤出。从摩尔曼斯克到楚科奇的广大范围内，俄罗斯都没有一个作战单位。

俄罗斯曾于2010年12月1日正式组建四个军区（西、南、中、东），唯独不见北部军区，可见当时并未认为在北部有组建军区的必要。俄罗斯人一向认为，冰天雪地的北部边界非常安全，“北极熊和雪豹不构成威胁”。但随着北极利益突显和竞逐的升级，俄罗斯高层又习惯性地将目光投向了军队，认为有必要在北极地区组建专门的军事力量并加强基础设施建设：政治上将有助于国家扩大在北极地区影响和提升主导能力；经济上有利于争夺北极地区的油气资源；军事上有利于威慑对手，扩大自己的军事影响，进而保障其政治、经济目的的实现。俄方改变了初衷，在四大军区组建整整4年后，又将北方舰队脱离西部军区建制，单独组建联合战略司令部。如今，北方舰队司令部的地位与四大军区平行，相当于俄罗斯的“北部军区”，管辖俄罗斯在北极地区部署的所有部队，使俄罗斯在北极地区拥有强大的战略战术打击力量。俄国防部从各大军区以及其他强力部门抽调精干部队加入这一新序列。该舰队实力不可小觑。在俄罗斯现有的4支舰队中，北方舰队是最大的一支，占俄罗斯海军总兵力的2/3，目前拥有大约80艘舰船，包括35艘潜艇和各种水面舰艇，由基洛夫级核动力巡洋舰“彼得大帝”号领衔。2014年12月1日，即俄国家防御指挥中心投入战斗值勤的这一天，北方舰队司令部正式在北极开始运转。根据普京总统的命令，该联合战略司令部归俄国防部国家指挥中心管辖。

北方舰队司令部计划组建4个北极旅级战斗队。根据普京总统的命令，俄军于2015年1月组建了首支北极地区摩托化步兵旅。该旅官兵要学习如何在冰雪覆盖的地带战斗、在零下40度的严寒下操作现代装备，以及如何在冰冻的荒漠中生存下来。在位于北极圈内地区深处、靠近芬兰边界的阿拉库尔季镇，出现了一个新的军事化小城，那些奉命戍守俄罗斯北极边界的人在这里执勤并训练。俄罗斯地缘政治问题专家康斯坦丁·西夫科夫认为，鉴于北极战区具有完全不同于其他任何战区的特殊性，俄罗斯需要单独的北极军队，其特殊性在于：这是一种有效容量低、同低温和结冰相关的艰难的物理－地理条件。2019年初，俄军升级了处于俄罗斯最北端的北极三叶草军事基地，使现有的基础设施现代化。基地采用封闭式生命支持系统技术，可以自主运行，暖气和饮用水实现自给自足，驻守在这里的250名士兵不需要离开建筑物暴露在恶劣的北极气候条件下。2020年内，地面部队和岸防部队将接收180多件套适合在北极恶劣条件下作战的新型武器和军事技术装备。普京总统表示，莫斯科已经在北极地区“重新坚定地塑造了自己”。

在空军基础设施方面，俄罗斯在北极地区整修和建设了13个机场、10个雷达站，构成俄北极驻军的基础。不过，该地区部署的大部分战斗机都是苏联时代的米格－25和米格－31截击机。空军基地受C－400远程地空导弹保护。俄军战略轰炸机偶尔被用于在北极空域进行巡逻，也主要是老式的图－95MC“熊”（涡桨）战略轰炸机和较新的图－160“海盗旗”超音速喷气式轰炸机。

俄罗斯对北冰洋海域的16个深水港进行了现代化改造，并在从摩尔曼斯克到阿纳德尔湾的地区建立了10个搜救设施，由俄联邦安全局的边防军负责。另外还建立了10个边防哨所，也由俄边防军负责。由于北极战区的地形主要是岛屿，只有俄罗斯沿岸地带是大陆部分，加上该海域长年冰冻，拥有重型破冰船队以及能够根据武器构成和人员素质在这些条件下开展战斗行动的相应陆军和海军陆战队分队，在这一地区具有特殊意义。俄罗斯拥有世界最大的破冰船队，其数量高达41艘之多，超过世界其他地区破冰船数量的总和，其中包括6艘大型核动力破冰船。2016年8月，俄罗斯建成了世界上最大的核动力破冰船“北极”号。目前正在建造另外5艘核动力破冰船，并宣布了再建造6艘的计划。不过由于预算限制，计划中的一些建造工作可能会推迟。相比之下，芬兰有7艘破冰船，加拿大和瑞典各有6艘。美国有3艘破冰船，其中只有一艘“北极星”号是重型破冰船，而且1976年服役至今舰龄已高达44年。

有美国国会议员懊恼地表示，尽管美国正在努力应对俄罗斯在北极的行动，但要赶上俄罗斯的步伐至少需要十年时间，还要投入大量的资源才行。美国海岸警卫队司令保罗佐孔夫特将军称：“俄罗斯现在已经把他们所有的棋子都放在了棋盘上，我们却只放了一个棋子，如果你看看这场北极的象棋比赛，他们一开始就把我们将死了。”面对俄罗斯在北极的崛起，美国既忧虑又很无奈，只能采取偶尔到北极巡逻的小动作来宣示自己的存在。

目前，俄罗斯在北极地区的军事姿态主要是防御性的，与苏联时期部署在该地区的军事姿态相比仍然相去甚远；受能源价格持续走低以及受经济制裁的影响，俄罗斯也没有像过去那样扩充军事装备规模。但还是有了很多新进展。俄海军对北极航道的利用主要是在核潜艇方面，水面舰艇的正常往来仍有问题，俄太平洋舰队始终无法与欧洲部分的兄弟舰队形成合力。随着全球变暖，俄专家乐观估计，今后不仅可以实现“到地球脑瓜顶上开船”的梦想，俄北方舰队与太平洋舰队共享战略资源、战时相互支援的可能性也势必大增。俄罗斯“纽带新闻网”披露，俄海军之所以敢于在 2008 年提出未来在北方舰队和太平洋舰队各配属三个航母战斗群的远景蓝图，就是冲着北极航道开通所带来的巨大战略利益，俄罗斯两支最有希望不被美国和北约迅速封锁的舰队将实现“双剑合璧”。

第七章　战略文化

战略文化，是一个民族或国家在长期历史发展以及战略思想、战略原则和战略决策中所沉积的文化传统、哲学思维和社会观念，它根植于民族发展之中，决定一国大致的战略偏好并使国家具有相对稳定的战略模式，是制定现实战略的潜在意识和历史文化情结。一个国家的战略文化，对其军事战略的形成和发展有着长期和根深蒂固的影响，俄罗斯也不例外。但深刻了解俄罗斯的战略文化并非易事。这个比洲还大的国家在世人面前充满了神秘感。就连与俄罗斯人打了一辈子交道的丘吉尔都说，俄罗斯是“一个永远裹着神秘面纱的谜中之谜”。法国前总统萨科齐在访问俄罗斯时也曾提出一连串问题。普京只是引用了19世纪俄国诗人丘特切夫的一段名言作为回答：

Умом Россию не понять,

Аршином общим не измерить:

У ней особенная стать —

В Россию можно только верить.

（译文：用理智无法理解俄罗斯，用尺度无法衡量俄罗斯：俄罗斯有自己的性格——对她你只能相信。）

一、以扩土求安全

特殊的地理环境及其历史经历，使其自古以来形成本能的不安全感和对外部世界的不信任感，解决生存与安全问题一直是俄罗斯国家利益中的头等要务。在这种固有的危机意识下，主动出击实行对外“领土扩张”，建立一个疆域尽可能辽阔的强大帝国，在俄罗斯人看来是保障国家安全的最佳途径。19 世纪和 20 世纪两次卫国战争的胜利，进一步强化了这种认识。

（一）不安全感是扩张的动力

不安全感是俄罗斯战略文化的一个突出表现。西欧国家一般是在平衡（均势）中寻求安全，俄罗斯则是向战略纵深寻求安全。这与其成长历史有关。

在古代，罗斯文明发祥于平坦的东欧平原，军队在这里可以任意驰骋，周围没有难以跨越的山峦或河流，且四面都是强悍的其他民族。边界外险象环生的大草原，以及草原上潜伏的危险势力成了俄罗斯人永远的噩梦。历史上各民族之间征服、兼并的战争也就连绵不断，攻城掠地，少有宁日。防御异族入侵，是古罗斯人社会政治生活的头等大事：13 世纪至 15 世纪，被蒙古人征服和统治 200 多年；在 17 世纪以前，还受到过瑞典人、波兰人和立陶宛人的入侵。在近现代，拿破仑和希特勒的军队都曾在较短的时间内长驱直入威胁到俄罗斯的心脏地带。俄罗斯人形象地将自己的国家称为“没有护栏的婴儿车”，显示其总是处于危险状态。

既然地理环境开放，没有什么边界概念，那么对于这个民族来说，打到哪里，哪里就是边界。要在列强林立中生存，必须随时准备战斗，抵御外来侵略，并最大限度地向外拓展边界，使边界线尽可能地远离腹地，在不断的胜利和宽广的疆域中寻找安全感。俄罗斯人就这样在地理环境和生存的基本动机促动下，形成了扩张的特性和对边疆极强的控制欲。在莫斯科公国实现统一和强大后，便开始野蛮拓展疆域，控制外围，以制作更大的“护栏”。俄民族扩张的特性正是基于这种地理环境和生存的基本动机形成的。只是由于扩张成瘾，有时即使已经推进到一个合理的边界也根本停不下脚步，直到遇上与之势均力敌的强国时才被迫停下来。在东部，俄罗斯成功收服了西伯利亚；在北部和西部，俄罗斯占领了很多缓冲国，但却没能阻止瑞典、普鲁士、立陶宛、法国、波兰和德国的入侵；在南部，俄罗斯的扩张行为遭到了最激烈的抵抗，并引发了至今都没能解决的问题。[①] 而且，扩张的面积似乎也没有给它带来所预期的安全感，相反由扩张所带来的漫长而复杂的边界，又让其在防卫方面力不从心，反而给国家造成了某种程度上的不安全。在历史上，俄罗斯经常侵略别国，扩张自己，也多次遭受外来强敌的践踏。俄罗斯人并不承认这是帝国主义行为，而是坚持认为自己是在建立防御。在俄罗斯四处扩张过程中遭遇过的抵抗有：西部受日耳曼国家抵抗，南部受英国、然后是美国抵抗，东部受中国和日本抵抗。当向西面扩张受到欧洲强国阻击再难有进展时，它开始转向东方，越过乌拉尔山，最终在人烟稀少的西伯利亚和远东地区获得了巨大版图，并将安全区域划定在了欧亚大陆中北部。

从第一代沙皇伊凡四世到末代皇帝尼古拉二世，前后 370 年，通过不断向四周扩张，俄国从一个地处东欧一隅的莫斯科公国，扩展为一个地跨欧亚两洲、面积最庞大的帝国。到苏联时，它西邻挪威、芬兰、波兰、捷克斯洛伐克、匈牙利、罗马尼亚，南与土耳其、伊朗、阿富汗、中国、蒙古、朝鲜接壤，西和西南濒波罗的海和黑海，北邻北冰洋，东濒太平洋的白令海、鄂霍次克海、日本海及太平洋西北部部分水域。东西长 1 万千米，南北宽约 5000 千米，面积 2240 万平方千米，约占地球陆地总面积的 15%。苏联解体后的俄罗斯，依然以 1700 多万平方千米的国土面积遥遥领先于其他国家。

然而，即便俄罗斯领土已极度膨胀、地跨欧亚两大洲，其面临的地缘安全问题也并未解决而且依然突出。因为俄罗斯传统上是一

---

① 马丁·西克史密斯著：《BBC 看俄罗斯铁血之国千年史》，重庆：重庆出版社，2018 年 2 月版，第 99 页。

个欧洲国家，其东部地区自然条件恶劣，开发程度较低，政治、经济、军事、文化中心始终集中在欧洲部分，而这一方向最重要的西部边境仍是一马平川、无险可守。它也绝不甘心退到欧洲的东边一隅，沦为一个无足轻重的二流角色。正如其国徽上的双头鹰，一头始终紧盯着欧洲和大西洋。

（二）缓冲区是“安全气囊”

俄罗斯解决这一安全问题的基本思路除扩张外，就是建立自己的势力范围。为保障首都莫斯科等国家心脏和重要地区的安全，过去数百年里俄罗斯一直试图向西扩大边界，或者将西部邻国变为自己的附属国，从而为其核心莫斯科地区创造最大的缓冲区作为“安全气囊”。

然而，苏联解体、东欧剧变以及此后北约连续数轮东扩，几乎让二三百年来精心布划缓冲区的一切努力付诸东流。俄罗斯战略空间大为收缩，在东欧的势力范围丧失殆尽，其西部边界退回到17世纪初的状况，高加索地区边界退回到19世纪初的状况，中亚边界退回到19世纪中叶的水平。[①] 美国领导的西方经济和军事体系迅速扩张到原苏联加盟共和国乃至俄罗斯边界地区。波罗的海三国率先宣布独立并很快加入了北约，使俄罗斯的传统地缘保护层出现了一个裸露的“溃疡面”。每当美国在波罗的海进行联合军演、部署重型武器、设立北约前沿基地，俄罗斯人都格外敏感。因为这里与西方之间已经没有缓冲区域，失去了隔绝北约的屏障，自己的疆土直接暴露在西方眼皮之下。这让俄罗斯人寝食难安，经过几个世纪积淀起来的心理安全丧失殆尽。因此，俄将“后苏联空间”视为最后的“缓冲区”，绝不允许乌克兰等独联体国家倒向欧美阵营。

许多俄罗斯领导人仍然把周边地区作为一个整体，俄罗斯是其中心和领导力量。俄罗斯前总统叶利钦就曾声称，“独联体作为一

---

① 阮建平：《认知冲突与美俄地缘政治角逐》，《现代国际关系》2008年第8期。

个整体的外部边界，基本上是俄罗斯的边界”。

二、崇尚“硬”实力

美国著名国际问题专家约瑟夫·奈在其出版的《论权力》一书中指出：2008 年 8 月，中国和俄罗斯对各自国家实力的运用形成了鲜明对比：中国要用奥运会奖牌的数量向世界展示力量，而俄罗斯要通过其军事优势显示实力。

（一）不大看重软实力

其实，俄罗斯的软实力一点都不弱。这个国家的发展历史虽然不算长，但在近千年里创造了灿烂的文化和文明，也创造出了杰出的艺术。如果说意大利出艺术家，德国出哲学家和音乐家，法国出文学家和思想家，英国出剧作家和科学家，那么俄国和苏联几乎在上述各个方面都拥有世界级的大师，其中包括百科全书式的科学家罗蒙诺索夫、化学元素周期律的发现者门捷列夫、生理学家巴甫洛夫、“火箭之父”齐奥尔科夫斯基等科学泰斗，更有普希金、果戈里、陀思妥耶夫斯基、托尔斯泰、契诃夫、高尔基、肖洛霍夫等一大批文学巨匠，以及大音乐家柴科夫斯基、著名画家列宾……俄罗斯的芭蕾舞艺术也代表着世界顶尖水平，令人叹为观止。2013 年俄罗斯主办的索契冬奥会、2018 年的莫斯科世界杯足球赛也都是高水平的。这些都是软实力，在人类文明宝库中独具特色、光彩夺目，令人肃然起敬。

只是，俄罗斯人似乎并不太看重软实力。上千年为生存和发展浴血拚杀的历史使他们更看重硬实力：只有硬实力才最可靠，只有强大和稳定才会得到尊重。俄罗斯历史和社会生活中最重要的内容有两个：一是战争；二是准备战争。据统计，彼得一世在位 44 年，没有战争的日子总共仅有一年零一个月，这一年多的短暂和平也是在为下一场战争做准备。

在俄罗斯，处处都能感受到战争文化。几乎每座城市都有胜利广场、英雄纪念碑或战争博物馆。新婚夫妇在新婚之日都会主动向烈士墓敬献鲜花，感谢烈士们保卫了他们的幸福生活。在俄罗斯各地数不清的战争和武器博物馆里，总能看到很多少年儿童，他们或被集体组织，或被父母带去，规规矩矩地仔细观看并收听讲解。孩子们从小就崇拜军人，尚武精神已经渗透到这个民族的血液中。

在战场上，俄罗斯人更热衷于用大炮的震耳轰鸣来震撼对手。以二战期间苏军投入战场的著名车载多管火箭发射器最为典型：射击范围大，火力凶猛，可以大面积消灭敌集群部队、压制敌火力配系、摧毁敌防御工事，在苏德战场发挥了巨大的作用。德军把它比作“斯大林的管风琴”，苏军则将其亲昵地称为“喀秋莎”。苏德战场上很多重大战役都少不了“喀秋莎”火箭炮的身影，哪里有需要，“喀秋莎”就开到哪里。一次齐射能投射数十枚 122 毫米的火箭弹，发射过程中发出震耳欲聋的尖锐声音，雨点般密集的炮弹令德军为之胆颤。

（二）尚武好战是传统

俄罗斯发展壮大的历史，就是一部不断进行军事扩张的战争史。他们北夺出海口，西攫乌克兰，鲸吞西伯利亚，强占高加索，征服中亚汗，侵蚀大清国……领土面积增加了数百倍，这一切无不是用真刀真枪拼杀出来的。

俄军总参谋部统计，1700—1870 年这 170 年间，俄国用 106 年的时间发动了 38 场战争，其中 36 场是进攻性的，2 场是防御性的。[①] 俄国历史上最辉煌时期，一般都是其军事实力最强、掠夺土地最多的时期。因此，历代统治者都把战争视为国家政策的重要内容。伊凡四世为了打通波罗的海出海口，发动了长达 25 年的立窝尼

---

① 威廉·奥多姆：《苏联军队是怎样崩溃的》，王振西译，北京：新华出版社，2000 年版，第 2 页。

亚战争；彼得一世在36年时间进行了53次战争，平均每半年就要打一仗，其中包括长达21年的“北方大战”；叶卡捷琳娜二世在位34年，发动了6次侵略战争。彼得一世的遗嘱也许最能说明俄国穷兵黩武的态度，在遗嘱中他要求后继者务必使“俄国长期保持战争状态，使士兵常备不懈，使他不断为增强国家财政和改进陆军作出努力。挑选最有利的时机发动进攻，以战继和，以和继战，达到俄国的利益、扩张和日益繁荣”。

美国著名战略家乔治·凯南曾指出，俄罗斯人缺乏理性逻辑，但对武力逻辑却十分精通。此言非虚，现实中他们的观念同其他尚武民族有相似之处，都认为，“可以用流血的方式获取的东西，如果以流汗的方式得之，未免太文弱无能了”①。胜利是武力逻辑的最高价值，“百战百胜”是最高目标，至于利用了什么样的手段，则很少计较。

武力逻辑的另一表现是对力量的崇拜，象征勇猛刚毅力量的军队受到人们的尊崇。1917年3月，沙皇尼古拉二世退位，他没有按杜马的要求向杜马所属的临时委员会做退位声明，而是向俄军最高司令长官声明退位。这说明在俄罗斯历代统治者眼中，军队是伟大国家的缔造者，也是国家稳定的基石。② 俄国推崇武力逻辑，还体现在对勇武对手的尊重。被视为“俄罗斯文学的太阳”的普希金曾经跟着俄国军队到过前线，亲眼目睹过战争。在他的作品中，不仅写到了俄国士兵如何勇敢冲杀，还细致地描述了土耳其的士兵怎么光着头，挥着月牙刀，同样勇敢地杀过来，敬佩之情溢于言表。这种对英勇战士的尊敬，反映了其对勇力的格外看重。

俄罗斯崇尚武力，整个政治体制和经济、社会结构都与对外征服紧密相连。若在战争中失败，整个民族都会遭受重大挫折，所以

---

① 塔西佗：《日耳曼尼亚志》，马雍、傅正元译，北京：商务印书馆，1959年版，第62页。

② 威廉·奥多姆：《苏联军队是怎样崩溃的》，王振西译，北京：新华出版社，2000年版，第65页。

当俄罗斯人受到入侵时，总能同仇敌忾，不惜一切代价战胜敌人。俄罗斯在连绵不断的战争中，摆脱了蒙古鞑靼人的统治；打退了周边民族的骚扰；打通了通向世界的“天窗”；打破了两位欧洲军事强人拿破仑和希特勒“不可战胜”的神话，为自己赢得了在世界上的显赫地位，同时用胜利证明了自己行动的合理性。

（三）全社会崇尚英雄

武力逻辑还推衍出对勇力者的崇拜。俄罗斯文学的起源《壮士歌》主要描写的是部落的战斗英雄的英勇事迹，英雄史诗《伊戈尔远征记》是俄罗斯文学发源处的又一纪念碑，描述的是罗斯王公伊戈尔远征的故事，歌颂了伊戈尔为了国家挺身而出、在战斗中勇敢无畏的行为和精神，被誉为英雄主义史诗，一直被收录在俄罗斯的小学课本里，作为学习英雄、传播爱国主义思想的名篇。蒙古鞑靼人统治时期，俄罗斯的文学成就和创作水平都不高，但仅有的几部作品基本都以歌颂战争英雄为主题，比如《壮士歌》《拔都攻占梁赞的故事》和《顿河彼岸之战》。

战争英雄的形象，几乎遍布俄罗斯人社会的每个角落。彼得一世、苏沃洛夫、库图佐夫等驰骋疆场的领袖和元帅是俄国人民心目中最崇敬的英雄人物，许多城市、街道、广场、建筑物都是以他们的名字来命名，树立他们的塑像，旨在让后人永远记住这些为国家安全和强盛做出重大贡献的英雄人物。

在莫斯科郊外的博罗季诺小镇，即当年库图佐夫打败拿破仑的地方，方圆几十千米范围内就有几十座纪念碑，每年的9月份当地都会举行盛大的庆祝仪式，很多人从各地赶来，穿上俄法两军当年的军服，演绎当年的战争场面。

在俄罗斯，评价英雄的核心标准是百战百胜，能给国家带来光荣和利益。至于个人生活的操守和取胜的手段，人们并不太介意。伊凡四世性格暴躁、嗜杀残暴，但由于他在位期间对国家扩张卓有成就，仍然受到人们的尊敬；叶卡捷琳娜二世踏着丈夫的尸体走向宝座，还残酷镇压过农民起义，可鉴于她在位期间的文治武功，仍被尊称为“大帝”。

三、“救世使命”意识

19 世纪中叶，一位美国驻俄公使在他的日记中写道：“俄国人普遍有一种奇怪的迷信，以为他们注定要征服世界。正是这种感情，使俄国士兵在极端困苦的条件下表现出惊人的坚韧和耐性。”这种“奇怪的迷信”和“惊人的耐性”，主要还是来自宗教的精神熏陶。俄罗斯有着深厚的宗教文化传统，从公元 988 年基辅罗斯确立为国教到 1917 年“十月革命”的东正教，在近千年的时间里一直渗透到俄罗斯社会生活的各个方面。虽然“十月革命”后苏联采取了一系列强硬措施消除宗教的影响，也的确产生了一定的效果，但是近千年的文化积淀难以在短时期内彻底消除，在今天的俄罗斯影响也极其深远。俄国文学大师索尔仁尼琴说：“就灵魂天性和骨子深处而言，每个俄国人都是实质的基督徒。”美国学者认为，基督教在俄罗斯的作用甚至比在西欧的作用更大。

（一）强烈的“弥赛亚”情怀

宗教在俄罗斯的社会生活（道德生活甚至政治生活）中的影响极其深远，连它的文化、艺术领域都熏染在浓厚的宗教气氛里，有着强烈的宗教色彩。东正教在俄罗斯历史上的影响，或者说是俄罗斯人宗教意识的历史抉择，至少有以下三个突出的时间节点：

在 10 世纪之前，东斯拉夫人信奉多神教，有恶神、善神、太阳神、雷电神和战神等。公元 988 年，基辅罗斯大公弗拉基米尔在为迎娶拜占庭皇帝瓦西里二世的皇妹安娜决定加入基督教后，又在全国强行推进基督教。基辅市民在第聂伯河畔接受希腊牧师的洗礼时，弗拉基米尔大公下令，将罗斯人原先崇拜的多神教偶像抛进河中。这就是俄国历史上著名的“罗斯受洗”（即罗斯接受东正教信仰）。从此东正教成了国教，打通了那条“从维京到希腊”的古罗斯梦之路，也打通了斯拉夫通向世界文明中心的大门。基督教精神逐渐与俄罗斯民族的天性相融合，“神圣罗斯”和“神选罗斯”的理念沉淀在俄罗斯文化的深层中。

1054 年，基督教世界发生大分裂，形成罗马天主教会和希腊东正教会。俄罗斯东正教先是从拜占庭帝国（即东罗马帝国）那里取得独立地位，既而取代拜占庭成为欧洲东正教的中心。俄罗斯人成为东正教会忠诚的信徒，并且坚信自己得到的是真传。东正教的“正”，就有“正统、正确”之意。在拜占庭帝国首都君士坦丁堡于 1453 年 5 月 29 日被攻下之后的数十年时间内，一些东正教人士开始称呼莫斯科大公国为“第三罗马”或“新罗马”。在莫斯科大公伊凡三世迎娶拜占庭帝国末代皇帝君士坦丁十一世的侄女索菲娅·帕列奥罗格公主后，“第三罗马”这个概念开始被广泛使用。最具代表性的“第三罗马”理论来自 1510 年普斯科夫叶利扎罗夫修道院院长费洛菲写给瓦西里三世（1505—1533 年）的书信，信中写道：“旧罗马被不信神的野蛮人攻陷了，第二罗马由于改弦易辙被阿加尔人（土耳其人）的战斧劈开，现在这里是新的罗马，由您统治的帝国的神圣使徒教堂，全部基督教将归于您，两个罗马已经垮掉，第三个罗马在屹立着，第四个罗马不会有了。”意即俄罗斯将是东正教永远的中心。俄罗斯的君主从拜占庭君王凯撒手上接下了这一重任。1547 年伊凡四世自称沙皇（царь），即来自凯撒（拉丁语 Caesar）的转译（Цезарь）。罗斯由此也被称为“神圣罗斯”，以表示精神上当然的正统性。据说，罗斯人因为虔诚，对正统观念坚信不疑，而被上帝定为神选民族，而神选民族是其他各民族的救世主（弥赛亚）。它肩负着神圣的使命，在人类出现危机的时候，被赋予神圣力量的民族在关键时刻会挺身来拯救人类，它将起到擎天柱的作用。所以，他们更坚定了一种责任感和使命感。俄国人对东正教的虔诚正好被沙皇所利用，沙皇与东正教的关系“就像骑士和马的关系那样和谐”①。

20 世纪 90 年代初，苏联的解体及其后政治的不稳定对人们生活状态造成剧烈冲击，使长期以来把共产主义作为崇高理想的俄罗斯人感到失望与彷徨。面对突如其来的政治变局、生活困难和信仰真空，许多人在不知所措之际重新转向了宗教，几乎已被忘却的宗教意识和宗教感情逐渐苏醒。恰逢东正教千年庆典活动，宗教界也在此时利用政治的机会复苏宗教，作为重新建立宗教在整个俄罗斯生活中地位的良机，大张旗鼓地组织庆祝活动和有目的的宣传，一股宗教热倾刻间席卷了全国。而欧化情结下实施改革的俄罗斯当权者和一向与“欧化”对立的“斯拉夫派”政治家们在“恢复宗教”上找到了双方的共同点，政治家们公开参与宗教活动以示对宗教复兴的支持和政府对宗教的开放态度。戈尔巴乔夫和叶利钦都参加过公开宗教集会。苏联最高苏维埃、俄罗斯联邦最高苏维埃先后分别通过了《信仰自由与宗教组织法》《宗教自由法》，为宗教在俄罗斯复兴提供了法律保障。信仰宗教的人越来越多，宗教在俄罗斯社会地位上升。如今的俄国教堂林立，宣传宗教的印刷品、纪念物和招贴画比比皆是。

在相当多的俄罗斯人看来，东正教是困难时期的精神支柱，使他们找到了迷失的价值观和爱善的根本；东正教是创造良好社会关系和人际关系的手段，帮助人们客观地理解生活……正如全俄大牧首阿列克谢所说：“全力复兴东正教非常重要，没有它，我们将难以设想俄罗斯人精神的健全、家庭的巩固和道德的提升。”比起其他国家对宗教仪式的特殊重视而言，东正教在俄罗斯更是一种价值寄托，被人们视为一种生活方式、一种文化传统。人们希望借助东正教的力量，完成俄罗斯民族精神的“自我救赎”。俄罗斯文明与东正教息息相关。发扬东正教的精神，就等于保护俄罗斯的文明、传统价值观和生活习俗。

---

① Hugh Seton Watson, “Nation and State,” London, 1977.

东正教对上帝创世的神秘意图有着深刻的信仰，认为人类终将通过弥赛亚获得拯救。所以东正教的思想核心是“救世”。“弥赛亚”一词来自希伯来语，从《旧约》中的“受膏者”一词演变而来，意思是一个人头上被涂了膏油，就是被上帝选中的人，便负有特殊的使命。“弥赛亚”翻译成希腊语就是“基督”，就是上帝选定去救世、普济天下的人。俄罗斯人认定自己就是世间的弥赛亚民族，“是上帝特选的民族，体现上帝的民族”（别尔嘉耶夫语）。“弥赛亚”情结贯穿了俄罗斯的文化和政治倾向，成为“第三罗马”当仁不让的义务。

“俄罗斯是东正教的中心，是上帝的选民，有救世主义的使命，是斯拉夫人中最有生命力的部分，是唯一享有独立地位的斯拉夫国家。即使在斯拉夫人中，俄罗斯民族也具有优越性，因为它有独特的禀赋”——这种观点在俄罗斯精英人群中相当流行。不夸张地说，俄罗斯人的确觉得，世世代代都是上帝派他们在拯救世界。有人调侃说“上帝居住在莫斯科”，俄罗斯的国歌歌名也是《俄罗斯是上帝庇佑的国家》。他们心中隐藏着对全人类巨大的宗教关怀，自愿背起十字架，只要一背起十字架，幸福感便油然而生。别尔嘉耶夫认为，“俄罗斯人民，就自己的类型和灵魂结构而言，是信仰宗教的人民。即使是不信宗教者也仍然有宗教性的忧虑”。既然如此，他们就应当承担拯救全人类使命。历代大公、沙皇和国家领导人，包括苏联时期的领导人，无不怀有和利用这种意识，他们扩张领土、穷兵黩武、干预欧洲革命、追求世界霸权，都以上帝的名义进行或者怀有救世情结。他们以解放其他地方苦难的人们为神圣使命，动辄用武力对别国事务横加干涉。泛斯拉夫主义和大国沙文主义心态，是塑造俄罗斯军事伦理的又一重要因素，陀思妥耶夫斯基对此有精彩的阐释：“真正伟大的民族永远不屑于在人类中扮演一个次要的角色，甚至也不屑于扮演头等角色，而一定要扮演一个独一无二的角色。”

在俄罗斯文学中，同样沉淀着浓厚的救世精神。别尔嘉耶夫认为，“俄罗斯文学不是诞生于愉快的创造冲动，而是诞生于人和人民的痛苦及其灾难深重的命运，诞生于拯救全人类的思考”。这说明俄罗斯作家能站在整个人类的高度，以沉郁的忧患意识、强烈的悲悯感震撼世界，并非出于偶然。

（二）愈挫愈强的品性

在俄罗斯人眼中，“弥赛亚”还是受难的象征，即通向上帝的道路是受苦受难的道路，也是唯一的道路。通过自觉地忍受苦难而接近上帝，以获得痛苦的满足与自我肯定，这种深切的受难意识，使得宗教虔敬感有了独特的含义。可以说，俄罗斯文化的神性意向是以受难意识为基础的。由此也就塑造了俄罗斯人愈挫愈强的品性。也就是说，他们的自我意识要通过苦难与挫折来反复激活，表现在受到外部打压时抗压能力特别强，在困境中反而会焕发出巨大的活力。

历史也证明，低估俄罗斯人的意志，常常使对手付出代价。比如美国公使日记中记录的印象，来自 1853 ~ 1855 年的克里米亚战争。这场战争打得很惨烈，因为俄国面对的是欧洲四国联军，包括在武器和技术装备方面比自己先进得多的英国和法国。俄国大文豪列夫·托尔斯泰伯爵亲自参加了这场战争并且担任俄军的炮兵连长，他在自己的作品中生动地记录了这场战争。守卫塞瓦斯托波尔要塞的俄军在极为不利的情况下，顽强抗击英法联军长达 349 天之久，虽然最终失败，但也迫使对方付出了数十万人伤亡的惨重代价。

这在俄罗斯历史上并非个例。1942 年，同样是在塞瓦斯托波尔，苏军与德军展开了更为惨烈的争夺，希特勒甚至调来了三门超级巨炮试图轰开堡垒。俄罗斯人再一次表现出超强的耐力。在一段电视视频中，一位苏联老兵对记者讲述这段惨烈的经历：“（战场上）每走一米，就能看见两三个牺牲的战士。为了这片上千平方千米的土地，牺牲了多少人啊！整个师、整个军都牺牲在了那里，第 51 军几乎全部牺牲了……”

众所周知，近代以来俄罗斯经历过两次强敌入侵，不仅承受住了苦难，而且还走向了辉煌：

19世纪，经历了拿破仑军队入侵的破坏，俄国人阵地不断失守，在退无可退时重新燃起希望，转身与法军正面交战。列夫·托尔斯泰描写到："俄军没能赶走敌军，没能夺回自己的国土，但是他们士气高涨，连敌军都不得不佩服。在心理战上，法国侵略军显然输了。法国侵略者像一头疯狂的野兽，在波罗季诺受了致命伤，感到自己的死期将至……他可以拼尽力气攻到莫斯科，然而不等俄国人反抗，他自己就流血而亡。"① 俄国人在撤离莫斯科时，亲手将整个城市付之一炬，这种破釜沉舟的决心连拿破仑都为之动容。俄国军队最终战胜了强敌，亚历山大一世骑着高头白马率军经过巴黎凯旋门，俄罗斯一举成为"欧洲宪兵"。

20世纪，承受住了纳粹德国的野蛮进攻，苏联红军战士高喊："苏联虽大，但我们已经没有退路，因为身后就是莫斯科。"他们进行了殊死抵抗，德军已经望见了红场的钟楼却始终未能踏进莫斯科半步。卫国战争让苏联付出了死亡2700万人的沉重代价，但他们凭借坚忍不拔的毅力战胜了强敌，并一鼓作气反攻入德国，将红旗插上柏林的国会大厦。

拿破仑晚年在流放地不止一次说过，俄国是不可战胜的，甚至危言耸听地预言"10年后欧洲将沦为俄罗斯的一个共和国"。② 邱吉尔也惊叹于"俄罗斯帝国在承受打击、经受痛苦后所表现出来的恢复自身力量的能力"。③

在美国与其欧洲盟友以克里米亚问题为由对俄罗斯发起联合制裁的大背景下，令西方无法理解的是，俄罗斯经济迅速下行明显并

---

① 马丁·西克史密斯：《BBC看俄罗斯铁血之国千年史》，重庆：重庆出版社，2018年2月版，第88页。

② Леонид Люкс. Россия между западом и востоком. Москва, 1993. – С 31.

③ Н. А. Нарочницкая. Историческая Россия и СССР в мировой политике XXв Новая и Новейшая История, 1998（1） – С 125.

没有损害俄罗斯总统受欢迎的程度。在最困难的时期，也有超过80%的俄罗斯人正面评价其政策。正如在苏联时期一样，对美国和西方的仇恨构成了俄罗斯国家认同的基础。俄罗斯社会一直以反西方情绪为特征，民众对支持外交政策达成了罕见的共识。普京可能会因为一些经济问题，却不会因为与西方对抗遭到批评。物价上涨、收入缩水并没有损害俄罗斯民众对政府的信心，实际上反而让空前多的俄罗斯人相信他们的国家正走在正确的轨道上。俄罗斯列瓦达中心副主任阿列克谢·格拉日丹金认为，普京支持率居高不下，是因为俄民众遵循“战时规律”，即“国家处境越差，当局处境越好”①。大多数俄罗斯人认为，俄罗斯经济问题的责任不应该由俄罗斯政府来承担。他们认为，俄罗斯的经济问题是由于西方的阴谋，西方一直只想着如何摧毁俄罗斯。他们说：“我不在乎禁令，我不害怕。二战都熬过来了，我们能渡过这一难关，它们（俄罗斯政府）不会让我们饿死！”美国和北约动用各种信息资源诋毁俄罗斯，如以俄前间谍中毒事件做文章，甚至编造俄军在叙伤亡数字以影响舆情，但这些努力几乎没有意义。

四、民族性格

俄罗斯人的典型性格特征是什么？跟俄罗斯打交道最多的欧洲人说他们是“冰人”“伏特加民族”，近年来又说他们是“好战民族”。但要准确概括一个民族的性格其实很难。还是俄历史学家、哲学家格夫格尔表述得更形象些：“我们是两种原始基因的继承人。我们生来就是半人半马的人马座。”②“人马座”是一种星座，呈现半人半马的形态，具有动物和人类双重面目，表现出好走极端的双重性。

---

① 梦秋、方亮：《俄罗斯：痛苦承受力》，《国际先驱导报》2015年12月9日。

② 朱达秋：《关于俄罗斯文化的深层结构的几点思考》，《四川外语学院学报》2000年第2期。

（一）俄罗斯民族性格的成因

俄罗斯不仅有横跨欧亚大陆幅员辽阔的疆域，而且有着一部起伏跌宕、徘徊于东西方之间的历史，还有着对其文化的起源和发展起着奠基作用的宗教（即东正教）。俄罗斯民族性格的形成原因很复杂。

一是特殊的地理位置与东西方文化的冲击。俄罗斯的位置特殊，跨越两个洲，但在两个洲都不属于中心。有一桩麻烦事，那就是身份认定。俄罗斯历来以欧洲国家自视，但在国际政治中，无论提到西欧、南欧、东欧、北欧，还是中欧，都没有俄罗斯的份儿。人们普遍感到：俄罗斯位于欧洲，却不属于欧洲。包括俄罗斯人也没把自己归到欧洲里，往往俄欧并称。在亚洲，情况总算简单点，亚洲人很少把俄罗斯当亚洲国家看待，俄罗斯人也基本不把自己当成亚洲人。不管怎样，这种非欧非亚、非东非西的特性，心理认同与现实身份之间的矛盾和分裂，在民族性格中处处留下烙印。正如亚历山大·勃洛克在诗中所写：

> 是的，我们是西塞亚人！
> 我们也是亚洲人，
> ……
> 在蒙古和欧洲间纠结！
> 时而欢腾如野马驰骋，
> 时而忧郁似酒入愁肠，
> ……
> 透过蛮荒的灌木丛，
> 想着镜中的东方面孔，
> 默默在西方的宴会上，

退居一隅，半晌无言。①

别尔嘉耶夫在《俄罗斯的命运》一书中指出，“俄罗斯的自然地理与精神地理是相适应的”。俄罗斯是世界的东方和西方的交汇处，这个民族既不是纯粹的欧洲民族，也不是纯粹的亚洲民族。它同时含纳了西方和东方两种因素，在精神深处有两股势力发生着冲撞和相互作用。在这种独特的地理位置上生长起来的文化，明显具有一种“二律背反”的特点，使俄罗斯成为“世界上最两极化的民族、对立面的统一体”。俄罗斯国徽上的双头鹰就是一个典型标志：一头向欧，一头向亚；一头望西，一头望东。

俄罗斯地位尴尬，非欧非亚，又深受东西方文化的双重影响，被打上了欧亚文明结合部的历史烙印，塑造了俄罗斯民族精神的两面性。

一方面，蒙古征服者对成长中的俄罗斯民族有不可低估的影响。13 世纪蒙古帝国西征，割断了俄罗斯与欧洲两个多世纪的联系，加剧了双方的宗教差异，同时给他们带来了蒙古人的中央集权政治体制、军事制度和扩张思想——沙皇俄国的很多制度都可以在蒙古统治时期找到源头。蒙古甚至改造了俄罗斯血统。蒙古人和俄罗斯人大量混血，就连沙皇家族都有蒙古血统，伊凡大帝的母亲叶莲娜还是成吉思汗的直系后裔，列宁有着四分之一蒙古血统。欧洲有句俗语：“剥开一个俄罗斯人，里面藏着一个鞑靼人（蒙古人）。”还有人说：“抓伤一个俄罗斯人，就等于抓伤一个鞑靼人。”俄罗斯也被称为“白色蒙古”，继承了蒙古人彪悍尚武的民风。多数历史学家认为，蒙古人的野蛮征服，给俄国文明带来 200 多年的停滞和落后，留下的多是阴沉、痛苦的记忆，让他们不甘心接受亚洲文明。

但也有少数人看法例外，如 18—19 世纪的历史学家卡拉姆津，就主张蒙古的统治有好处，认为其加速了俄罗斯的统一，特别是

① 《勃洛克诗选》，郑体武译，上海：上海译文出版社，2018 年版。

"莫斯科的强大应该归功于蒙古"。前苏联科学院院士阿·勒·奥克帕拉德尼科夫指出，蒙古的入侵"客观上促进了俄罗斯的统一，并为俄罗斯境内的蒙古汗国灭亡后建立统一的、强大的俄罗斯国创造了条件。从这一点来讲，蒙古人对今天世界上最大的俄罗斯联邦版图是一个最大的贡献"。[①] 当代学者古米廖夫也认为，所谓的"蒙古人的桎梏"并不存在，相反，"基辅罗斯与金帐汗国的联合，使俄罗斯在与西方的争斗中立于不败之地"。

另一方面，西方文明对俄罗斯近、现代化的发展影响极深。先是从拜占庭帝国接受基督教为罗斯国教，而拜占庭文化本身就带有东西方文明特征。以东正教为标志的西方文化与俄罗斯的民族道德传统相融合，构成俄罗斯厚重的文化底蕴。为了尽快赶超西欧先进国家，彼得一世和叶卡捷林娜二世先后带领俄国完成了"躯体"（器物技术层次）和"灵魂"（思想层次）的欧化塑造，亚历山大二世的农奴制改革则是从制度层次上向西方学习。苏联解体后，放弃社会主义的俄罗斯再次"焊接"了西方式的民主框架。总之，俄罗斯向西方学习的成效是巨大的。但它永远也不会变成西方，西方也永远不会完全接纳它。这是因为"斯拉夫民族优越论"与"盎格鲁—撒克逊民族优越论""德意志—日耳曼民族优越论"无法兼容；俄罗斯民族"历史使命论"与美利坚民族"天定命运论"无法兼容。俄罗斯不认同西方的"精神"，不接受西方的领导地位，甚至反对西方、憎恨西方。

所以，俄罗斯文明明显受到东西方双重影响。在影响的形式上，从东方蒙古人那里多是被动接受，向西方多是主动学习。最终形成了以西欧科学文化为形式，以东方制度、社会心态和风俗习惯为内容的一种交合式文明。

二是辽阔的生存空间。俄罗斯国土面积足有 1700 多万平方千米，雄踞欧亚两洲，东西长约 1 万千米，跨越了 11 个时区（调成

---

① https：//mini. eastday. com/a/170409134323421. html.

了 9 个时区）：西端的加里宁格勒人刚上班，东端的堪察加半岛居民早已下班回家了。西伯利亚地区面积超过 960 万平方千米，却只有 2500 万人生活，每平方千米的平均人口密度还不到 3 个人。再向东的远东联邦区只有 700 万人，平均每平方千米 1 个人。与之紧密相联的是俄罗斯文化深层的表现：心灵的温柔和谦卑，思维的捉摸不定和战战兢兢，心平气和的宁静和沉重的垂头丧气，追求精神的梦幻。辽阔的国土空间，激发着俄罗斯民族的自豪感和自信心，使他们养成了豪放不羁的民族气质；自然资源极为丰富，又使他们容易不讲效率，时间观念差。据国际调查机构统计，俄罗斯是世界上排队最长、最慢的国家，人们习惯了漫长的等待。

三是严酷的气候条件。“大自然经常让俄罗斯人最谨慎的盘算落空；变幻莫测的气候和土地经常欺骗对它们报有最微小期盼的人民”。俄罗斯的夏天很美好但非常短暂，适合耕作的时间很少，他们必须抓紧时间拼命劳作，及时收割庄稼，这时他们无疑是劳累与苦难的。但在这之后，又是无所事事的秋天和冬天。俄罗斯的冬季格外寒冷、阴郁、漫长……这让他们忧心忡忡，甚至绝望，认识到自己的渺小，有了敬畏自然、随遇而安、看淡生死的心态。

四是沉重的社会环境，从维京海盗，到蒙古铁骑，再到伊凡雷帝……他们不得不长期忍受一个个暴虐的统治者，还有长期农奴制的压迫，无休无止的战争，承受着生活的苦难和重负。

（二）极端而率性的性格表现

以上各种因素叠加在一起，在俄罗斯人的思维观念中植入了太多不确定的东西，使他们养成了近乎于“双重性格”，往往既懒散又能吃苦，既谦卑恭顺又放肆无礼，既追求理想又讲求实用……在国家和无政府主义之间，在造反性和驯服性之间，在心灵自由和社会奴役之间，在虔诚的宗教意识和彻底的无神论之间，缺乏一个过渡的中间带。也就是说，当你判断俄罗斯人有某种特质时，却总有一种相反的特质紧随其后，就像是一枚硬币的两面。在其他民族文化中也可能找到相对立的两个极端，但只有俄罗斯，总是没有任何中间环节、中间阶段，没有任何间接的表示，没有任何的过渡。①

这个民族极易用最珍贵的东西去冒险，在实施自己的意图和想法时充满狂热，不擅中庸之道，不走中间道路，具有鲜明的非此即彼的特点。俄罗斯历史上盛行的“决斗”，就有这种性格特征——要么你死，要么我亡。普希金、莱蒙托夫都死于决斗，赫尔岑、屠格涅夫、托尔斯泰都曾参与决斗或走到了决斗的边缘。正如别尔嘉耶夫在《俄罗斯命运》一书中的观点：如果把德国比作欧洲的男人，俄罗斯就是欧洲的女人。这样的女人，既可能让你神魂颠倒，也可能让你大失所望——让你对她爱恨交织。

这正是俄罗斯民族的独特性、矛盾性及多变性，不可思议。但这种特性也使他们善于从特殊角度观察世界，以特殊方式解决问题，从而可能得到一个出人意料的结果。俄历代君王和领导人常常做出超常之举，让世界震惊。远的例子不举：1999 年科索沃战争进行到后期，南联盟宣布投降，北约军队按部就班地开赴科索沃时，一直没有什么动作的俄军，却派出一支 200 人的小分队突然在科索沃空降，抢占了普里什蒂纳机场，让北约大吃一惊，也打乱了他们的部署。

令西方印象深刻的是，俄罗斯人往往不经预先警告就会采取军事行动，在任何地点都能制造军事威胁。

2015 年 9 月 30 日，在普京宣布打击叙利亚“伊斯兰国”的决定仅仅 6 小时后，俄军竟已展开了一个近 4000 人的作战集团，在千里之外的叙利亚开始了轰炸行动。从决策到行动之快，大大出乎西方预料，令其措手不及。

2016 年 4 月 12 日，美国与波兰在紧邻俄罗斯的波罗的海进行海军联合演习，这又把俄罗斯人惹烦了。俄军一架苏－24 战机突然

---

① 朱达秋：《关于俄罗斯文化的深层结构的几点思考》，《四川外语学院学报》2000 年第 2 期。

从美军的“唐纳德·库克”号“阿利伯克”级导弹驱逐舰上超低空掠过——只有9米高度，给美舰官兵做了一次免费的“飞行表演”。舰上的美军官兵惊恐万状地“观看”了表演，给俄方发去的评价是“不安全、不专业”。苏-24并没有携带任何武器，可以看出它的机翼下是空的。但这种危险动作就是一种“模拟攻击姿态”，给美舰官兵造成的心理压力非常大，舰员们处在狭窄的空间，眼看飞机迎面而来，满耳都是飞机发动机撕裂般的轰鸣。俄罗斯人飞过一次还不过瘾，此后又来回在美舰上空飞越11次。俄罗斯人竟以这种方式警告了美国人。

总之，俄罗斯从一个东欧平原小国发展成为国土面积世界第一、军事实力雄厚的大国，鲜明的战略文化既造就了俄罗斯人的荣光，也在某些时候成为他们的桎梏。他们做出的政治选择，也影响着整个世界的政治生态。

尽管遭到苏联解体以及经济衰退的长期削弱，“超级大国”的光环早已褪去，但它身上依然流淌着令西方敬畏的血液。除有战略核力量这一“压舱石”外，俄罗斯战略文化中所蕴含的使命意识、爱国尚武、坚忍不拔、勇于牺牲的精神力量，都让西方望而却步。尽管眼下困难重重，但它决不会甘于寂寞。逆境时的蛰伏忍耐，只是为了积蓄力量发出致命一击。它在紧盯着翻身的机会，尝试着突破西方的围堵，重回世界巅峰地位。